ママが死んでよかった

ジェネット・マッカーディ

加藤輝美 訳

徳間書店

ママが死んでよかった

マーカス、ダスティン、スコッティに捧げる

序章

　おかしな話だけど、愛する家族が昏睡状態に陥ったとき、私たちは例外なくその相手にビッグニュースを伝えようとする。まるでその家族が昏睡状態に陥ったのは、人生に面白いできごとが足りなかったせいだ、とでもいうように。

　ママは病院の集中治療室にいる。「もってあと四八時間でしょう」とお医者さんは言った。おばあちゃんとおじいちゃん、それからパパは待合室にいて、親戚に電話をかけたり、自販機で買ったお菓子を食べたりしている。「〈ナッター・バター〉は気持ちを落ちつけてくれるのよ」とおばあちゃんが言った。

　私は意識のないママの小さな体のそばに立った。三人のお兄ちゃんたちも一緒だ。「しっかり者くん」のマーカス、「秀才くん」のダスティン、「繊細くん」のスコッティ。私がママの閉じられたカサカサのまぶたの端を布でぬぐうと、お兄ちゃんたちの告白タイムが始まった。

「ママ」。しっかり者くんが体をかがめて、ママの耳にささやく。「ぼくね、もうすぐカリフォルニアに戻るんだよ」

　私たちは全員耳をそばだて、ママがいまにもショックのあまり起きあがるんじゃないかと固唾をのんで見守った。でもなんの動きもない。次は秀才くん。

「ママ。ねえママ、ぼく、ケイトと結婚するんだ」

私たちはまた耳をそばだてた。やっぱりなんの動きもない。

次は繊細くんの番だ。

「ママ……」

繊細くんがなんと言ってママを起こそうとしたのか、私は聞いていなかった。自分の番がきたらなんと言おうか、考えるのに必死だったのだ。

そして私の番になった。お兄ちゃんたちが食べるものを買いに外へ出たので、私はママと二人きりになった。きしむ椅子をベッドのそばに引き寄せてすわる。私はほほえんだ。いい？　これは超特大のビッグニュースよ。結婚とか引っ越しなんて目じゃない。私のはもっと重大なニュースなの。ママがほかの何より気にかけていること。

「ママ、私ね……ものすごく痩せたのよ。なんと四〇キロまで落ちたの」

臨終の床にいる母親と集中治療室に二人きり。そこで母を目覚めさせるのに効果抜群だと私が考えたネタは――ママの入院以来、不安と悲しみで完璧な拒食状態に陥った自分が、ママの設定した目標体重についに到達できたという事実だった。四〇キロ。これを聞いてママが目覚めないわけがない。私は自信たっぷりに椅子の背に深くもたれかかり、悠々と脚を組んだ。さあ、いつでも起きていいわよ。私は待った。待ちつづけた。

でもママは目覚めなかった。目覚める兆しも見えなかった。意味がわからない。私が痩せたと聞いて目覚めないなら、もうほかに手立てはない。そして、ほかに手立てがないということは、つまりママは本当に死んでしまうのだ。ママが本当に死んでしまったら、私は一人でどうすればいい？

私の人生の目的はいつだってママを喜ばせることだった。ママの望む理想の娘になることしか考えてこなかった。そのママがいなくなったら、私はいったい何になればいいんだろう？

before

1.

目の前に置かれたプレゼントは、六月の終わりなのに、クリスマス用のラッピングペーパーに包んであった。クリスマス・シーズンに買ったラッピングペーパーのストックが大量に残っていた。〈サムズクラブ〉〔ウォルマート系の会員制スーパーマーケット〕でラッピング・ロールペーパーの一ダースセットを買ったのは、おじいちゃんだ。「そんなのたいしてお得じゃないのよ」とママが百万回も言ったのに。

　私はペーパーを破らずに、きれいにはがした。ママは、プレゼントを包んでいるラッピングペーパーを取っておくのが好きだからだ。ビリビリ破いてしまうと、ママの期待に添えるようなきれいなペーパーは残らない。「ママってためこみ症だよね」とダスティンに指摘されると、「だって思い出は取っておきたいじゃない」とママは言う。だから私はきれいにペーパーをはがす。

　目を上げると、全員の視線が私に集まっていた。もちろん、おばあちゃんも私を見ている。ふわふわのパーマヘアとボタンみたいに小さな鼻。誰かがプレゼントを開けるときに必ず見せる、恐ろしく期待のこもった眼差し。おばあちゃんがプレゼントの品定めにかける意気込みはすごい。どこで買ったものか、値段はいくらか、セール品か否か。そういうことを根掘り葉掘り聞いてくるのだ。おじいちゃんも私を見ていた。いつものようにスナップ写真を撮っている。私は写真を撮られるのが大嫌いだけど、おじいちゃんは撮るのが大好きだ。おじいちゃんは、誰が何を言おうと好きなことをやめようとはしない。ママがどんなに、「毎晩寝る前に山盛りの〈ティラムーク〉のバニラ・ビーン・アイスクリームを食べるのはやめて、ただでさえ悪い心臓にいっそう負担がかかるから」と言っても、おじいちゃんは頑として言うことを聞かなかった。バニラアイスを食べるのも、スナップ写真を撮るのも、絶対にやめない。ほかの点ではおじいちゃんが大好きだったからいいものの、そうじゃなかったら、きっと本気でキレてたと思う。

パパもいた。いつものように、半分居眠りしている。ママが肘でつついて、「やっぱり甲状腺が悪いんじゃないの？」とささやきかけると、パパは決まって「いや、悪くない」とイラッとしながら返事をし、五秒後にはまた半分居眠りしはじめる。これが二人の平常運転だ。でなければ、わめきあいの全面戦争。それよりはこっちのほうがずっといい。

マーカスと、ダスティンと、スコッティもいた。三人のお兄ちゃんたちのことが私は大好きだった。でも、好きな理由はそれぞれ違う。マーカスはとても責任感が強くて、頼りになる。たぶん、もう大人だからだろう（一五歳は大人みたいなものだ）。まわりの大人と比べても劣らないほど、しっかりしたところがマーカスにはあった。

ダスティンはだいたいいつも、私のことを煙たがっている。それでも私はダスティンが大好きだった。絵が上手だし、歴史と地理にも詳しい。どれも、私にはまったくない才能だ。私がダスティンの特技をほめようとすると「ごますり屋め」と言われる。「ごますり屋」というのがどういうものかよくわからないけど、ダスティンの口調からして、きっとバカにされているのだろう。それでもダスティンは、内心では私のほめ言葉に喜んでいたに違いない。

スコッティのチャームポイントは「懐古趣味」だ。「懐古趣味」って言葉を知ったのは、ママが毎日読んでくれる『マンガでわかることばの本』で覚えたからだ。ママは私たち四人を学校に通わせず、ホームスクールで育ててくれた。私はこの言葉を忘れないように、少なくとも一日一回は使うようにしている。「懐古趣味」はまさにスコッティにぴったりの言葉だ。「過去に対して感傷を抱くこと」――スコッティはたしかにいつもそんな感じなのだ。まだ九歳だから、そんなに懐かしく思う過去もないんだけど。クリスマスが終わりそうと言っては泣き、誕生日が終わりそうと言っては泣き、ハロウィーンが終わりそうなときも、下手したらなんてことのないふつうの日が終わりそうなときでさえ、スコッティは泣きはじめる。何かが終わってしまうのが悲しいのだ。その何かが終わるずっと前から、それを偲んでいるようだった。「偲ぶ」というのも、『マンガでわかることばの本』で覚えた言葉の一つだ。

ママも私を見ていた。大好きなママ。ママは本当にきれい。でも、自分ではまったくきれいだと思ってないみたい。だから毎日、ちょっと買い物に行くだけでも、一時間もかけて髪型やお化粧を念入りに整える。私にはよくわからなかった。お化粧なんて、まったく必要ない。素のままのほうがずっと自然できれい。肌も、目も、ありのままのママが見えたほうが絶対にいい。なのにママは、素顔をすっかりおおい隠してしまう。タンニング・ローションを顔じゅうに延ばし、涙袋に沿ってペンシルライナーを走らせ、頰にはクリームを塗りつけて、仕上げに大量のパウダーをはたく。髪はボリュームたっぷりに結い、ハイヒールをはいて身長を一五七センチに見せている。実際は一五〇センチだけど、それじゃ足りないらしい。ママは必要のないもの、ないほうがいいものを山のように身にまとっている。でもそういったものの下に、本当のママが透けて見えた。きれいなのは、その本当のママなのだ。

ママが私を見つめ、私がママを見つめ返す。私たち二人はいつもそうだった。いつだってつながりあい、しっかりと結びついている。二人で一つ。さあ早く、とうながすように、ママは私にほほえみかける。私はその期待に応え、急いでプレゼントからラッピングをはがした。

六歳の誕生日プレゼントに受けとったものを目にした瞬間、私はゾッとした——とまでは言わないけど、すごくがっかりした。たしかに『ラグラッツ』は好きだけど、このTシャツとショートパンツのセットに描かれているのはアンジェリカだ（私がいちばん嫌いなキャラクターだ）。しかも、デイジーに囲まれている（花模様の服も大っ嫌い）。おまけに袖ぐりと裾まわりにはフリルまでついていた。魂が受けつけないものを一つ挙げろと言われたら、私は迷わずこう答える。「フリルよ！」

「かわいい！」私は興奮を抑えきれないふりをして叫んだ。「いままでで最高のプレゼント！」

とびっきりの嘘の笑顔を自分の顔に貼りつける。その笑顔が偽物であることに、ママはまったく気づいていない。私が本当に心からそのプレゼントを気に入っていると思っているのだ。「パーティーにはその服を着てね」とママは言って、それまで着ていたパジャマをさっさと脱がせはじめた。パジャマを脱がされているあいだ、乱暴にラッピングをはがされるプレゼントになった気分だった。

それから二時間後。アンジェリカの服を着せられた私は、イーストゲート・パークに立っていた。まわりを囲むのは、友だち……というか、同じ年ごろの顔見知りの子たち。みんな教会学校の初等クラスの仲間たちだ。ジグザグ型のヘアバンドをしたカーリー・ライツェル。発話障害のあるマディソン・ソーマー。マディソンのしゃべり方はすごくカッコよくて、私はいつもあんなふうにしゃべりたいと思っていた。それからピンクの話ばっかりするトレント・ペイジ。トレントは男の子だけど、いつもピンクのことしか話さなくて、周囲の大人を困らせていた（最初は、大人たちがトレントのピンク好きを気にする理由がわからなかったけど、そのうちピンときた。みんな、トレントのことをゲイだと思っているのだ。私たちはモルモン教徒。なぜだか知らないけど、モルモン教徒とゲイは両立できないらしい）。

ケーキとアイスクリームが運ばれてきた。私は天にも昇る心地だった。「誕生日のお願い」を何にするか決めてから、まるまる二週間、この瞬間だけを心待ちにしてきたのだ。「誕生日のお願い」は、私に許されている最大の権限だ。今日、この瞬間だけは、私はすべてから自由になれる。このチャンスを無駄にはしない。絶対に悔いが残らないよう、最大限に活用しないと。

みんなが調子はずれの「ハッピーバースデイ」を歌い、マディソンとトレントとカーリーが、歌詞の切れ目ごとに「チャチャチャ」という合いの手を入れてくる。正直、かなりウザい。その音を聞いていると、三人がそれを心からイケてると思っているのが伝わってきたけど、私にしてみれば、神聖なバースデイ・ソングを台なしにするものでしかない。ふつうに歌うのがいちばんいいのに、どうして余計なことをするの？

私はママをじっと見つめた。いつだってママのことを気にかけているし、私にとってママこそがいちばん大事な存在だって気づいてくれるように。ママは「チャチャチャ」の合いの手を入れたりしない。そうよね、さすがママ。ママはいつものように鼻にシワを寄せて、私に向かってほほえみかける。その笑顔を見ると、大丈夫、きっと何もかもうまくいく、という気になれる。私もほほえみ返した。いまこの瞬間の幸せな空気を、胸いっぱいに吸いこもうとしながら。私の目には幸せの涙がにじみはじめていた。

ママが最初にステージⅣの乳ガンと診断を受けたのは、私が二歳のときだ。そのときのことはほとんど覚えてないけど、いくつか切れ切れに思い出す場面はある。

たとえば、緑と白の毛糸で、大きな毛布を編んでくれているママの姿。「私が入院しているあいだ、これでジェネットを包んであげられるから」ってママは言った。私はその毛布が大嫌いだった。ママがそれを私にくれたこと自体、気に入らなかった。というか、ママがそう言って毛布をくれたときに自分が抱いた感情が嫌だったのかもしれない。実際に何がそんなに嫌だったのかはよく覚えてないけど、私が心の底から嫌だと思う何かが、その瞬間にはあった。

それから、たぶん病院の芝生みたいな場所を、おじいちゃんと手をつないで歩いている場面。ママにあげるタンポポを摘みに行ったのだけど、私が摘んだのは茶色くてみすぼらしい枯れ枝みたいな雑草だった。私はそっちのほうがいいと思ったから。ママはその草を、クレヨラのプラスチックカップに生けて、テレビ・コーナーの上に何年も飾っていた。「思い出を忘れないために」と言って(スコッティの「懐古趣味」は、ママゆずりなのかもしれない)。

教会の角部屋のでこぼこした青いカーペットの上にすわって、若いハンサムな伝道師二人がママの髪のない頭の上に手を置き、司祭の位を授ける祝福をする場面も覚えている。家族全員が、その部屋のなかにぐるりと置かれた冷たい折りたたみ椅子にすわっていた。伝道師の一人がオリーブ油を浄らかなるものとなすとか何とか言って聖別し、ママの頭の上にたらしたので、ただでさえつるつるのママの頭がいっそう輝いて見えた。それからもう一人の伝道師が、「それが神のご意志であるなら、この人の命が長らえますように」と祝福の言葉をとなえた。するとおばあちゃんが椅子から飛び上がって、「神のご意志でなくとも、長らえさせてちょうだい！　まったく！」と叫んだ。それが聖霊の妨げになったと言って、伝道師は祈りをもう一度最初からやり直さなくてはならなかった。

そのころのことはほとんど覚えてないけど、とくに覚えている必要もない。マッカーディ家では、そのときの話は何度も何度も繰り返し語られ、たとえその場にいなくとも、記憶のなかに刻み込まれてしまうほどだったからだ。

ママは自分のガン体験を喜んで語りたがった。化学療法、放射線療法、骨髄移植、乳腺切除、乳房インプラント、ステージⅣってどういうことか、三五歳でガンになるのはどんな感じか——相手は教会の信者やご近所の人や、〈アルバートソンズ〉〔全米二位のスーパーマーケットチェーン〕の常連仲間で、耳を貸してくれる人たち。ガンになるのはとても悲しいことなのに、それがママに深い誇りの意識を与えていたことはたしかだった。そして、目的意識も。私のママ、デブラ・マッカーディは、ガンに打ち勝ったサバイバーになるためにこの世に送られ、その貴重な体験をありとあらゆる人に語るよう運命づけられているみたいだった……それも、一人につき五回から一〇回ずつ。

ほかの人が休暇の思い出を語るように、ママはガンの思い出を語る。ママの提案で、ガンと診断された直後に撮ったホームビデオを毎週見返すイベントまで行われた。日曜日、教会から帰ってくると、ママはお兄ちゃんたちの一人にビデオテープをセットするように言う。自分ではビデオデッキの使い方がわからないのだ。

そして、こう呼びかける。「いい、みんな、シーッ！　静かにして。ビデオを見て、ママがいまここにいることに感謝しましょう」

「自分がいま元気になったことに感謝するためにみんなでこのビデオを見るのよ」とママは言うけど、私にはどこか腑に落ちない部分があった。お兄ちゃんたちはそのビデオを見るのがどうにも居心地悪そうだったし、私自身も何だか落ちつかない。髪がなくなった死にゆくママの悲しい思い出を何度も見せられることなんて、私たちは望んでいない。でも、誰もそのことを口には出さなかった。

ビデオが始まる。ソファにすわるママのまわりに集まった四人の子どもたち全員に、ママは子守歌を歌ってくれる。そしてビデオが再生されるたびに同じ場面を繰り返すように、ビデオにコメントするママの言葉も毎回同じ。ビデオを見直すたびに、ママはこう言うのだ。「このときの雰囲気はマーカスが乗りこえるにはつらすぎたのよね」。だからマーカスは毎回廊下に出ていって、気持ちを落ちつけてから戻ってこなければならなかった。ママはその言葉を、あきらかにマーカスに対する最大級のほめ言葉だとみんなにわかるように言っていた。ママが末期のガンと聞いてマーカスが取り乱すのは、彼のすぐれた人格を際立たせる証拠なのだ。次にママは私の「お調子者」ぶりについてコメントする。でもママの口から出る「お調子者」という言葉には、ひどい敵意がこめられていて、まるでののしり言葉のように聞こえた。「まわりの雰囲気が悲しみに沈んでいるなか、ジェネットは『ジングル・ベル』を延々と声を限りに歌いつづけたのよ、信じられなかったわ」とママは言う。「どうしてあの重苦しい雰囲気がわからなかったのかしら。あんなに重い空気のなかで、どうして楽しそうに歌いつづけられたのよ」と。でもそのとき、私はまだ二歳だった。

といっても、年齢は言い訳にならない。ビデオを見返すたび、私は果てしない罪悪感にさいなまれた。どうしてあんなことしてしまったんだろう？　私ってほんとバカ。どうしてママが本当に求めていたことを、感じとれなかったんだろう？　ママがあの場にいた全員に求めていたのは、できるかぎり深刻に状況を受けとめ、悲しみに打ちひしがれることだった。ママなしでは生きていけない、と全員が絶望することだったのだ。

ママのガンにまつわる専門用語はひととおり知っている。化学療法、骨髄移植、放射線療法――そういった言葉を聞いた人は、決まって大きなショックを受ける。みんな、ママがそんなつらい治療を通り抜けてきたなんて信じられない、という顔をする。でも私にとっては、それは単なる専門用語。ただそれだけ。

私にとって大きな意味があったのは、マッカーディ家のなかに流れる空気だった。私が覚えているかぎり、あの家ではみんなが「息をひそめて」過ごしていた、と言えば伝わるだろうか。全員が待機状態のまま、ママのガンが再発するのを待っていた。ママの最初のガン発覚時のビデオを何度も見返し、経過観察のため医師のもとをひんぱんに訪れるママを見るうち、マッカーディ家の上にはいつのまにか重苦しい雰囲気が覆いかぶさっていた。そしてママの命のはかなさに対する不安が、私のいちばんの関心事になった。

そのはかないママの命を、私の誕生日の願いでなんとかしてあげられるかもしれない。

「ハッピーバースデイ」の歌がやっと終わった。いまだ。待ちに待った瞬間。目を閉じると、大きく息を吸いこむ。私が頭のなかでとなえていたのは、こんな願いだった。

「ママがもう一年、ぶじに生きていられますように」

2.

「あと一列クリップを留めたら、できあがりよ」。チョウチョ型のクリップを私の頭にていねいに留めながら、ママは言う。私はこのヘアスタイルが大嫌い。ぎゅっと編んだお下げを何列も、小さなクリップで頭に留めていくんだけど、このクリップが頭皮に食いこんでかなり痛い。それより私は、野球帽をかぶりたかった。でもママは、「このヘアスタイルにするとジェネットは本当にかわいいから」と言って、ひたすらクリップを留めていく。

「うん、わかった、ママ」と私は答えて、トイレの閉じた便座の上にすわったまま、足をぶらぶらさせた。足をぶらぶらさせるのはいい感じ。気がまぎれる。

家の電話が鳴った。

「ちょっと待って」。ママはバスルームのドアを開けて精いっぱい身を乗りだし、キッチンの壁にかかっている電話の受話器をつかもうとした。そうしながらも、いま留めようとしていた私のお下げから手を離そうとしないので、私の体もママと同じ方向にひっぱられて傾いた。

「もしもし」。受話器をとったママは、電話の相手にあいづちをうつ。「ええ、ええ。えっ?! 夜の九時? それがいちばん早いの?! だって、考えてみて。子どもたちはもう一晩、パパのいない夜を過ごさなくちゃならないのよ。あなたしだいよ、マーク。全部あなたしだい」

ママは受話器を叩きつけるように戻した。

「パパだったわ」

「みたいね」

「まったく、あの人ったら。ねえ、ネット。ママね、ときどき……」そう言って、ママは深く悲しげなため息をついた。

「ときどき、何？」

「ほかの人と結婚すればよかったって思うわ。お医者さんか、弁護士か、それか――」

「部族の酋長でしょ」。ママのかわりに私が続けた。このくだりはもう何回も聞かされていたからだ。一度、「デートしたのはどこの部族の酋長？」って訊いたことがある。するとママは、「本当にデートしたことがあるわけじゃないの、それは言葉のあやっていうものよ」と説明してくれた。

「つまり子どもができる前だったら、どんな人とでも結婚できたのにって言いたいのよ。子持ちのいまじゃ、もう昔みたいな魅力はないけどね」。私がママに、「ごめんなさい」とあやまると、ママは「いいのよ、だってあなたみたいなかわいい子が生まれたんだもの」と言った。それから、「あなたは私の大切な大切な親友」と言って、私のおでこにキスしてから、ふと思い出したようにこう付け加えた。「でもね、お医者さんとは何回かデートしたことあるのよ。背が高くて赤毛で、経済的にとても安定した人だった」

そうしてママは、また私の髪にクリップを留めていく。

「プロデューサーともデートしたわ。映画のプロデューサーに、音楽のプロデューサー。クインシー・ジョーンズがね、街角で通りすがりに私を見かけて、二度見したのよ。正直言って、ネット、そういう人たちの誰かと、結婚しておけばよかったとつくづく思うわ。もっといい人生が送れたはず。富と名声が約束されていたのに。私ね、本当は女優になりたかったの」

「でも、おじいちゃんとおばあちゃんが許してくれなかったんでしょ」と私が言う。

「そう、おじいちゃんとおばあちゃんが許してくれなかったのよ」

どうしておじいちゃんとおばあちゃんは許してくれなかったんだろう、と不思議に思ったけど、その理由は聞かなかった。そういう細かいところを掘りさげるような質問は、しないほうがいい。かわりに、ママが私に聞かせたい情報だけを好きにしゃべらせ、その話を熱心に聞いて、ママが望む部分だけを聞きとるようにする。

「いたっ!」

「ごめん、耳をはさんじゃった?」

「うん、でも大丈夫」

「ここからだと、よく見えないのよ」

ママは私の耳をさすってくれた。痛みはすぐにおさまった。

「そうよね」

「あなたには、私が実現できなかった人生を歩んでもらいたいの、ネット。私に約束されていたはずの人生、私の両親が許してくれなかった人生を」

「うん」。次にママの口から出る言葉を予測して、私は緊張した。

「あなたは役者を目指すのよ。すばらしい女優になれるわ。ブロンドで青い目だもの。あの街の人たちは、あなたみたいな女の子が大好きなのよ」

「あの街って、どの街？」

「ハリウッドよ」

「ハリウッドって、遠いんでしょ？」

「たったの一時間半で行けるわ。高速道路を使えばね。まずは高速道路の走り方を覚えなくちゃ。でもそれくらいのこと、何でもないわ、ネット。私はおじいちゃんやおばあちゃんとは違うから。あなたのためにー番いいことをしてあげる。いつだって。わかってるでしょ？」

「うん」

ママはちょっと間をおいた。ママが歴史的な瞬間になるに違いないと考えるようなセリフを言う前には、必ずそうするのだ。ママは前にまわりこんで、私の目をまっすぐ見た——まだ留めていない私のお下げを手に持ったまま。

「どうする？　あなたは役者になりたい？　ママのために、小さな女優さんになってくれる？」

正しい答えは、一つしかなかった。

3.

まだだめ。準備なんかできていない。順番が一つ前の男の子が、妙に元気な足どりでステージに続く階段を降りてきた。ぜんぜん緊張しているようには見えなかった。きっとあの子にとって、こんなのはごくふつうの日常なのだ。その子は、もう席についていたほかの十数人の子どもたちの横にすわった。みんなセリフのテストは終わっている。

私はぐるりと周囲を見まわした。真っ白な壁に囲まれた、何の飾りも面白味もない部屋。金属製の重ね置きできる椅子が何列も並べられ、そこに子どもたちがすわって待機している。私は両手に握りしめた台本を、そわそわといじくりまわした。次は私の番。練習する時間ができるだけ多くとれるよう、私は最後尾に並んだ。でもその選択を、いまは後悔している。緊張する時間が増えただけ。こんな気分になるのは、初めてだった。緊張しすぎて吐きそうだ。

「次、ジェネット」。黒髪をポニーテールにした、ヤギひげの男の人が私を呼んだ。この人が私の運命を決めるのだ。

私はうなずいて、ステージに上がった。ママに教えられたとおり、両手を思い切り使って大きなジェスチャーができるよう、台本を下に置く。そうしておもむろに、〈ジェロー・ジグラー〉〈ゼラチンでつくる手づくりゼリー〉について語るセリフを言いはじめた。

出だしの声は震えていた。頭のなかに、自分の震える声がガンガンと響いた。もう少しボリュームを絞ろうと思ったけど、声はどんどん大きくなるばかり。顔にはにっこりと笑みを浮かべ、ミスター・ヤギひげが私の緊張に気づかないよう祈った。やっと最後のセリフだ。

「……だって〈ジェロー・ジグラー〉って聞いたら、クスクスしちゃう！」

そう言って、最後にクスクスと笑ってみせた。ママの言うとおり、「高い声で、かわいらしく、最後はちょっとだけ鼻にシワを寄せて」。クスクス笑いする自分の声なんて、違和感しかない。それが声の調子に表れてないといいけど。

ミスター・ヤギひげは咳ばらいをした——あまりいいサインではなさそうだ。「セリフをもう一度言ってみて」と言い、さらにこう付け加えた。「もうちょっとリラックスして、友だちに話しかけるような感じで言ってみてくれないかな……あと、ジェスチャーはなしで」

どうしよう。ママには「しっかりジェスチャーをつけて」と言われていた。控室に戻ったとき、ジェスチャーはつけなかった、と言ったら、ママはきっとがっかりする。だけど控室に戻ったとき、不合格だった、と言ったら、ママはもっとがっかりするに違いない。

私はジェスチャーをつけずに、もう一度セリフを言った。さっきより少しよくなった気がしたけど、ミスター・ヤギひげの期待どおりではなかったようだ。私は彼の期待に応えられなかったのだ。最悪な気分だった。

私の番が終わったあと、ミスター・ヤギひげは九人の名前を呼んだ。私の名前も入っていた。残りの五人は、「お疲れさま」と言われた。五人のなかで自分が不合格だとわかっていたのは、一人の女の子だけだったと思う。残りの四人は、まるでアイスクリームを買ってもらいに行くような軽やかな足どりで、部屋を出ていった。しょんぼりしている女の子には悪いと思ったけど、自分がちょっと誇らしかった。私は「選ばれし者」なのだ。

「きみたち全員、『アカデミー・キッズ』のエキストラ・アクターとして選ばれました」とミスター・ヤギひげは言った。つまり、ドラマや映画の背景シーンに立つ俳優になった、ということだ。あまりよくないニュースをできるだけいいニュースに聞こえるように言ってるんだな、とすぐにわかった。ミスター・ヤギひげの顔には、必要以上に大げさな表情が浮かんでいたからだ。

「控室のお母さんに結果を教えてあげて」と告げたあとで、ミスター・ヤギひげは別に三人の名前を呼んで、残るように言った。私は部屋を出ていくときに最後までぐずぐずして、その特別な三人がどうなるのか聞きとろうと耳をそばだてた。その三人は「さらに選ばれし者」なのだ。ミスター・ヤギひげはその子たちに、「きみたちは『メイン・アクター』に選ばれました」と告げた。つまりセリフのある俳優だ。その子たちはセリフのテストが上出来だったので、「背景」の一部ではなく、ちゃんとしたセリフのある、本物の「俳優」になることができたのだ。

胸のなかにもやもやとした、嫌な気分が残った。うらやましいと思う気持ちと、自分はなんてダメなんだろうと落ちこむ気持ちが混じりあう。どうして、もっとうまくセリフを言えなかったんだろう?

部屋を飛びだして、控室で待つママのところへ走っていった。ママは通帳とにらめっこしている。今週もう四回目だ。「エキストラ・アクターに選ばれたよ」と伝えると、ママは心から嬉しそうだった。でも私にはわかっていた。ママはさらに上のランクがあることを知らないのだ。それを知ったらどんな顔をするだろう、と私は心配になった。

ママは契約書の書面に必要事項を書きこみはじめた。そして、私がサインしなければならない場所をペンで指した。その隣には、もうママのサインがしてある。私はまだ子どもだから、保護者であるママのサインも必要なのだ。

「どうしてサインするの?」

「契約書には、エージェントの取り分が二〇パーセント、私たちの取り分が八〇パーセントと書いてあるの。私たちの八〇パーセントのうちの一五パーセントは、『クーガン・アカウント』という銀行口座に送金されて、あなたが一八歳になったら使えるようになるのよ。たいていの親は、子どもにそれだけしか渡さないわ。でもあなたは違っててラッキーよ。ママはあなたのお金に手をつけるつもりはないわ。私のお給料と、必要経費だけはもらうけど」

「必要経費って？」

「どうして急に、そんな根掘り葉掘り訊きだすの？　ママのこと、信用してないの？」

私は急いでサインをした。

ミスター・ヤギひげが控室に入ってきた。親たち一人一人に、審査の結果を伝えにきたのだ。彼は最初にママのところにやってくると、「おたくのお子さんには『メイン・アクターの仕事』をできるようになるチャンスがありますよ」と言った。

「チャンス？」ママは不審そうにたずねる。

「ええ、お嬢さんはまだ六歳ですからね。早く始めれば、それだけチャンスも増えます」

「チャンスってどういうことです？　いまはまだ無理ってことですか？」

「いや、セリフを言うのに、すごく緊張していましたからね。とても内気なお子さんですよね」

「内気ですけど、変わろうとしてるんです。すぐ変われます」

ミスター・ヤギひげは、腕に入った木のタトゥーの上をポリポリとかいた。それから一つ、大きく息をついた。いかにもこれからすごく言いづらいことを言おうとするように。

「ジェネット本人が演技したいと望んでいることが重要なんです。でなければ、うまくいきませんよ」

「この子はほかの何よりそれを望んでいます」。契約書の次のページにサインしながら、ママは言った。

ほかの何よりそれを望んでいるのは、私じゃなくてママだ。今日の経験はストレスだらけで、ぜんぜん楽しくなかった。自分で選ばせてもらえるなら、二度とこんなことやりたくない。でもその一方で、ママが望むことはなんでもやってあげたいという思いはある。だからある意味、ママの言っていることは間違ってはいなかった。

ミスター・ヤギひげは私に向かってほほえみかけた。その笑みが何を意味するのか、私にはよくわからなかった。大人たちが私にはわからない表情を見せたり、声を出したりするのは気に入らない。なんだかイライラする。自分が何か大事なことを見過ごしている気になるのだ。

「がんばって」。少し重い調子でミスター・ヤギひげは私に声をかけると、その場を離れた。

4.

アカデミー・キッズとの契約後、初めての金曜日。午前三時にママに起こされた。『X－ファイル』というドラマに、エキストラとして初出演する日だ。集合時間は午前五時だったけど、ママは初めて高速道路に乗るのが不安で仕方ないらしく、余裕をみておきたいからと、かなり早い時間に出発することになった。

「大丈夫、あなたのためなら怖くなんかないわ」。九九年製フォード・ウィンドスターに乗りこむと、ママはそう口にした。

20世紀フォックス・スタジオに到着したのは、約束の一時間も前だったので、まだ暗いスタジオの周辺を見てまわることにした。防音スタジオの壁に描かれたルーク・スカイウォーカー対ダース・ベイダーの巨大な壁画の前を通りかかると、ママは大喜びで声をあげ、使い捨てカメラを取りだして、その前に私を立たせて写真を撮った。私は自分たちが何だか場違いなところにいる気がして、落ちつかなかった。

四時四五分ごろ、「もうそろそろ集合時間だから顔を出してもいいころよね」とママは言って、さっきの防音スタジオのすぐ外にいた、背の低いスキンヘッドの製作助手の人に声をかけた。「まだちょっと早いから、セットに向かう時間になるまで、そこの『スナック・テント』にいていいよ」と言われた。

「スナック・テント」は最高の場所。防音スタジオの片隅にあって、いろんな食べ物がいっぱい置いてある。シリアルにキャンディにポット入りのコーヒー、オレンジジュース、それからパンケーキやワッフルやスクランブルエッグやベーコンといった朝食用の食べ物が載った銀のトレー。「しかも、全部タダですって」。ママは興奮して、何種類ものマフィンやクロワッサンをナプキンに包み、大きなペイレスのハンドバッグに突っこみはじめた。あとでお兄ちゃんたちにあげるためだ。一つのトレーに、ゆで卵が山盛りになっている。「固ゆでよ」とママが言った。私が一つ手にとると、ママは殻のむき方を教えてくれた。固いテーブルの上をごろごろと転がし、卵の殻にひびを入れてからむくのだ。むけたら塩とコショウをふりかけて、かぶりつく。おいしい！〈リッツ・ビッツ〉のミニチーズ・サンドイッチ味の袋にも手をのばした。ここ、意外と楽しいかも。

卵を食べ終えるころには、ほかのエキストラ・アクターの子どもたちも全員そろっていた（三〇人はいたと思う）。すぐに、みんなまとめてセットに呼ばれた。

スキンヘッドの製作助手の人のあとについて、これから撮影が行われる防音スタジオのほうへ歩いていく。スタジオのなかに入った瞬間、私は目を奪われた。見上げるほど高い天井には、何百もの照明器具や金属製のポールが取りつけられている。ま新しい材木の匂いや、金槌とドリルの音。カーゴパンツをはいた人たちがあちこちを行き交っている。道具を腰のベルトからぶら下げた人、クリップボードを手に持った人、トランシーバーに向かって何かを小声であわただしく話しかけている人。なんだかすべてが魔法みたい。ありとあらゆることが、一度に起きている気がした。

セットに着くと、監督――明るい茶色の長い髪の毛を、耳のうしろにかけている――がものすごくせっかちな様子で、私たちを呼び集めた。監督は私と、残りの二九人の子どもたちを見つめると、興奮気味にこう説明した。「いいかい、きみたちにはこれから、ガス室に入れられて窒息死する子どもたちを演じてもらう」。私はうなずきながら、監督の言葉を一言一句忘れないよう記憶した。帰りの車のなかで、ママに聞かれたらちゃんと伝えられるように。「窒息死」ね、わかった。

監督は子どもたち全員に立ち位置を指示した。私はひとかたまりになった子どもたちのうしろのほうにいたけど、監督が「小さい子は前に来て」と言ったので、前のほうに出ていった。それから監督は、一人ひとりを次々と指さして、「最高に『死ぬほど怖がってる』顔をしてくれるかな」と言った。私が指さされたのは、九番目か一〇番目ぐらいだったと思う。私のその顔を見たあと、監督はとなりに立っているカメラマンに、「この子のクローズアップが欲しいな」と言った。それがどういう意味なのか見当もつかなかったけど、なんとなくいいことのような気がした。だって、そのあと監督は私に向かってウィンクしたのだ。

「もう一回、もっと怖がってる顔をして！」監督は私に大きな声で言う。私はさらに目を見開いた。これでいいんだろうか。たぶん、よかったんだと思う。監督は「よし、次行くぞ！」と言って、私の背中をポンポンと叩いてくれた。

その日は一日中、セットでの撮影と勉強タイムの繰り返しだった。子役はセットで勉強しなければならないことになっている。私は学校に通っていないので、ママが学習計画を立て、一日分のワークのプリントをファイルにまとめてくれていた。学習室で私の隣になった一二歳の女の子が、ずっと私を肘でつつき、「勉強したくなければ別にしなくていいのよ」と言ってくる。「だって私たち、エキストラ・アクターだから。スタジオでエキストラ・アクター担当になった先生は、私たちがどれだけ勉強していようがしてなかろうが、気にしないのよ。先生たちは、みんなメイン・アクターの子たちを教えたいだけ」。私はなるべくその子を無視して、今日の割りあての州都を答えるプリントを終わらせようとした。三〇分ぐらいの勉強タイムが終わると、私たちはまた製作助手に引き連れられて撮影現場に戻る。撮るのはまた同じシーン。一日じゅうずーっと、同じシーンだけ。

なんで同じシーンを何度も何度も撮りつづけなきゃならないのか、意味がわからなかった。でも質問はあまりしないほうがよさそうだ。ただ、セットに戻ってくるたびに、カメラの位置が少しずつ変わっている。それが何か関係があるのかも、という気がした。あと、セットに連れていかれるたび、ママの姿をちらっと見られるのが嬉しかった。

製作助手のあとについてセットに戻るたび、「エキストラ・アクター保護者控室」の前を通るのだ。その小さなバンガローのなかに、エキストラ・アクターの親たちが全員詰めこまれていた。私がママに向かって手をふると、ママは必ず私の姿に気づいてくれる。どれほど夢中になって『ウーマンズ・ワールド』を読んでいても、ママは途中のページに折り目をつけて目をあげる。そして私を見つけると、にっこりとほほえんで、親指を立ててOKサインを出してくれるのだ。私たち二人は、深いところでつながっている気がした。

その日が終わるころには、もうヘトヘトだった。八時間半ものあいだ、セットに入って、勉強して、またセットまで歩いて、学習室へ戻ってくる。あれこれ指示され、ドリルの音を聞き、煙の匂いをかぎ（ガス室のセットには、雰囲気を出すためにスモークが焚かれていた）……それの繰り返しだった。果てしなく長い一日で、とくに楽しくもなかった。固ゆで卵はおいしかったけど。

「窒息死、ね」。帰り道で私がその日にあったことを報告すると、ママはそれをぜんぶ繰り返して確認した。「それもクローズアップで。それって、あなたがすごく目立っていた証拠よ。このドラマがオンエアされたら、アカデミー・キッズはきっとメイン・アクターのクラスに入ってくれって言ってくるわよ。絶対」

ママは私のその報告が嬉しすぎて信じられない、とでもいうように頭を振りながら、ハンドルをリズミカルに叩きはじめた。その瞬間のママは、何の不安も心配もないようだった。私はママの幸せそうな表情を、思いきり味わおうとした。ママがいつもこんなふうだったらいいのに。

「あなたはスターになるのよ、ネッティ。私にはわかる。あなたは絶対スターになるわ」

5.

「あと一五分で教会に出かける時間よ！」ママが隣の部屋から大声で呼びかける。そのあと、メイクブラシが鏡にパシッと投げつけられる音が聞こえた。またアイライナーが折れたに違いない。

うちの一家は、末日聖徒イエス・キリスト教会のガーデングローブ第六ワード教会に通っている。おばあちゃんは八歳のときにモルモン教徒として洗礼を受け、ママも同じように八歳で洗礼を受けた。だから私も、八歳になったら洗礼を受けるのだ。なぜ八歳かというと、その年になったら自分の罪を引き受けられるようになるとジョセフ・スミスが言ったから（それまでは、どんな罪を犯しても免罪される）。でも、おばあちゃんもママも洗礼を受けたあと、教会には行っていなかった。二人とも、地道な努力をしなくても天国に行けると考えていたらしい。

でもママがガンと診断されたとたん、家族全員で教会に通いはじめた。

「善良で忠実にお仕えしてさえいれば、神はきっと私の病気を治してくださるとわかっていたわ」とママは私に言った。

「ふうん。じゃあ、神様にしてもらいたいことがあったから教会に行ったの？」と私はたずねた。

「そうじゃないわ」。そう言ったママの顔は笑っていたけど、その声には少しイラついたような響きがあった。そのあとすぐにママは話題を変え、新しい『ミッション：インポッシブル２』の予告編のトム・クルーズがすごくすてきだった、という話をしはじめた。

それからは、うちの一家がいつ、どうして教会に通いはじめたかという話題には、二度と触れなかった。ママは絶対に触れてほしくなかったんだと思う。でも教会に行くようになった理由をくわしく知る必要は、とくになかった。とにかく私は、教会に行くのが大好きだった。

とくに気に入っていたのは、あの礼拝堂の匂い――松の木の香りがするタイルクリーナーと、黄麻布のかすかな匂い。教会学校の初級クラスも楽しかったし、信仰とイエス様の歌も全部大好きだった。「アイ・ホープ・ゼイ・コール・ミー・オン・ア・ミッション」や「ブック・オブ・モルモン・ストーリーズ」、それに私のいちばんのお気に入り「ポップコーン・ポッピング」。でもよく考えてみると、あの歌って信仰やイエス様とはぜんぜん関係ないような気がする（アプリコットの木の上で、ポップコーンがポンポン弾けるって歌なんだから）。

それより何より嬉しかったのは、逃げだせることだった。教会通いは、毎週三時間だけのすばらしい、平和に満ちた「仮釈放」だったのだ。私がこの世でいちばん嫌いな場所――家から離れられる唯一の貴重な時間。

家は教会と同じ、カリフォルニア州ガーデングローブにあった。住民からは「ガービッジ（ゴミ）グローブ」という、あまりありがたくない呼び名で呼ばれる町だ。なぜなら、ダスティンが言うとおり（あとでいつもママに怒られるけど）、「ここは貧乏な白人がたくさん住んでいる場所だから」

うちの家はパパの両親が持っている家だったので、家賃はかなり安かった。それでもママはそのことが気に入らないらしく、しょっちゅう文句を言っていた。

「そもそも家賃を払う必要なんかないのよ。家族なんだから」。お皿を洗ったり、爪を整えたりしながら、ママは私に向かって不満をぶちまける。「遺言書にこの家をパパに譲るって書いてくれなかったら、私、絶対……」

家賃はほぼ毎月、遅れがちだった。ママはいつも、そのことについて愚痴をこぼしていた。それにいろんなものの支払いが足りないこともよくあった。そのことについても、ママは愚痴をこぼしていた。ママもパパもおじいちゃんもおばあちゃんもお金を出しあっているのに、それでも足りないときもあった。おじいちゃんとおばあちゃんは、ママがガンと闘っているあいだ、「一時的に」一緒に住むことになったんだけど、結局ママの病気がよくなったあとも、ずっとうちに住みつづけた。そのほうがみんなにとって都合がよかったからだ。

ママはこの家の状況を「最低賃金の呪い」と呼んでいる。おじいちゃんはディズニーランドのチケット係だし、おばあちゃんは老人ホームの受付係。パパはハリウッド・ビデオ用の段ボールの背景をつくりながら、〈ホーム・デポ〉〔住宅資材関連の小売チェーン〕のキッチン・デザイン部門で働いていた。ママは美容学校へ行ったのに、子どもができて望みの仕事に就けなかったという話だった――「それに、ヘア・ブリーチの煙は体によくないしね」。だから休暇の時期になると〈ターゲット〉〔ディスカウント・チェーン〕で働いていたけど、ママのいちばん大事な仕事は、私をハリウッドで成功させることだった。

家賃の支払いが足りなかったり、遅れたりすることはひんぱんにあったけど、私たちが家を追い出されることはなかった。家の持ち主がパパの両親じゃなかったら、とっくの昔に追い出されていたと思う。私はときどき頭のなかで、家を追い出されたらどうなるんだろう、と想像してみることがあった。

追い出されたら、どこかほかの場所へ引っ越さなきゃならない。引っ越さなきゃならないということは、持っていきたいものを段ボールに詰めないといけない。そして、段ボールに荷物を詰めるとすると、いま家にあるものを全部よりわけて、いらないものは捨てなきゃならない。それを考えるだけでワクワクした。

うちは前からこんなふうだったわけじゃなかった。私が生まれる前の写真を見たことがあるけど、ごくふつうの家に見えた。多少散らかってはいるけど、ふつうじゃないものは何もない、質素な家だ。

お兄ちゃんたちの話によると、それが始まったのはママが病気になったときだという。そのころから、ママは物を手放すことができなくなった。つまり、私が二歳のときだ。以来、状況はひどくなる一方だった。現時点で私たちが住んでいる家を説明するには、こう言うしかない――「物でいっぱいのゴミ溜め屋敷」

ガレージには床から天井まで、物がぎっしりと詰めこまれていた。積み重なったプラスチックのケースには、古い書類やレシート、ベビー服におもちゃ、絡まりあった宝石、日記、クリスマスの飾り、古いチョコバーの包み紙、使用期限切れの化粧品、空のシャンプーボトル、ジップロックの袋に入った割れたマグの破片――そういったものがいっぱい入っている。

ガレージには出入り口が二つある。裏口とメイン・ドアだ。裏口からガレージのなかに入るのは、ほぼ不可能に近かった。人が歩いて通れるほどのすきまも残っていないのだ。がんばれば肘を使ってなんとか通れる道をつくることができるかもしれないけど、そんなこと誰もしたくないだろう。

狭い通り道には、パパが二、三週おきに取り替える罠のなかに、ネズミやフクロネズミが引っかかって死んでいた。死んだネズミやフクロネズミはすごく臭いのだ。

ガレージの奥には入れないので、必然的に二つ目の冷蔵庫はガレージを入ってすぐの場所に置かれることになった。そこならガレージのメイン・ドアを開ければ、すぐに冷蔵庫に手が届く。

ただ、「すぐに」と言うのはちょっと言いすぎかもしれない。

ガレージ・ドアは近所でも珍しい手動のドアで、ものすごく重いせいで蝶番が壊れていた。以前はパパかマーカス――ドアを持ち上げられるような力があるのはこの二人だけ――が思い切り上までドアを持ちあげると、大きなカチカチという音が聞こえてきた。そのカチカチ音が鳴れば、ドアはそのまま開きっぱなしになった。

でも、もういまはできない。何年か前、ガレージ・ドアはカチカチという音を立てたあと、ものすごい勢いでガシャーンと閉まった。それ以来、開いたままにできなくなってしまった。

だから、いまガレージへ行くのは、二人がかりの仕事だ。重いガレージ・ドアを開ける係――たいていはマーカス――が全力でドアを支えて落ちてこないようにしているあいだに、もう一人――たいていは私――がガレージのなかから全速力で必要なものを取ってくるのだ。

マーカスと私にとって、「ガレージから何か取ってきて」と言われるのはいつも結構なストレスだった。ガレージ・ドアを持ち上げるマーカスの顔は、ドアの重さのあまりひどくゆがんでいる。

私は食品がいっぱいに詰めこまれた冷蔵庫のドアを大急ぎで開けて、ほかの食料の海のなかから必要な食品を見つけだす。まるで大岩に追いかけられているインディ・ジョーンズの気分だった。大岩につぶされる前に、隠された宝をつかんで逃げなければならない、あの場面だ。

寝室の状態もひどかった。マーカスとダスティンとスコッティが移動式の二段ベッド、私が子ども部屋で寝ていたときのことを覚えているけど、いまでは寝室は物がいっぱいになりすぎて、ベッドがどこにあるかもよくわからず、その結果ベッドで寝ることもできなくなっていた。だからもう寝室は使わず、私たちはコストコで買った三つ折りマットをリビングに敷いて寝ていた。そのマットは子どもの運動用マットだったと思う。寝心地が悪くて嫌だった。

とんでもない家だった。恥ずかしくてたまらない。こんな家、大嫌いだった。家のなかにいると、緊張と不安で押しつぶされそうになる。一週間のあいだずっと、この家から三時間だけ逃れて、お祈りと松の木の匂いのタイルクリーナーが香る場所へ行ける日のことを、私は心の底から楽しみにしていた。

だから、家族が誰一人、時間通りに出かけようとしないのが我慢ならなかった。どんなに私ががんばっても、みんなぜんぜん起きてくれない。

「さあみんな、起きて、起きて、起きて！」左足にはいた靴のバックルを留めながら、私が大声で呼びかける。

ダスティンとスコッティがごそごそ動きはじめる。二人が目をこすっているあいだに、おじいちゃんがコストコ・マットの「ベッド」をぎこちなくまたいでいく。おばあちゃんとおじいちゃんは、以前は私用の子ども部屋だった部屋に置かれたカウチの上で寝ていた。その部屋は、いまでは二人の寝室兼（もっといろんな物をためこむための）物置になっている。

「二人とも、あと一〇分で朝ごはんと着替えと歯磨きをすませてね」と私はダスティンとスコッティに向かって言う。二人はキッチンへ向かい、シリアルを適当にざらざらとボウルに入れる。ダスティンのシリアルは〈ラッキーチャームズ（幸運のお守り）〉、スコッティのは〈カウント・チョキュラ（チョコキュラ伯爵）〉。二人の目つきから、「偉そうに命令すんなよ」と言いたそうなのがわかる。でも別に偉そうにしてるつもりなんかない。というより、私の気分は絶望に近い。私が求めているのは、秩序と平和。一刻も早くここを逃れて、三時間の仮釈放に向かいたいだけ。

「ねえ、聞こえた？」と私はたたみかけるけど、答えはない。おじいちゃんはキッチンの隅に立って、トーストにバターを塗っている。おじいちゃんが使うバターの量が気になって仕方がない。そんなに塗ったらもったいないでしょ。ママがいつも言っている。「おじいちゃんたら、毎日バタースティックの半分も使っちゃうのよ。うちにはそんなぜいたくできる余裕はないし、糖尿にだってよくないのに」

「おじいちゃん、ちょっとバター使いすぎじゃない？　ママが怒るよ」

「は？」とおじいちゃんが答える。神様に誓ってもいいけど、おじいちゃんが「は？」というときは必ず、答えたくないことを訊かれたときだ。

ムカムカしながら私はリビングに行って、グレーのカーペットの上に「白いやつ」を置く。「白いやつ」というのは本当にいいかげんな名前だけど、白い花模様の薄っぺらい長方形の布で、三つ折りにすると二五センチ×二五センチの正方形になる。この正方形の布がうちの家族の「テーブル」だった。どうやら、うちの家族は三つ折りのものが好みらしい。

そうして私が「白いやつ」を敷くと、ダスティンとスコッティが一列になってリビングに入ってきた。二人とも綱渡りのロープの上を歩く人みたいに、そろそろと歩を進めている。ミルクとシリアルがなみなみと入ったボウルを抱えているので、気をつけて歩かないとミルクが縁からこぼれてグレーのカーペットを汚してしまうからだ。ママは「ミルクがカーペットにこぼれると、すごく嫌なにおいがするから気をつけてね」と毎日毎日口を酸っぱくして二人に言っていた。でも、どんなにうるさく言っても、お兄ちゃんたちはミルクとシリアルをカーペットにこぼしつづける。ママの言うことなんか、ぜんぜん聞いていないのだ。

　ママはまだ教会用の靴を履いていない。その靴を履くと外反母趾が痛むから、いつも最後の最後に履くことにしている。だからミルクのこぼれたカーペットを踏んづけた瞬間、タイツが汚れてヒステリーを起こすところまで予想がつく。で、新しいタイツを買うから、教会に行く途中で〈ライト・エイド〉〔ドラッグストア・チェーン〕に寄って、ということになる。でも〈ライト・エイド〉に寄ると、そのぶん三時間の楽しい外出時間が減ってしまう。店に寄るのはなんとしても避けないと。

　私は急いでタオルのしまってあるクローゼットへ向かった。その途中、バスルームを通りかかる。閉まったドアに耳を押しつけると、おばあちゃんが電話で友だちに愚痴をこぼしているのが聞こえた。

「ジーンが私にくれたセーターには、値札がついたままだったの。私に何かくれるときには、いつもそう。セール品なのに、定価で買ったようなふりをするのよ。小ずるいやり方でしょ？　それでね、〈マーヴィンズ〉〔中規模衣料品チェーン〕に行って、セーターの値段を見てきたの。そしたらどう？　七〇パーセント・オフですって。私にくれた服は一五ドルもしなかったのよ……」

「おばあちゃん、出て！　お兄ちゃんたちが使いたいって！」バスルームのドアをバンバン叩きながら叫ぶ。

「どうしてそんな意地悪なの！」とおばあちゃんが叫び返す。誰かと電話でしゃべっているときに急かされると、必ずそう言うのだ。自分をいじめられているかわいそうな被害者に見せたいらしい。

私はタオル・クローゼットからクリスマス・ライトの模様のついた小さな赤いふきんを取って、端っこをキッチンで濡らし、ミルクのこぼれたカーペットを拭いた。目を上げると、ダスティンとスコッティが「白いやつ」の上にボウルを置いて、シリアルを食べているのが見えた。スコッティは測ったようにゆっくりとした均一のペースで、もぐもぐ口を動かしている。まるでスローモーションを見ているみたい。急いでって言ったよね？　急ぐ理由もわかってないの？　ダスティンのほうは口を開けて、クチャクチャと大きな音を立てながら食べている。早く食べようとはしているみたいだけど、実際そんなに早くはない。

時計を見た。午前一一時一二分。とにかく、あと八分で玄関を出て車に乗らないと、一一時三〇分からの礼拝に間にあわない。

「急いでよ、ほんとに遅いんだから！」私はお兄ちゃんたちに向かってどなり、全体重を濡れたクリスマス柄のふきんにかけて、ミルクの染みたカーペットをふいた。

「うるさい、このウンコたれ」。スコッティが私にどなり返す。

おじいちゃんが私をまたいだとき、ペーパータオルにくるんで持っていたトーストからパンくずがこぼれ落ちた。部屋の反対側からおばあちゃんが入ってくる。体に巻きつけているタオルはペラッペラなので、見たくもない体が透けて見える。ターバン代わりのトイレットペーパーとヘアクリップで、パーマをかけた髪が落ちてこないように留めてあった。

「かわいこちゃん、もうトイレから出たわよ」。そう言いながら、おばあちゃんはキッチンのほうへ向かった。

私はおばあちゃんを無視して、お兄ちゃんたちに「もうバスルームは空いたから、歯をみがいてきていいわよ」と言い、そのあいだにシリアルボウルをシンクに片づけた。神の御業により、私たちはギリギリ教会に間にあうかもしれない。

そう思うと、嬉しくなった。ミルクの染みのついたカーペットから濡れたクリスマス柄のふきんを取り、もう一回拭きなおそうと、キッチンにふきんを濡らしに戻った。そのとき、ママが部屋を横切ってリビングのほうへ歩きだした。不安が湧きおこる。ママに「気をつけて」と言おうとしたのだけど、そのときママはもうキッチンから出るところだった。しまった、遅かった。

「何よこれ？」とママが聞いた。でもそれはいま自分が踏んづけたものがなんなのか、完全にわかっている声だった。

「もう一回拭いたから、濡れてるのはミルクじゃなくて水のせいよ」と私は言ったけど、そんなことはママにはどうでもよかった。ママの気分はもう最悪だ。予想どおりタイツが汚れ、パパに向かって「途中で〈ライト・エイド〉に寄ってちょうだい、新しいタイツを買うから」と指示を出していた。

時間どおりに家を出るために、ほかにできることはなかっただろうか、と考える。次はたぶん、もっとうまくやれる。でも今日のところは、楽しいお出かけは二時間半で我慢するしかない。それでも運がよければ、まだ「ポップコーン・ポッピング」の歌には間にあうかもしれない。

6.

「パパ!」帰ってきたパパが家のなかに足を踏みいれた瞬間、私は叫び声をあげた。走って行って、パパのおなかに顔をうずめる。パパが仕事から帰ってくるたび、毎日必ずそうしていた。パパのフランネルのシャツの匂いを嗅ぐと――うーん、切りたての木の香りと、乾いていないペンキの匂いがかすかにする。それがパパの匂い。

「ただいま、ネット」。パパはそう言ったけど、その声は私が期待しているより、ずっとそっけない。いつだってパパが笑ったり、髪をなでたり、ハグしたりしてくれるといいな、と心のなかで願っているけど、その願いは一度もかなったことがない。少なくとも、いまのところは。でも、ひょっとしたらいつかはかなうかも。

「お仕事どうだった?」

「順調だよ」

ほかに何かパパと話すことはないか、必死に考える。何か共通の話題を探さなきゃ。ママと話すときは、ぜんぜんそんなこと考える必要ないのに。どうしてパパだと、何も話すことが出てこないんだろう?

「楽しかった?」玄関からリビングへと歩きながら、私はパパにたずねた。

パパは答えない。何かが視界に入って、パパの顔に一瞬、不安そうな表情が浮かんだ。私はパパが何を見てそんな顔をしたのか、確認しようと振り返った。

ママだ。その身ぶりと表情をひと目見て、すぐに理解した。ピンと伸びた背筋、突き出たあご、きつく食いしばった歯、大きく見開いた目——不機嫌とか怒ってるとか、そんな生やさしいものじゃない。ママはまさに怒り狂っていた。もう爆発寸前だ。だめだめ、なんとかしなくちゃ。

「マーク」とママは言い、怒りを強調するように唇をなめた。いまだ、二人のあいだに割りこむしかない。

「ママ、大好き！」と私は叫び、ママにかけよってハグした。

私には力があるはず、ママを鎮める力が。だけど、次に何を言おうか思いつく前に、始まってしまった……。

「マーク・ユージーン・マッカーディ」。ママの声のトーンがだんだん上がっていく。

ヤバい。「ユージーン」が入ったら、ほとんどおしまいだ。

「お客さんにアドバイスをしていて、遅くなったんだよ。どうしても抜けられなくて」とパパは説明を始めた。その声には恐怖がこもっていた。

「三時間も？　マーク……」

私は助けを求めてダスティンとスコッティのほうを見た。二人でNINTENDO64で『ゴールデンアイ007』のゲームをやっている。話しかけてもまったく返事が返ってこないときは、必ずそのゲームをやっていた。おばあちゃんとおじいちゃんはまだ仕事だし、マーカスは学校だ。頼れる人はほかに誰もいない。

「ママ、『ジェイ・レノ』を見ようよ。『ジェイ・レノ』、見たいでしょ？　今日はヘッドラインのコーナーがあるよ」

「静かにして、ネット」

アウトだ。ママがそう宣言したら、私は黙るしかない。ジェイ・レノならママの気を引けると思ったのに。本当は、私はコナンのほうが好きだけど、みんなでジェイを見るのがうちの決まりなのだ（教会でそう言ったら、シスター・ハフマイアに「ジェイはちょっと発言がきわどいし、大体あなた、一一時半までには寝たほうがいいんじゃないの？」と言われた。でもママが「あのシスター、うるさいのよ」と言ってくれたので、何を言われようと気にならなくなったけど）。

ママをじっと見つめる。胸が大きく上下しはじめた。呼吸がどんどん荒くなっていく。耳は真っ赤だ。パパめがけて跳びかかったので、パパは二、三歩うしろに下がった。それでつまづいて膝をついたママは、金切り声で叫びはじめた。「虐待！　虐待よ！」パパはママの手首をつかんで、なんとかなだめようとする。ママはパパの顔に唾を吐いた。お兄ちゃんたちのどっちかが『007』の勝負に勝ったらしい。勝利を誇るガッツポーズが、何度も繰り返されている。

「デビー、二、三時間遅れただけだろ？　そこまで怒るようなことか？」パパはママの金切り声に負けないよう、大声で言った。

「ふざけないで！　ふ・ざ・け・な・い・で！」ママは手首を振り払って、パパを叩きはじめた。

「いけいけ、ママ！　やっちゃえ！」私はママをはやしたてた。怖いのを乗り越えると、私はいつもママをけしかける側につく。

「デビー、めちゃくちゃなこと言わないでくれ。きみはどうかしてる！」とパパが訴えかけた。だめだめ。その言葉がとんでもない地雷だって、わかってないの？　ママがパパやおじいちゃんと口ゲンカしたとき、「どうかしてる」と言われた瞬間さらにブチ切れることを、覚えてないの？

「私はどうもしてない、どうかしてるのはそっちじゃないの！」ママはさらに叫びつづける。それから、ママはキッチンへ駆けこんだ。パパはもうこれでひと段落ついたと思ったのか、靴を脱ぎはじめる。ひととおり叫んで気分が変わったら、ふつうのママに戻るだろうって？　なんでそんなふうに考えられるの？　いいかげん学習したらいいのに。
一、二、三、私は心のなかで数を数えはじめる。一〇まで数える前に、ママは戻ってきた。四、五、六、七。その手には包丁が握られている。おじいちゃんが毎晩野菜を切るのに使う、でかいやつだ。
「ここから出てって！」ママはがなりたてた。「出てけ！」

「デビー、頼むよ、もうこんなことやめてくれ……」

このまえママがパパを追いだして車で寝させたのは、二、三カ月前のことになる。だから今回は、いつもよりは長めのインターバルだった――だいたいパパは、週に一度かそこらは追いだされているのだ。もちろん、そうされても仕方ない理由はいろいろあった。ママいわく、パパは家のことをなにもやらないし、仕事から帰ってくる時間はいつも遅い、たぶん浮気してる、子どもたちに興味がないし、父親としての存在感がない、などなど。こんなに長いあいだ、追いだされずにすんでいたこと自体が奇跡だった。それだけでもありがたいと思うべきなのだ。

「出てってよ、マーク！」

「ナイフをしまってくれ、デビー。危ないよ。子どもたちもいるし」

「いいえ、うちのかわいい子たちは、絶対傷つけたりしないわ。子どもたちは、絶対、傷つけない。よくもそんなこと私に向かって言えるわね！」

涙がママの頬を伝って流れ落ちる。大きく見開かれたその目は、目線が定まらず、ゾッとするような光を帯びている。

「出てって！」

ママはもう一度、パパに詰めよった。パパはあとじさりする。

「わかった、わかった。出てくよ。いま出てく」

パパは靴を引っかけて、急いで外に出ていった。ママはキッチンに戻って、ナイフを引き出しにしまった。そして崩れおちて膝をつくと、うめくような悲痛な声をあげながらすすり泣きを始めた。私はその隣にしゃがんで、ママをしっかり抱きしめる。またお兄ちゃんたちのどっちかが、『007』の次の勝負に勝ったようだった。

7.

今朝六時に呼びだされてからずっと、このゴミ山の上に立ちっぱなしだ。時刻はもうお昼、灼熱の太陽がギラギラと私の上に照りつけている。私のまわりにいるメイン・アクターの人たちは、撮影の合間は日傘を差しかけてもらい、脚が疲れないよう折りたたみ椅子が用意され、氷がいっぱい詰まったクーラーボックスから取ってきたばかりの冷え冷えのボトルの水を飲んでいる。でも私は違う。そんなぜいたくとは無縁。だって私はエキストラ・アクターだから。

私がほかのエキストラ・アクターたちと立ちつくしているのは、ランカスターのすぐ外にある砂漠のゴミ山の上だった。日傘も水のボトルもなく、重ね着させられた大恐慌時代のチクチクするカビ臭い衣装は下着までぜんぶ汗でびしょぬれだ。こんな衣装を着せられているのは、大恐慌時代を描いた『ゴールデン・ドリームズ』という短編映画で、貧しい家庭の子の役を演じるからだった。この映画はカリフォルニアの歴史をさまざまに切り取ったエピソードを描いたもので、ディズニーランドに新しくオープンするテーマパーク、「ディズニー・カリフォルニア・アドベンチャー・パーク」で上映されることになっていた。朝四時半に起きてここまで車を走らせてくる途中で、ママはその情報をそれは嬉しそうに教えてくれたけど、私がすごいと思ったのは、「もうすぐディズニーランドに新しいテーマパークがオープンする」という部分だけだった。

最悪だったのは、私の歯にくっついているモノだ。今朝ヘアメイクのところへ行くと、担当メイクさんが私の髪を二つのお下げに編みこんでから、「大きく口を開けて」と言った。言われたとおりにすると、ネバネバする茶色い液体を口のなかにたらされ、「歯がボロボロになってるように見せるためよ」と説明された。そのネバネバはすぐに乾いたけど、めちゃくちゃ気持ち悪くて、一カ月も歯を磨かなかったような気分になった。その気持ち悪さは一日中消えず、ものすごく嫌な気分になった。つい舌でネバネバを触ってしまう。気持ち悪くて気になって仕方がないのだ。

「なんだか不機嫌な顔ね。ここにいるときは、もう少し機嫌よくしなくちゃ」とママが言う。私たちはエキストラ・アクター用のトレーラーにあるトイレに入ったところだった。一時間もウンチをがまんしてたんだけど、もうがまんできなくなって、ついにトランシーバーを持っている人に「すみません、トイレに行かせてもらえませんか」と頼んだのだ。ママには、「そんなことしたら扱いにくい子って思われるわよ」と言われたけど、がまんできないんだからしょうがない。

「ごめんなさい」。ウンチをしながら私は言い、ママはペーパータオルを水で濡らした。ママはいまだに私のお尻をふきたがる。ついこのあいだ、「もう八歳なんだからお尻ぐらい自分でふける」と言ってみた。するとママは泣きそうな顔をして、「せめて一〇歳になるまではふかせてちょうだい、ポカホンタス柄のパンツにウンチの染みをつけたくないから」と言ってきた。自分でふいたって、パンツにウンチの染みなんかつかないってわかってるけど、ママに泣かれると反論できない。

「その不機嫌な顔はやめて、わかった?」とママは言い、私がママの頼みをききいれたことを確認した。「まつげがみんな内側を向いて、怒った顔に見えるわよ」

ママはまだ私のお尻をしつこくふいている。

「わかった」

私はゴミ山のところに戻って、自分の気分と正反対の顔をしようとしたけど、こんなにギラギラ照りつける太陽の下では難しい。ついつい目を細めてしまう。

「あの悲しそうな顔をした子はどこ行った? さっきぼくが言ってた子だ。あの子を使おう」。監督が助監督に向かって大声で叫んだ。

助監督はいろんな子を指さしていったけど、監督はうんと言わない。最後に助監督が私を指さした。

「そう、その子だ」。そう言って監督がうなずく。

「おいで、こっち」と助監督は言って、私の手をとると監督のほうへ連れていった。

監督は私を昔ふうの車にすわらせると、私のちょっと右側を見つめ、「じっとしてて」と言った。

私はうなずく。二、三テイク撮ったあと、監督は「よし完了」と言った。

助監督が私をママのところへ連れて戻る。ママはエキストラ・アクターの小道具テーブルの近くで私を待っていた。「今日はこれで帰っていいですよ、この子はキー・ショットに使ったから、もうエキストラ・アクターとしては使えないので」と助監督が伝えた。

「キー・ショット?」ママは見るからに興奮した様子でたずねる。

「ええ。じつは新しい契約書にサインしてもらわないと。いまのはメイン・アクターの役柄ですからね」

ママは喜びのあまり声がうわずっていた。「嘘、信じられない!」

「最初に役をもらった子が、ぜんぜん言われたとおりにできなかったんです――どんなに『悲しそうな顔をして』って言っても、ずっとニコニコするばかりで。でもこの子は違いました。じつにいい『悲しそうな顔』をするんですよ」。そう言って、助監督は笑った。

「ええ、そうなんです。この子、悲しそうな顔が大の得意なの」とママは言い、にっこりほほえみながらうなずいた。つい三〇分前までは、あんなに「不機嫌な顔をするのはやめなさい」と言ってたのに。

「とにかく、それでお子さんを代わりにその役に使ったので、もうお子さんはメインの役を演じる俳優ということになるんです」

助監督が新しい契約書を取りにその場を離れると、ママはくるっと私のほうを向き、私の両手を自分の手のなかに包みこんだ。

「あなた、役をもらったのよ、ネット！　お眼鏡にかなったの！」

家に帰るとすぐ、ママはアカデミー・キッズに電話して、私がメイン契約を取ったことを一気にまくしたてた。アカデミーの人は、「それはすごいニュースですね、これでお宅のお子さんは協力的で指示に従える子だという評判を手にしたことになりますよ」と言った。「協力的で指示に従える」というのは、子役としていちばん大事な特性なのだ。そして、「もっと長めのエキストラ・アクターの仕事を探しましょう」と約束した――つまり、「トップ・エキストラ・アクター」の仕事をくれるというのだ。そういう仕事は、ふつうエキストラになったばかりの子にはもらえない。エキストラのキャスティング担当者には、新人の評判はよくわからないからだ。でもママは納得がいかないようだった。

「トップ・エキストラ・アクター？　それって、エキストラのトップクラスってことですよね。メインの役はもらえないんですか？　うちの子は『ゴールデン・ドリームズ』のメインの役をもらったんですよ。メイン・アクターのオーディションを受けさせてもらうわけにはいかないの？」

「それはまだ難しいですね。お嬢さんにはもう少し経験を積んでもらって、それから改めて評価をし直したいと思います」

ママは一応、「わかりました」と言ったけど、向こうの答えが気に入らないことが見ていてすぐわかった。

「評価をし直したい？　バカにして！」。電話を切りながら、ママは言った。そうやってママがブツブツ文句を言うのを、受話器の向こうにいる人がまだ電話を切らずに聞いていたらどうするんだろう、と私はいつも心配になる。でも幸い、それでトラブルになったことはいまのところ一度もないようだ。

その日の夜のあいだ、ママは少し気が立っていたけど、次の朝にはだいぶ機嫌が直ったようだった。そこへアカデミー・キッズからさっそく電話がかかってきた。もうすぐ撮影が始まるパイロット版で、「トップ・エキストラ・アクター」の仕事があるという。全部で八日間の仕事だ。

「いまはまだトップ・エキストラ・アクターらしいんだけどね、ネッティ」。歯を磨きながらママは言う。「このままがんばれば、きっとすぐに正真正銘のメイン・アクターになれるわ」

そう言ってママはシンクに歯磨き粉を吐き出した。

「『正真正銘』っていう言い方が正しいのかどうか、よくわからないけど」

パイロット版の撮影は順調に進んだ。「トップ・エキストラ・アクター」という私の位置に変化はなかったけど、撮影中にあるできごとが起きた。私をメイン・アクターにする、というママの目標に一歩近づくできごとだ。

私と同じ年頃のメイン・アクターの子がいて、その子の母親がママのことを気に入ったらしい。それで、自分の娘のエージェント、バーバラ・キャメロンの電話番号をママに教えてくれたのだ。

「バーバラ・キャメロンですって、ネット！　あの、バーバラ・キャメロン！」

「やったね！」

「誰だか知ってるの？」

「知らない」

「有名な子役のお母さんなのよ。しかも子役一人じゃない。『グローイング・ペインズ／愉快なシーバー一家』のカーク・キャメロンに、『フルハウス』のキャンディス・キャメロン。あの子たちの母親なの。マネージャーもしてた。そのあと、自分の子以外の子役のマネージングも始めたらしいわ。いまじゃ、業界で一、二を争う子役の代理人よ。すごい人なんだから」

「すごい！」

ママはすぐにバーバラに電話して、私と、いちばん上のマーカス兄さんのオーディションの予定をとりつけた。最近ママは、マーカスのことも役者にさせたがっているのだ。マーカスは最初嫌がってたけど。

「いいじゃない、あなたの笑顔って本当にステキよ。歯もきれいだし」とママは訴えた。「それにホクロもたくさんある。若いころのマット・デイモンみたい」

私は内心、ダスティンとスコッティをうらやましく思った。どうしてママに「嫌だ」と言えるんだろう――そして、どうして「嫌だ」と言ったあと、私やマーカスみたいにむりやり「いいよ」と言わされずにすむんだろう？ その答えが知りたかった。でも、家族相手にそんなことは訊いちゃいけないような気がした。黙ってお互いにわかったようなふりをしておかなきゃいけないのだ。

バーバラは自宅で仕事をしているので、オーディションはそこで受ける。バーバラの家に着くと、マーカスと私はセリフを渡され、三〇分でそれを覚えて演じるように言われた。なんの映画のセリフなのかわからなかったけど、マーカスは恋人に自殺を図られた高校二年生の役、私は両親に離婚しないでと訴える子どもの役だった。

ママは車のなかで私たちと一緒にセリフをチェックした。それから、一人ずつ家のなかに入ってオーディションを受ける。

マーカスが先だった。三〇分ぐらいかかっただろうか。出てきたとき、マーカスは機嫌よさそうだった。「部屋にはバーバラともう一人女の人がいて、二人とも話が面白くて大笑いしたよ」と言った。

次は私の番だ。緊張で足がガクガクする。セリフを一回言った。バーバラともう一人の女の人は、顔を見合わせて、「もう一回言ってみて」と言った。ただし「もっとさりげなく」。私はきょとんとした。

「もっと気楽にして、ということよ」とバーバラが説明する。

もう一度セリフを言った。もう一人の人がバーバラに向かって肩をすくめてみせる。バーバラは「ああ」という顔をする。

「ありがとう」。二人が同時に言った。

私はできるかぎりゆっくり家を出ていこうとした。できればもう二、三分余分に時間をかけたい。こんなにすぐに帰っていったら、ママがきっとがっかりするとわかっていたから。可能なかぎりゆっくり歩いたけど、余分にかかったのはせいぜい一分だった。車に乗りこむと、ママは不安そうな顔で私を見る。

「どうだった?」

「うまくいったよ」

「おしゃべりできた?」

「ううん、あんまり……」

「何かおもしろいこと言えた？」

「ううん、あんまり……」

「そう」

家へ帰る途中、ママががっかりしているのがわかった。マーカスのことをすごく自慢に思って喜んでいるように見せているけど、私にはママの本心が読める。ムリに明るくふるまってるだけ。マーカスのことが誇らしくて喜びたいのに、私の失敗が大きな影を落としていた。


「マーカスはとてもよかったですよ。ぜひうちでお引き受けしたいと思います。でもジェネットは――その……カリスマ性がないというか」

結果を知らせてきたのは、バーバラと一緒にあの部屋にいた女性、ローラだった。ローラはバーバラの秘書役で、バーバラの会社の唯一の社員だ。とても鋭くて頭の回転が速く、無駄なことは一切言わない生真面目なタイプ。電話の向こうの声はかなり大きくて、ママと話している内容がまる聞こえだった。ママは夕食のラーメンの鍋をかき混ぜながら話している。

「マーカスを気に入っていただいて嬉しいわ。でも、ジェネットも一緒に契約していただけませんか？　あの子がこの先半年間、一つも仕事がとれなかったら、クビにしていただいて構いませんから」。ママは食い下がる。自分の思いついたアイディアを自画自賛するように、私に向かって親指を立ててＯＫサインを出した。

「でも女の子のタレントはもうかなりたくさんいて……」とローラは言葉を濁す。

「うちの子はすごくのみこみが早いし、言われたとおりにできるんです」とママはまるでローラを誘惑するように、歌みたいな調子をつけて言った。おねだりをする側にしては、妙に明るいトーンだ。

「バーバラに相談してから、またかけ直します」と言ってローラは電話を切った。ママは私のほうに向き直る。

「ネット、バーバラがあなたを採用してくれるよう、さっとお祈りをしなさい。ママのぶんもやってね、ママはお鍋をかきまぜてないといけないから」。そう言われて、私はモルモン教のお祈りの姿勢をとった。二人とも目を閉じる。

「天にましますわれらの父よ」。私はお祈りを始めた。「今日という美しい一日と、たくさんの祝福を与えてくださったことに感謝します――」

「あつっ！」ママが叫んだ。

思わず目を開ける。ママが鍋をかき混ぜていたお玉を落として、指を吸いはじめた。急いで蛇口を開けて、冷水で指を冷やす。

「火傷しちゃった」とママは私に話しかけた。「続けて、ネット、お祈りを言って」

私はうなずいて、もう一度お祈りを始めた。

「どうかバーバラ・キャメロンが私を採用してくれますように。私たちが夜、安心して眠れますように。ママは夜あまり眠れないみたいなので、どうかママを安心して眠らせてあげてください。天にましますわれらの父よ、感謝します。イエス・キリストの名において、アーメン」

「アーメン、ネッティ。上手にできたわね」

ママが器にラーメンを入れはじめたとき、電話が鳴った。ママはあわてて鍋をシンクに落とした。

ドサッと大きな音がして、キッチンカウンターにラーメンの汁が飛び散ったけど、ママは気にしない。電話のことしか頭にないのだ。

「ええ、ええ」。ママの声は、とても明るい感じだ。今回は、電話の向こうのローラの声は聞こえなかった。ソワソワする気持ちを抑えるために、ママが部屋のなかを行ったりきたりしているからだ。

「ええ、ええ」。もう一度ママは言って、私を見つめる。その視線を感じて、私はすごく落ちつかない気分になった。

「はい、きっと後悔させません」。そう言って、ママは電話を切った。私をじっと見るその目には、純粋な喜びがあふれていた。

「何？」と私はたずねた。

「バーバラ・キャメロンはあなたを採用してくれたわ。週に一回、演技クラスを受講して、もっと自分らしさが出せるようにしてほしいって。でもとにかく、採用されたのよ」

ママはどうしよう、信じられない、というふうに頭を振った。そしてほっと安堵のため息をつくと、私を引きよせて抱きしめた。

「あなたはメイン・アクターよ、ネッティ。もうエキストラなんかじゃない」

8.

演技クラスは最悪だった。「うちに入りたいなら通いなさい」とバーバラ・キャンベルに言われたクラスに通いはじめて二カ月。毎週土曜日の午前一一時から午後二時半までが、クラスの時間だ。そのあいだ家から離れられるには違いないけど、教会に行くときほど楽しみには思えなかった。演技をするのは、家にこもっている以上にしんどかったからだ。

クラスは毎回、ちょっとした「リラックス」から始まる。一ダースほどの生徒が、ラスキー先生のマネをしながら教室を歩きまわった。ラスキー先生というのは、ローラのことだ。ローラはバーバラの秘書役というだけでなく、私たちの演技の先生でもあった。先生は顔を思い切り変なふうにゆがめ、口をバカみたいに大きく開いたかと思うと、目をギョロリと剝く。これが演技のどんな役にたつのか、ぜんぜんわからなかったけど、とりあえず訊くのはやめておいた。質問ばかりする子は嫌われるのだ。

「授業のあいだは、必ずいつも『集中』しておくのよ」。車でクラスに向かう途中、ママは毎回そう言った。「ラスキー先生はいつも見てるんだから。それに、うるさい子、言われた通りにできない子、質問ばかりする子――そういう子はオーディションを受けさせてもらえないの。オーディションを受けられるのは、黙って言うとおりにできる子だけよ」

顔の体操をしたあと、今度はいろんな動物のマネをさせられる。なかには楽しんでる子たちもいたけど、私はバカみたい、と思っただけだった。ゾウみたいにパオンと鳴いたり、子ネコみたいに喉をゴロゴロさせたり、サルみたいにうなり声をあげたり。はっきり言ってそんなことやりたくない。動物の鳴き声は動物にまかせておけばいいじゃない。

ときどきラスキー先生は「ストップ！」と言ってみんなの動きを止め、一人の子だけに動物の鳴きマネをさせる。「抑圧」か何かを取り払う練習だと言っていた。

「パオンって鳴いて、ジェネット！　本気でパオンって！」

本気にはなれなかったけど、精一杯努力した。すごく恥ずかしかった。

気まずい動物の鳴きマネのあとは、暗記テクニックの授業だ。あるシーンの台本をもらって、三〇分でセリフを覚え、そのあと一人ずつそのセリフを「コールド（棒読み）」で言う。「コールド」というのは、「感情抜きでサラッと」セリフを言うことを表す業界用語だ。このテクニックは、とくに子役にとってはすごく大事なんだと言われた。これができると、台本を読みこみすぎて、オーディションのときにオーバーにやりすぎてしまうのを避けられる。どうやら、セリフをいったん完全に「コールド」に暗記したうえで、あとから感情を付け加えていったほうが、新鮮な演技を引きだせる、ということのようだった。

暗記は演技クラスのなかで、私にとっていちばんマシな授業だった。暗記が得意だったからかもしれない。たいてい一五分以内にセリフを全部覚え、残りの一五分は確認のために使っていた。それに、感情をこめずにセリフを言うのも得意だった。問題なのはセリフじゃなくて、感情なのだ。だいたい、何かにむりやり感情をこめるというのが嫌だったし、そのこめた感情を人に見せるというのも理解できなかった。弱くて傷つきやすくて裸のままの自分を、人に見せるなんて。そんな姿は絶対に人に見せたくないのに。

暗記が終わると、シーン練習が始まる。これがいちばんやりたくなかった。だって、演技しないといけないから。毎週、シーン練習の準備段階として、生徒にはそれぞれセリフを暗記して分析する用のシーンが割りあてられる。「シーン分析」とは、自分の演じるキャラクターやシーンについてさまざまなことを問いかけながら、ページ上に書いてある言葉の下にどんな意味が隠されているのかをさぐる作業だ。私の演じるキャラクターは、本当は何を求めているのか？　私が関わりあっているキャラクターは、本当は何を求めているのか？　こういったことが、どうお互いに影響を及ぼしあっているのか？　私が演じているキャラクターは、関わりあっているキャラクターのことをどう思っているのか？　シーン分析を行ったあと、私たちはそれぞれしっかりリハーサルをして、次の土曜日にクラス全員の前で演じて見せられるようにしておかなければならない。

一人ずつ立って、課題のシーンを演じたあと、ラスキー先生と一緒にシーンの分析が始まる。これが本当に嫌で嫌でたまらなかった。スタジオ内の小さなステージにぽつんとすわって、全員の前で課題のシーンを演じるなんて。人から見られるのは大嫌い。私は人を見るほうがいい。

最初の授業のとき、「申し訳ありませんが、親御さんにはシーン分析の授業の立ち会いはご遠慮いただいているんです」とラスキー先生に言われたけど、ママは食い下がった。

「私はステージⅣの転移性非浸潤性乳管ガン――つまり乳ガンを患っていて、化学療法のせいで骨がもろくなってるんです。車のなかにずっとすわっていると体が痛くなるし、暑い日差しのなかを歩きまわるのも止められてますし」

「それなら、通りのちょっと先の喫茶店に行かれては？」ラスキー先生はちょっとこわばった笑顔をつくりながら言った。

「コーヒー一杯で二時間五〇分ねばるのは、気がひけますわ」。ママはもっとこわばった笑顔をつくって答える。

勝負はついた。クラスがはじまったときから、ママは親のなかでただ一人、シーン分析の授業に立ち会うことになった。私が演技しているところを見たいというママの願いがかなえられたことは、嬉しかった。でも、それが私にはさらに大きなストレスになった。ママが私の演技をどう思っているか、どう反応したかが、目の端に入りこむ。セリフを言うとママも一緒に口を動かし、私にもっと表情をつけさせたいときには自らオーバーな表情をしてみせた。ママの横からのアドバイスをうまくあしらいながら演技するのは至難の業だったけど、いつもなんとか乗り切った。

クラスが終わると、ホッとして全身の力が抜けるような気がした。その日はそのあと、なにもせず休ませてもらえたからだ。とりあえず明日までは、来週のシーンの練習をしなくてすむ。私は自由なのだ、今日の夜だけは。

9.

「そんな言葉、言いたくない」。もうじき受けることになっている『マッドＴＶ！』のオーディション用のセリフを見たとき、私はママにそう訴えた。それはキャシー・リー・ギフォード〔有名なテレビ・パーソナリティ〕とその娘二人をパロディーで描いたスキットで、私はパロディー版キャシーの娘の役をふられていた。

「あの言葉にはいろんな意味があってね。ただ『陽気な』って意味にも使うのよ。クリスマスの歌にもあって、みんな大声で歌ってる。『さあ装おう　陽気な服で』」。ママは「ひいらぎ飾りて」の歌詞を少しだけ歌ってみせる。

ママが多少私に同情しているのはわかった。でなきゃ、こんなにあれこれ説明を付け加えたりはしないはず。

「どうしても言わなきゃだめ？」

「そうよ。ネット、これは初めてセリフのある役をもらえるかどうかの瀬戸際なの。ここを乗りきって、あなたが扱いにくい子じゃないってことをバーバラに見せなくちゃ。それに、ちゃんと役を勝ちとらないと、クビにされてしまうわ」

私は自分の前に置かれた台本のページをいじくる。

「ねえ、上手にできたら、あとでアイスクリーム食べさせてあげるから。いい？　ほら、教会のクラスでシスター・ジョンソンがクーポンをくれたでしょ？」

「わかった」

次の日、私はオーディション会場で自分の番を待っていた。小さな部屋だ。壁は真っ白で、なにも貼っていない。オーディションを受けるほかの子たちとその母親たちが、折りたたみ椅子にすわったり、壁に背をもたせかけて立ったりしている。子どもたちは全員ブロンドだった。母親たちは全員不安げな顔をしている。

キャスティングの担当者が、私をオーディション部屋に連れていくために近づいてきた。オーディションのときはいつもそうなのだけど、口のなかがカラッカラだ。もう四回もトイレに行ったのに、またトイレに行きたくなった。きっと、コメディのオーディションの前には必ず飲まされる、シュガーフリーの〈レッドブル〉のせいだ。「これを飲んでおかないと、あなたにはコメディ向けのエネルギーが足りないのよね」とママは言うのだ。

「ジェネット・マッカーディさん」とキャスティングの人が名前を呼んだ。私はごくんと唾を飲みこむ。

「はい！」ママに言われているとおり、思いきり元気のいい返事をした。

「こっちに来て」とキャスティングの人が手招きをして言った。

ママはがんばって、というように私のお尻をポンと叩く。

「大丈夫、ネット。あなたは誰よりも上手なんだから！」

競争相手の一人が、悲しそうにうつむいているのを見た。母親がその子をなぐさめている。私はキャスティング担当者に続いて部屋に入った。男の人が二人、椅子にすわっている。

「いつでもどうぞ」と、一人が言った。

キャスティング担当者が相手のセリフを言い、私が二つある自分のセリフの一つ目を言う。

「あなた、もう年ね」

男の人たちは爆笑した。うまくいったみたい。口のなかはまだカラカラ。次のセリフのことが気になって仕方がない。次のセリフで、例の言葉を言わなくちゃいけないのだ。

「ジェルマン、あなた、めっちゃゲイよ」

また爆笑。終わった。待合室で待つママのもとへ戻った。


「で、どうだった？」〈サーティワンアイス〉の列に並びながら、ママが訊いてきた。

「面白いって言われた」

「そうよね、あなたは本当に面白い子だもの。でも真面目にしなくちゃいけないときは、真面目にもなれる。なんでもできるすごい子なんだから。ナッティ・ココナッツでいい？」

「え、私クッキーアンドクリームがいい」

ママはびっくりした顔をして、私のほうに向き直った。

「ナッティ・ココナッツじゃないの？」

私は固まった。どうしよう。私がナッティ・ココナッツを選ばなかったから、ママは怒ってるみたい。私は少し間をおいて、次に何か言う前に、ママがどういう反応をするのか見てみることにした。アイスクリーム・カウンターの前で、私たち二人は、アイスクリームじゃなくてお互いの顔をじっと見たまま立ちつくしている。次の瞬間、ママの緊張が崩れ、目には涙があふれだした。

「ここ八カ月は、ナッティ・ココナッツがあなたのお気に入りだったのに。もう違うのね。成長したのね」

私はママの手をとった。

「いいの。やっぱりナッティ・ココナッツにする」

「ほんとに？」

「ほんとよ」。そう言って、私はうなずいた。

ママは二人でシェアして食べるのに、スモールサイズを一つ注文して、お店の人にクーポンを渡した。店員はまだ十代の女の子で、目のまわりに黒いメイクを念入りにしすぎてアライグマみたいになっている。ママと私は小さなボックス席にすわって、一緒にアイスクリームを分けあった。本当はココナッツ味にはうんざりだったけど、心から気に入っているように見せるため、わざと「うーん」という声を連発してみせた。二、三口食べたところで、ママの小さな灰色のポケベルが鳴りはじめた。バーバラから連絡がきたらすぐにわかるように、ママはそのポケベルを自分へのクリスマス・プレゼントとして手に入れたのだ。まさに、いまみたいなときのために。

「バーバラだわ！　バーバラからの電話よ！」

ママは跳びあがるように立つと、アイスクリーム・カウンターの上に身を乗りだした。ママが見ていないので、私はアイスを食べるのをやめた。

「そこに電話がありますよね？」とママが店員にたずねる。

「ええ、でもこれは従業員専用なので」。アライグマ目の店員は、マニュアルどおりの言い方で答えた。

「うちの娘は女優でね、『マッドTV！』で初めてセリフのある役をもらえるかもしれないの。『マッドTV！』って聞いたことある？　すごく面白いのよ。『サタデー・ナイト・ライブ』のアングラ版みたいな感じ。だからその電話を使わせてもらえたら――」

「ええ、どうぞ、使って」。店員はうんざりした顔で答えた。

ママはカウンターの向こうに手を伸ばし、バーバラの番号をダイヤルしはじめた。番号はもう暗記しているのだ。ママは指をクロスする幸運のおまじないをして、私のほうに視線を向けた。私はアイスを一口食べる。

「やった!!」ママが大声で叫んだ。店員が耳をふさいだほどだ。「ネット、やったわよ！『マッドTV！』の役をゲットしたわ！」

ママはバーバラとの電話を切り、私のほうへ駆け寄った。私を抱きよせて、ぎゅっとハグする。ママの温かい肌の匂いが〈ウィングス〉の香水のかおりと混じって、とてもいい匂いがした。私が大好きな匂い。ママがこんなに喜んでくれて、私はとっても幸せだった。

「すごいわ、ネット。初めてのセリフがある役よ。すごすぎる。嘘みたい」

ママは興奮して私の額にキスしまくり、アイスクリームにスプーンをつっこむと、ナッティ・ココナッツの最後の一口を片づけた。私はもう食べずにすんで、ホッとした。

10.

「すごくきれい」と私はママに言った。

ママがバスルームの鏡の前に立ってお化粧を仕上げているあいだ、私はママの髪をとかしている。ママは私に髪をとかしてもらうのが好き。「すごく気持ちが落ちついてホッとするの」とママは言う。

「ありがとう、天使ちゃん。でもね、カレンもすごい美人なのよ。美人コンテストで優勝できるくらい」。ママは口紅にキャップをして、唇をこすりあわせた。プラム色の口紅が唇全体にまんべんなく広がるように。何もつけていないほうが、ずっときれいなのに。

「ママだって美人コンテストで優勝できるよ」と私は言った。半分は本当にそう思っていたけど、半分以上はママを安心させるためだ。ママには同じ年頃の友だちがほとんどいなくて、数少ない友だちと会うこともめったになかった。だから、ママが友だちの一人とランチに行くというのは、ものすごく珍しいことなのだ。

カレンはママの高校時代からの親友で、高校を卒業したあと、一緒に美容学校に通った仲だ。でもママとカレンの関係は、ちょっと複雑だった。「カレンってすばらしい人なのよ、本当にステキで優しいの」と言ったかと思うと、次の瞬間、「でもカレンって本当はク・ソ・オ・ン・ナよ」と言いだすのだ。

「そんな言葉、使っちゃいけないんじゃないの？」

「はっきりとは言ってないわよ、ネット。それに、カレンのことを知ってたら、神様だってお許しになるわ。あの女が私の赤ちゃんの名前を盗んだ話、したかしら？」ママはそう言いながら、自分の体に香水を振りまいた。

「うん、聞いた」と私は言って、ブラッシングを続ける。

ママはうつむいた。私の言葉に傷ついたみたい。その話はもう何回聞いたかわからないくらいだったけど、ママはもう一回その話がしたいのだ。わかってる。ママはとにかく、聞いてもらいたいのだ。

「でも、もう一回聞きたいな」

「私はね、候補の名前を全部選んであったのよ」。ママはすかさず話しはじめた。「ジェイソンはいい名前だと思ったわ。スターディも、そんなにありふれてないし、最近はやりの奇をてらったヘンな名前でもない。あとはラグーンとか、いくつか。それって本当は、誰にも言っちゃいけないのよ、縁起が悪いから。自分が選んだ赤ちゃんの名前は、誰にも言っちゃいけないの」

「そうなんだ……」

「聞いてる、ネット？　なんだか上の空みたい」

「聞いてるよ」

「だから、本当は誰にも言っちゃいけないのに、私は言っちゃったのよ。カレンに。だってカレンは親友だし、どうしても知りたいって言うから。それに、私たち同時に妊娠していて、ずっと一緒に妊娠中のあれこれを経験してきたのよ。それが、どう？　カレンのほうが先に出産して、一体どんな名前を赤ちゃんにつけたと思う？　ジェイソンですって。私が選んだ名前を盗んだのよ」

「でも、マーカスのほうが私は好き」と私は言う。「マーカスのほうがユニークじゃない？」

「もちろん、そうよ。でもね、それって礼儀の問題でしょ？」

「そうよね」と私はあいづちをうった。

ママは大きく息を吸って、まつ毛に三回目のマスカラを塗り重ねる。

「とにかく、カレンのことは信用してないの。それでも、まだ友だちには違いないんだけど」

この論理が私にはよく理解できなかったので、私はただ「そうなんだ」と言っておいた。

「でも親友じゃないわ」とママは続けて言った。「ママの親友はあなたよ、ネット。あなたがママのいちばんの親友」

私はにっこりとほほえんだ。親友と言われて、すごく嬉しかった。私はママにとって、世界でいちばん近くにいる存在。これが私の生きる目的。私は自分が満ちたりた完全な存在に思えた。

11.

「さあ、今朝はめちゃくちゃ忙しいわよ！」ママがシンクにお皿を突っこみながら叫ぶ。その音にちょっとたじろいだけど、かまわずキッチンへ向かった。誰かがママを手伝ってあげなくちゃいけないのに、誰も起きてこないのだ。

「一回でいいから、誰かがこの忌々しいお皿を洗ってくれたらいいのに！」ママがまた叫んで、マグを乱暴に置く。取っ手がポッキリ折れた。ママは壊れたマグと取っ手をジップロックの袋に投げ入れた。思い出として取っておくためだ。

「私が洗うよ、ママ」とおそるおそる言った。これ以上ママを怒らせたらまずい。

「あら、いいのよ、あなたはしなくていいの」。ママはそう言って、洗剤の泡のついた手を伸ばして私の髪をなでた。「手がシワシワになったらいけないでしょ。あなたにそんなことさせられないわ。手がシワシワの子に、いい役がつくわけないもの」

「わかった」

「マーク！　ジェネットをダンスに連れていってくれる？　演技クラスにあの子を連れていく前に、皿洗いを片付けないといけないから」

パパがリビングから私たちのほうへ歩いてくる。コストコのマットに寝ているダスティンとスコッティにつまづいて、転びそうになった。

「え？」やっとキッチンにたどりついたところで、パパはたずねた。

「ジェネットのダンスのクラスよ、連れてってくれる？」

「いいとも」。パパは短く答えた。

「あんまり安請け合いしないでくれる？」とママが言う。

「ごめん」

「なんでもかんでもあやまらないで。とにかく急いでちょうだい。ダンス・レッスンに間にあわせるには、あと二〇分で出ないと」

ポーラ・アブドゥルのダンス・スペシャルのオーディションで大失敗をやらかしたあと、私はダンス・レッスンのスケジュールをびっしり入れられる羽目になった。オーディションのとき、ほかの子たちはみんな開脚したり、連続でくるくる三、四回回ったりしていた。でも私はそんな技、一つも知らない。一分間の振付を教えられたけど、セリフを覚えるのは得意でも、ダンスの振付はそれとはぜんぜん違っていて、動き一つさえ覚えられなかった。「あんな恥ずかしい思い、あなたに二度とさせないわ」とママは言い、週に一四時間のダンス・クラス通いが始まったのだ。ジャズダンス、バレエ、リリカルダンス、ミュージカル・ダンス、ヒップホップのクラスをそれぞれ二つずつ、プラス、ストレッチのクラスを一つとタップダンスのクラスを三つ。そして、「月に二つエキストラ・アクターの仕事が入れば、レッスン代はカバーできるから」と言った。

はっきり言ってダンスは好き。大好きだ。体を動かすときは、あれこれ考えずにすむ。それに一緒にレッスンを受けている子たちも、いい子ばかりだった。みんな優しくて、私を仲間に入れてくれる。それに内緒だけど、ママから離れられるのも嬉しかった——ママは演技クラスのときほど、ダンス・クラスには興味を示さなかったのだ。それはたぶん、ママがなりたかったのは女優で、ダンサーじゃなかったからだ。たぶんママは、女優になりたかった自分の代わりをしている私が見たいのだ。よくわからないけど。とにかく、ママにはそんなこと絶対に言わないけど、ママがそばにいないのはすごく気分がよかった。ホッとする。つねに監視されているのを気にしなくてすむから。

パパにダンスのレッスンに連れていってもらったことは、前に何回かある。パパに連れていってもらえるのは嬉しかった。ママだと、いつなんどき誰かに向かって突然叫び出したり、うちの子がバレエでもらった役が端役すぎる、みたいな文句をダンス・スタジオのオーナーに言いはじめたりするかわからない。パパはそんなことはしない。パパはそんなこと、何一つ気にしてさえいない。パパはただ……そこにいるだけ。

「自転車に乗ってくか?」とパパが私に訊いた。

「うん!」内心ワクワクして、私は答えた。ママに行っていいかどうか訊こうかと思ったけど、やめておいた。ダメと言われることがわかっていたから。

パパといっしょに過ごす時間はあまりなかった。パパは〈ホーム・デポ〉とハリウッド・ビデオの二つの仕事をかけもちしている。たいてい家に帰ってくる時間は遅く、帰ってくるとまっすぐ奥の部屋に直行して寝てしまう。奥の部屋にも物がいっぱいだけど、ベッドの上に物の載っていない細長いスペースがあって、かろうじて人一人寝られるぐらいになっている。パパはそこで寝るのだ。パパがそこに直行するのは、ママに絶対同じベッドじゃ寝たくないと言われたからだった――「同じベッドどころか、同じ部屋でもごめんだわ、あなたみたいにムカつく人とは」。それで、ママはリビングのカウチか、私たちのコストコ・マットで寝ていたから、パパはそこからいちばん離れた場所で寝ることになった。

私のほうは俳優業と学校の勉強で忙しい(学校と言ってもママが教えるホームスクールだけど、きちんと学習が進んでいると証明するため、月に一度は州に勉強の結果を提出することになっていた)。そこへさらに、ダンス・レッスンがプラスされたのだ。

パパと一緒に過ごした数少ない経験を、私ははっきりと覚えている。めったにない経験だから。たとえば、今年は公営プールで開いた私の八歳の誕生日パーティーに来てくれた――パパはいつも仕事が忙しくて、ここ二、三年誕生日パーティーにも出ていなかったのだ。その日はバースデイ・カードもくれた。そんなの初めてだった。ただ、封筒に書いた私の名前のつづりが間違っていた。私の名前のつづりはしょっちゅう間違えられるし、いつもはたいして気にもしないんだけど、そのときはさすがに悲しかった。カードを開いて、何が書いてあるか見てみる。とにかく大事なのは中身だし。「愛を込めて、パパより」。カードに印刷された詩の下に書いてあったのは、それだけ。なんだかもっと悲しくなったけど、大事なのは気持ちの部分で、パパが私にカードをくれたという事実が重要なんだ、と思おうとした。でも家へ帰る途中、ママがこう言うのが聞こえてしまった。「私が言ったとおり、誕生日カードをあの子にあげたわよね？　あの子ともっと親密な関係を築いてあげてね、あなたは父親なんだから」。そう、カードをくれたのは、ママに言われたからだったのだ。

パパと過ごしたほかの記憶は、もっとお決まりの日常のできごとだ。パパがいつもより少し早く帰ってきて、一緒に『冒険野郎マクガイバー』や『ギリガン君SOS』を見たことや、日曜に教会に行ったあと、シチューをつくってくれたこと。パパがつくってくれるシチューは毎回違うはずなんだけど――ビーフ・シチューやコーン・チャウダー、チリ・シチュー、豆シチュー――ぜんぶ同じレンズ豆の味がした。そういうパパとの思い出は、穏やかだけど、特別な部分はなにもない。私はいつも、ママとつながりあっているのと同じように、パパともつながりあえたらいいのに、と思っていた。ママと一緒にいるのは実際疲れるけど、少なくともどうすればママを喜ばせることができるのかはわかる。でもパパと一緒にいても、何もわからない。疲れはしないけど、手ごたえもない。

だけど今日は、自転車で行くという案をパパが出してくれたので、すごく嬉しくなった。パパは自転車に乗るのが大好きなのだ。その自転車は、亡くなったパパのお父さんから受け継いだものだった。

「自転車は家じゃないし」とママは文句を言った。「フェイおばあちゃんが亡くなるまで待たなきゃならないなんて、うんざりだわ。あの人、なかなか死にそうにないし。八二歳なのに元気になる一方なんだから」。そう言って、ママは舌打ちをした。イライラしたときによくやるクセだ。

私も自転車に乗るのは好きだった。私のはリンダおばさんが七歳の誕生日に買ってくれたやつだ。ただ、いまの私には小さくて、ちょっと背を丸めればなんとか乗れる。ひょっとしたら今日は、パパと私で思い出に残る日を過ごせるかもしれない。今日は私たちにとって、すごく楽しい記憶になるかも。

それでパパと私はそれぞれ自転車にまたがり、隣町のロス・アラミトスにある〈ダンス・ファクトリー〉に向かった。途中オレンジウッドの公園に寄り、ちょっとだけ雲梯で遊んだ。パパは楽しそうにほほえんでいる。私も楽しい。いい感じ。

〈ダンス・ファクトリー〉に着いたとき、レッスンの開始時間を一〇分過ぎていた。一五分過ぎたらクラスに入れてもらえないけど、このときは先生からうざそうな目を向けられただけで、クラスには参加できた。それくらい、気にしない。

レッスンはあっという間に終わり、子どもたちは待合室で待つ両親のもとへ戻ってきた。パパは、ママがいたらやめてと言われそうな脚の組み方をしてベンチにすわり、〈クリフバー〉を食べている。

「それ、どこにあったの?」と私は訊いたけど、答えはだいたい予想がつく。

「スタジオの前のスナックの置いてあるテーブルだよ」

「あそこのテーブルのスナックは食べちゃダメってママは言ってたよ。高すぎるからって」

「一ドルだった」

「でしょ?」

「昨日は給料日だったんだ」。パパは手を一振りすると、外にとめた自転車に向かって歩きはじめた。

私たちはまた自転車にまたがり、家に向かった。ひと気のないロス・アラミトス高校と、〈ポリーズ・パイ〉のそばを通り過ぎる。パパは右に曲がって商店街に入り、スムージー・ショップのほうへペダルをこいだ。

「どこ行くの？」

「スムージー飲もう」

「スムージーなんて、高いんじゃ――」

「給料日だって」とパパはもう一回言った。

パパと私は、ストロベリー・バナナ・スムージーを分けあって飲むことにした。そのスムージーを混ぜるスムージー・メーカーの音が響きわたるなかで、私はあることに気づいて胃がキュッと縮むような気がした。今日は演技クラスがある。しかも、もうすぐ。

ダンスのクラスは朝九時から一〇時まで。ママが週末に早く起きるのは、そのクラスのためだけだった――それがなければ、ママはたいてい一一時ぐらいまで起きてこないのだ。いつもはママが私をダンスに連れていき、ふつうレッスンが終わる五分前にはダンスのクラスを出て、バーバンクで一一時から始まる演技クラスに間にあうようママは車をとばす。それでもつねにギリギリで、なんとかすべりこみセーフ、という感じだ。

でも今日は、パパと自転車で来ている。だから本当は、全速力で家に帰って、演技クラスに出発しないといけない。自転車だとどんなにがんばっても、家に着くのは一〇時二〇分すぎになる。それも、ダンスのレッスンが終わる五分前に出ていたらの話だ。

パパとの絆を深めることに夢中になって、すっかり忘れていた。演技クラスがあることも、そもそも自転車で行ったらぜんぜん間にあわないことも、ぜんぶ。

それをいま、思いだした。いろんなフルーツが放りこまれたミキサーがガーガー音をたててフルーツを混ぜているあいだに、思いだしたのだ。私はパパを見た。

「レモンジュース、もう少し入れてくれるかな」。スムージー・ショップの店員の手にレモンが握られているのを見て、パパはカウンター越しに頼んだ。

パパはわかっているんだろうか。ひょっとしてパパは、私が演技クラスが大嫌いなことを知っていて、わざと自転車に乗って出かけたり、スムージー・ショップに立ち寄ったりしたのかも。パパは私を助けてくれようとしているのかも。ひょっとして、パパは私を救いだそうとしているのかも。

「もうあとちょっとレモンを」とパパはもう一度言った。

そんなふうに考えるなんて、私はどうかしている、と気づいた。パパはどう見ても、私の気持ちなんかより、スムージーに入れてもらうレモンの量のほうが気になっている。

パパに演技クラスのことを言おうかどうしようか、心のなかで考えた。急がないとヤバい、というか、急いだところですでにヤバい。やっぱり言わないでおこう。だって、言ったってなんの意味がある？　私はパパとつながりは感じてないけど、楽しい時間を過ごしている。この平和な時間がいまは楽しい。だから、何も言わないことにした。

私たちはスムージーを飲み終え、ゆっくりとペダルをこいで帰った。帰りも公園に寄り、ブランコに乗った。家に着いたのは、一一時五分過ぎ。ママが脅すようにカギをジャラジャラさせながら、家の前の庭を行ったり来たりしている。

「どこ行ってたのよ!?」金切り声がとんできた。

せんさく好きなとなりのバドが、フェンスから頭を突きだしている。またソーシャルサービスに通報するぞ、と脅してくるんじゃないかと気が気じゃなかった。前にママが庭で大騒ぎしたとき、バドはソーシャルサービスに電話したのだ。そんなことされないよう、ママはもう少し声を抑えてくれればいいのに。

「スムージーを飲みに行ってたんだ」とパパは肩をすくめて言った。事態をぜんぜん飲みこめていないようだ。

「スムージーを、飲みに、行ってた？」ママの怒りは頂点に達した。

私はバドに手を振った。少なくともバドの存在に気がついている人間がいることを知らせておくためだ。バドはフェンスの下にかがんで身を隠した。

「ああ……」とパパは言ったが、ママがなぜこんなに怒り狂っているのか、まだよくわかっていないらしい。

ママは大股で家のなかに入ると、ドアを思いきり閉めた。パパがあとを追い、私はそのあとについていく。

「デビー、なあ……」

ママはキッチンに行って、いろんなもののドアを開けたり閉めたりしていた。最初は冷蔵庫、次にオーブン、次に電子レンジ。なんでそんなことをするのか、それで何がしたいのか、ぜんぜんわからなかったけど、とにかくその勢いのすごさに怯えるしかなかった。

「ジェネットは演技クラスがあるって言ったでしょ？　でも、もう間にあわないわ。今週は『アイ・アム・サム』のシーンをやることになってた。『アイ・アム・サム』よ、マーク。ジェネットは絶対うまくできたのに」

ママは食器棚の扉に蹴りをいれた。足が扉の板に刺さり、ママはむりやり足を引っこ抜く。扉の木材が砕けてギザギザになった。

「ごめん」とパパが言う。

「だって演技する必要ないものね、あれはあなたたちのことだから。賢い娘と「足りない」パパだって。そのまんまじゃない！」

12.

ハリウッドの大きな役に関する噂はいろいろ聞こえてきたけど、これまでのところ、私には回ってきていない。代わりに私が受けたのは、ポツリポツリとくる小さな役だけで、どれも次があるとは思えないような仕事ばかりだった。「ハリウッドって、タチの悪い彼氏みたいなものよ」とママは言う。

「なんの約束もせずに、ずっと思わせぶりな態度をとりつづけるところが」

それがどういう意味なのかよくわからなかったけど、なんとなくそのとおりのような気がした。

『マッドＴＶ！』のあと、私が受けた小さな仕事はこんな感じだ。

・〈デンタル・ランド〉のコマーシャル。撮影をした歯科医院はウェストフィールド・ショッピング・モールにあって、お昼休みのあいだモールのなかを歩き回ることができた。そこでママは、「出演者のなかでダントツに最高の俳優だった」ご褒美として、サンリオのお店でお菓子袋を買ってくれた。コマーシャルの出演者は全員だまってすわってただけで、ママが何を基準に私が最高だと判断したのかわからなかったけど、サンリオのお菓子袋が買ってもらえるなら、そういうことにしておけばいい。
・『シャドー・フューリー』という低予算のインディー映画。メイン・アクターとしてのお給料が払われないからって、ママは文句を言っていた。「うちの子はちゃんとしたお給料を払ってもらって当然でしょう？ ハロウィーンの日に、腕に血のりをべっとりつけて、死にそうなふりをしている人の上にかがみこんでたんですからね」。そのシーンでは、父親役の人が撃たれたのを二階で聞きつけた私が、階段を降りてきて、死んでいく父親の頭を両腕に抱きかかえる、という設定だった。血のりはそれほど大変でもなかった。もちろんベタベタして、気持ち悪かったけど。それよりはるかに最悪だったのは、マイクセットだ。低予算のせいで、ふつうはマイクセットをつけて腰に巻くはずのベルトが買えず、結局マイクは私の体に直接ガムテープで貼りつけることになった。夜の撮影が終わると、ガムテープをむりやりはがされる。それが痛くて、思わず声を上げた。でも午前二時半のコナン・オブライエンのショーの再放送には間にあうように帰ってこられたし、それを見ながらママがアロエベラのクリームを体に塗ってくれたから、全体としてはそんなにひどい経験でもなかった。
・『マルコム in the Middle』のあるエピソードの役。この役をもらえたのは、とくに嬉しかった。その他大勢の出演者じゃなくて、初めてゲスト・スターとして名前がクレジットされた仕事だったから。「その他大勢」というのはふつうセリフが一五行以内で、エピソードの最後に名前がまとめて出る。ゲスト・スターのほうは、明らかにもっと重要な役で、最初に名前を出してもらえるのだ。そのエピソードは、母親役が自分の子どもたちが全員男の子じゃなくて女の子だったら、と夢見る話で、私はデューイの女の子版（デイジー）を演じる。耳を大きく突きだして見せるため、耳のまわりをワックスで固められた。デューイの特徴は突きでた大きな耳なのに、私の耳は小さかったからだ。ワックスはゴソゴソして、耳のうしろがめちゃくちゃ痛くなったけど、撮影したスタジオはすごくいいところだったし、プロデューサーもとても優しかった。フランキー・ムニッズは感じがよくて、廊下ですれ違ったときに「ハーイ」と声をかけてくれたのが嬉しかった。そういう気持ちは出来るだけ外に出さないようにしていたつもりだったのに、ママにこうクギを刺された。「あんまり嬉しそうにしないのよ。あの人はあなたよりずっと年上だし、だいたいモルモン教徒じゃないから」

・〈スプリントPCS〉〔アメリカの携帯電話会社〕のコマーシャル――初めての全国規模のコマーシャルで、ということは……再使用料が発生する！　それはけっこうな額になり、私が一人で寝られる二段ベッドが買えるほどだった。ママは約束どおりベッドを買って、おじいちゃんとおばあちゃんの部屋にそのベッドを置くスペースをつくってくれた。結局上の段には、書類やら古いおもちゃやら本やらが積みあげられることになったけど。ちょっとそれにはむかついた。私はもともと上の段で寝たかったのだ。だけど、ママがそれは危ないと言いだして、許してもらえなかった。「落っこちて頭が割れちゃったら大変でしょ？　ダスティンがナッツベリーファームで、ベビーカーから落ちたときみたいに！　あれで私はいまだに自分が許せないの。

そんなことがまた起きたら、立ち直れないわ。いくらお詫びにボイセンベリー・ジュースをタダでもらえたとしてもね」

そういう小さな役のほかにも、もっと小さなチョイ役の仕事のオファーはたくさんあった。オーディションを受けたあと連絡をもらえる確率は七五パーセントくらいで、たとえ役が取れなかったとしても、それはいい傾向だとバーバラは言った。

「すごくいい方向に進んでいると思いますよ」とバーバラがママに電話で言っている（最近はローラじゃなくて、バーバラが直接ママの電話を受けるようになっていた。レベルアップだ！）。

「でもまだまだ上に行けるはずです」とママはいつも言う。

「行けますよ、絶対。あの子はきっと、もっと上に行けます」とバーバラは言った。「あと少しの辛抱よ」

ママは興奮気味に電話を切った。

「天にまします父よ、私にもう少しの辛抱をお与えください。でも、できれば早めに夢がかないますように」

13.

「よし、ジェネット、じゃ監督とちょっと話をして、また結果を知らせにくるよ」とキャスティング係の人が言った。私はうなずく。思わず足をブラブラさせてしまった。止めたいのに止められない。

私は『プリンセス・パラダイス・パーク』というファミリー向け映画のオーディションに呼ばれて、部屋のなかで待っていた。もう呼びだされるのは四回目だ。ちなみにそのオーディションは、七歳から一〇歳までの子役は全員受けていた。だから候補者はたぶん数千人にはなるはずだが、その役が私と、もう一人別の女の子に絞られてきたのだ。こんなに大きなプロジェクトで、ここまで採用に近づいたのは初めてだった。

ママが手伝ってくれたおかげで、一七ページあるセリフも完璧に記憶できた。一緒にあちこちのオーディションをこなしているあいだに、ママが一言「これよ!」と言うときがある。それがどういうことか、私にはわかっていた。この『プリンセス』のためのオーディションが一カ月も続くあいだに、ほかのオーディションもいくつか受けたけど、このオーディションがいちばん要求のレベルが高かったのに、いちばん役を勝ちとれそうだった。この役こそ、ママにとっての最優先事項だったのだ。

「ちゃんとしたスタジオで撮る映画だから、スターになれるってバーバラが言ってるわ」。再選考の呼び出しがかかるたびに、ママはそう言った。「これが取れたら、あとは直接オファーが来るのよ。もうオーディションは受けなくていいの」

もうオーディションを受けなくていい、というのはいい知らせだった。もうここで呼ばれるのを待っているあいだ、緊張のあまり気が変になりそうな状態に追いこまれずにすむんだ、と妄想しはじめた。合格するかどうかつねにつきまとう不安も、不合格だったときのがっかりした気分も、もう関係なくなる。そんなことを妄想している最中に、とつぜん頭のなかで「聖霊」の声がした。はっきりとした、大きな声で。

「ジェネットよ、聖霊たる私はそなたに命ず。受付用紙の自分の名前を一旦消して、トイレに行き、下着のゴムにつづけて五回触り、片足でくるりと回り、トイレのドアのカギの開け閉めを五回繰り返し、戻ってきて、受付用紙にもう一度名前を書きなさい」

私は有頂天になった。ついにそのときが来た。聖霊、つまり私のなかの「静かな細い声」がとうとう話しかけてくださったのだ。洗礼を受けた八歳の誕生日からずっと、私は聖霊が話しかけてくださるその日を心待ちにしてきた。

「聖霊の贈り物」の儀式〔洗礼のあとに行われる信仰告白の儀式、堅信礼〕は、私にとってなによりもすばらしい最高の贈り物だった。わずかな差で二番目だった贈り物は、教会の友だちがくれたネバネバするスライムだ。

聖霊は天にいらっしゃる偉大なお方で、天にまします父とイエスをお助けしている。その心とふるまいは天なる父やイエスと似ているけど、もちろん聖霊はお二方とは別物。なぜなら聖霊は、私たちモルモン教徒一人ひとりのうちに住んでいらっしゃるからだ。毎日いつどんなときでも私たちは聖霊に話しかけることができ、聖霊も私たちに話しかけてくださる。そして、正しい行いをするよう、あれこれ指示を出して私たちを導いてくださるのだ。私たちモルモン教徒は本当に幸運だ。

「聖霊の贈り物」の儀式を受けてから二、三週間は、いま一つパッとしなかった。というか、かなり期待はずれだった。でも教会の知りあいには、そのことは黙っていた。誰かに『静かな細い声』つまり自分のなかの聖霊とお話しできていますか」と訊かれると、私は「はい、ありとあらゆるすばらしいお話ができています」と答える。「たとえばどんなことをお話しして、どんなことを学んだの？」と訊かれると、「それは個人的なことなので、お答えできません」と答えていた。

でも、本当はそうじゃなかった。本当に「聖霊」とお話ができていたなら、誰にだって喜んで話したことをぜんぶ教えてあげただろう。でもお話なんて、一回もできていなかった。どうしてできないのか、わからなかった。毎日毎日、朝も昼も夜も、なんならひざまずいてまで、聖霊の声をお聞かせくださいと私はひそかに祈った。モルモン教徒は八歳になるまで罪を免除されるのだから、そんなにヤバい数の罪を犯しているはずはないんだけど、ひょっとしたら何かやらかしたのかも、とさえ考えた。

「どうして聖霊のお声が聞こえないのですか？」と私はお祈りのときにたずねた。「お声を聞かせていただけないのは、何かいけないことを私がしたからでしょうか？　フランキー・ムニッズに不純な思いを抱いたからですか？　どうかお許しください、そしていつでもいいのでお手すきのときに、聖霊の贈り物をお与えください。お忙しいのはわかっています、でも私、本当に困ってるんです。聖霊がどんなお声なのか、何をお命じになるのか、聞きたいんです。よろしくお願いします」

私の祈りは長いこと聞き届けられなかった。何カ月も。それが今日、いま『プリンセス・パラダイス・パーク』の最終選考の前になって、やっとかなえられたのだ。

「わかりました、聖霊さま、でもどうしてそういうふうにしなくちゃいけないんですか?」と私は心のなかでたずねた。

「『プリンセス・パラダイス・パーク』の最終選考で確実にうまくやるためだ。私の言うとおりにすれば、そなたは必ず役をもらえるであろう。そうなればそなたの母親は喜び、家族の問題はすべて解決するであろう」

すごい。私は聖霊のはっきりした物言いが気にいった。すぐに立ちあがると、聖霊に命じられた課題のリストをこなしにかかった。

「どこ行くの?」とママがたずねる。

「おしっこ」と言って、受付用紙の名前を一旦消した。ママはトイレまでついてきて、個室にも一緒に入る。私は下着のゴムに五回さわった。

「何してるの、ネット?」ママは不安そうな顔で私にたずねた。

「聖霊にそうしろって言われたの!」私は勢いよく言った。これでママの心配は吹きとぶはずだ。

私は左足を軸にくるりと回った。

「そうなの」とママは言った。

「聖霊が話しかけてくださったのよ!」ママは聞いてなかったのかも、と思ってもう一度言った。

それか、私と同じくらい興奮してるのかも。私がトイレのドアのカギを五回開け閉めするあいだ、ママは私をじっと見つめていた。

「なんでそんなふうに見るの？」と私はたずねた。

ママは少し悲しそうな顔をして、一呼吸おいた。「なんでもないわ」

私たちは待合室に戻り、もう一度受付用紙に名前を書いた。

「ありがとうございます、聖霊さま。ありがとう」

14.

「あなたのまつげは見えないのよ、いい？　ダコタ・ファニングがまつげを染めてないと思う？」

ママは私のまつげに茶色いまつげカラーを塗っている。〈ライト・エイド〉で買ってきた市販のやつだ。ママはだいたい一カ月に一回ぐらい〈ライト・エイド〉に出かけて行っては、ロレアルのブロンド・ハイライトや、三ドルのチューブ入りクリア・マスカラ、〈クレスト・ホワイトストリップス〉〔歯の美白用テープ〕の本物より少し安いストアブランド品なんかを仕入れてきた。ママはそれを「メンテナンス品買い出しツアー」と呼んでいる――つまり、私の「生まれつきの美しさ」を補強することだけを目的とした買い物ツアーだ。

ママに言わせれば、私には「生まれつきの美しさ」が備わっているらしい。「あなたのまつげはすごく長いんだけど、色がうすいからまつげがぜんぜんないみたいに見えるわ」とママは言う。

「あなたの髪にはすごくきれいな金色のハイライトが入っているけど、下のほうだけなのよね。顔のまわりに金色のハイライトが入って、顔を際立たせてくれたらもっといいのに。髪の量がすごく多いのはいいんだけど、クセっ毛なのは困りものだわ。落ちつかせるのがすごく大変なんだから。あなたの笑顔はとてもかわいいんだけど、歯がいまいち真っ白じゃないのよね」。私が備えている「生まれつきの美しさ」の「すぐれた点」にはぜんぶ、マイナス面がついてくる。それをママは、店で買った古くさい化粧品で修正しようと躍起になった。でも、ママのいう私の「生まれつきの美しさ」には必ずマイナス面があって、それを店で買った化粧品で直さなきゃならないとしたら、私ってそもそも生まれつき美しくなんかないんじゃないの？　という気がしはじめていた。それか、ママのいう「生まれつきの美しさ」とは、ひょっとしてほかの人が「醜い」という状態と同じなのかもしれない。

「いたっ！」

「何が痛いの？」ママがたずねた。「いたっ！」という言葉を発してしまう原因は、さまざまに考えられるからだ。

いま私の目の下には、まつげの生え際に沿って小さな紙製のアイパッチが貼ってあった。その端っこが目玉に突き刺さりそうで、思わず「いたっ！」と叫びそうになる（ママはそのパッチがはがれないよう、ワセリンでしっかり固定してくれていた。茶色のまつげカラーが垂れてきて肌を汚すのを防ぐためだ）。

千枚はありそうなアルミホイルのシートが、髪の毛の層のなかにはさみこまれている。層は何重にもなっていて、そのあいだぜんぶにホイルがはさまれているから、私の髪は外に向かってほとんど水平に突きだしている感じだ。ここにも「いたっ！」となるポイントが二つあった——ホイルが髪の毛の根元を引っぱって痛いし、ブリーチ剤から出る煙が目に染みることもあるのだ。

　歯には〈クレスト・ホワイトストリップス〉の安物コピー品がくっついている。本当は貼るのは一五分だけと説明書には書いてあるのに、「もうあと四五分余分に貼ったままにしておきなさい」とママには言われた。

　まずいホワイトニング剤の混じった唾を何度か吐きだすのだけど、ときどき歯のすき間から漏れて歯ぐきにつくと、歯ぐきまで白くなるだけでなく、ひどく刺激があって刺すように痛い。それも「いたっ！」となる原因の一つだ。

「カアーがエにあいった」。歯にホワイトニングテープがついたままだと、うまくしゃべれない。

「唾を出してからしゃべりなさい」とママが言う。

　私は唾を吐いた。

「カラーが目に入った！」

「嘘、ダメダメ。どうしてもっと早く言わないの?!　下手したら失明しちゃうわよ。うしろにもたれて！」

　私は頭をうしろに倒した。するとトイレの便座のフタに思いきり当たって、また「いたっ！」となった。ママは目薬を私の目に垂らしはじめる。涙と目薬の混じりあった液体が、頰を伝って流れおちた。背筋を伸ばしてすわろうとしたけど、今度は髪がトイレの水洗レバーにからまった。ママがそれをほどきはじめる。身動きが取れない。

　私の外見は、ママにとってはいつだって何よりも大事。演技を始める前からそうだった。いちばん小さい頃の記憶をたどってみると、巨大なシュークリームみたいなドレスを着せられたときのことを思いだす。そのドレスはチクチクと肌に当たってかゆかったし、なんだか派手すぎてバカみたいな気がした。ママはどんなときも必ず「あなたってほんとにかわいいわ」と言うのだけど、私は「かわいい」と言われるたびに、できるかぎりの金切り声をあげてこう叫んでいた。「かわいくない、かこいいの！」小さかった私はまだ「かっこいい」と言えなくて、それでもとにかくお兄ちゃんたちと同じように呼ばれたかった。女の子向けのバカみたいなほめ言葉で呼ばれるのなんか、絶対に嫌だったのだ。

子役になってからは、私の外見に対するママの執着はいっそうひどくなった。とくに、『きいてほしいの、あたしのこと――ウィン・ディキシーのいた夏』という映画の主役のオーディションに呼ばれなかったことで、事態はさらに悪化した。

「メレディス・ファインを呼んで！　メレディス・ファインを出しなさい！」電話の向こうで怯える〈コースト・トゥ・コースト・タレント・グループ〉の若い受付係に向かって、ママが大声を張りあげた。二、三カ月前、バーバラ・キャメロンはもう古いとママが言い出し、私たちはエージェントを乗り替えたのだ。「今度の新しい事務所、〈コースト・トゥ・コースト〉は、選び抜かれた超一流の若い俳優だけを扱うところなのよ」とママは言った。メレディスはその事務所の代表だ。

「ええ、メレディス。デブラ・マッカーディです。ジェネットを『ウィン・ディキシーのいた夏』のオーディションに呼ばないって、どういうことなんですか？　どうして？　あの子はあの役にピッタリでしょう？　おたくはうちの子のことなんか、たいして気にもかけてないのよね。そういうことでしょう？」とママは叫ぶ。

「デブラ、そんなこと――」

「だってテイラー・ドゥーリーを推薦したんでしょう！」

「デブラ、ちょっと落ちついて。そんな無茶な言いがかりをつけるのはよしてちょうだい。私はジェネットをあの役に推薦したのよ。でも、向こうが会う必要はないって言ってきたの。彼らが探しているのはこの世離れした美人だからって。ジェネットはもう少し、なんていうか、素朴な感じでしょう？」

ママはものすごいショックを受けて電話を切った。そして、誰か死んだのかと思うような勢いで泣きはじめた。そのとき初めて、私は自分がかこいいかどうかなんてどうでもいい、もっとかわいかったらよかったのに、と思ったのだった。

15.

「ほんとにこれ、着なくちゃダメ？」

私は、すりきれたカウチの上に広げて置かれた服を見ていた。『ウィン・ディキシー』の一件があってから、オーディションにはすべてその服を着て行くように言われるのだ。胸の真んなかにラインストーンでハート形が描いてある、けばだったピンクのシャツ。黒いフェイク・レザーのミニスカート。黒いオーバーニー・ブーツ。

「ええ、そうよ」

「でもこれ着たら、街の女みたい」。頭につけたホットカーラーをカラカラいわせながら、私はママに言った。このカーラーも、『ウィン・ディキシー』の一件のせいで増えた美容器具だ。

ママは声を出して笑った。

「そんな言葉、どこで覚えたの？」

「『タクシードライバー』を見たから」

「ああ、そうなのね」。ママは私に『タクシードライバー』を見せたことを思いだしたようだ。「ジョディ・フォスターにはほんと――」

「誰もかなわない、でしょ」。私はママの代わりに答えてあげた。ジョディ・フォスターの名前が出るたび、ママは同じことを必ず言うのだ。

「そのとおりよ、ネッティ。誰もかなわない。あなた以外は」

私はうなずいて、もう一度カウチに置かれた服を見おろす。それを着るのが怖かった。ぜんぜん似合いそうに思えないし、なんだか自分じゃなくなってしまうような気がする。

「絶対に、これを着たほうがいいの？」

「そうよ、この服であなたのかわいさは完璧になる。街の女のようなかわいさじゃなくて、本物のかわいさよ」

「でも、かわいく――」

「腕！」ママが私の言葉をさえぎって、命令した。私は両腕を上げる。ママは私の着ていたシャツを脱がすと、ママの選んだ服に着替えさせはじめた。

私は「かわいく見えたほうがいいの？」とたずねようとしたのだ。私がオーディションを受けようとしているのは、『グレイズ・アナトミー』の両性具有者の役だった。「両性具有者」がどういうものか知らなかったけど、ママが「女であり男でもある人のことよ」と教えてくれた。もし男の子っぽいところもある役なら、ラインストーンつきのシャツはその特性を伝えるのにピッタリとは言えないような気がする。

そんな服装だったにもかかわらず、その日のうちに最終選考に進むことになった。面接のあと、キャスティング担当者が部屋から出てきて、ママに話があるという。

「ジェネットを最終選考に呼びたいと思います。最終に残ったのは、おたくともう一人だけですよ」

ママはものすごく興奮して、何度もうなずいた。

「ただ、服装だけ変えていただけませんか？　もうちょっと……なんていうか、中性的な感じに」

「あの、うちはものすごく遠いんです――ガーデングローブなんですけど、ご存じ？　誰も知りませんよね。とにかく遠いんです。まず一〇一号線に乗って、それから一一〇号線に入って、次は四〇五号線に乗って。五号線に乗ってもいいんですけど、高速道路はいつも大混雑でしょう？　車線も少ないし――」

「グレッグ？」ママの話をさえぎって、キャスティング担当者がアシスタントを呼んだ。グレッグが急いで近づいてくる。「悪いけど、あなたの着てるフランネルのシャツを、選考のあいだジェネットに貸してあげてくれない？」

グレッグは着ていたフランネルのシャツを脱いだ。下はふつうの無地のTシャツだ。キャスティング担当者はシャツを受けとって、ママに渡した。

「どうぞ。これで問題解決よ」

「まあ、ありがとうございます。五号線に乗らずにすんで、本当に助かりました！」

ママに手を引かれて、トイレに向かう。一緒に入った個室のなかで、ママは私をフランネルのシャツに着替えさせた。なんか変な組みあわせだった。下はまだミニスカートとオーバーニー・ブーツのままだったから。でもある意味、半分女で半分男だ。意外とこれで正解なのかも。

最終選考はうまくいった――とくにセリフは、これ以上ないくらいうまく言えたと思う――けど、家に帰る途中の車のなかでメレディスから電話があり、不合格だったと言われた。

「え!?　どうして?!」ママは乱暴に車線変更した。

「ジェネットはかわいすぎるんですって」

ママは電話を切った。汚い言葉も、金切り声も、涙もない。それどころか、嬉しそうにさえ見えた。ショックだった。私が役をもらえなくて、ママが幸せな顔をしてるところなんて、ただの一度も見たことがなかったから……でも、かわいすぎるから役に合わないなんて言われたことも、ただの一度もなかった。それがいま、そう言われたのだ。一〇歳の中性的な両性具有者を演じるには、私はかわいすぎるらしかった。

16.

「デビー、ジェネットは強迫性障害なんじゃないかな」。おじいちゃんが重々しい調子で言った。私にも聞こえていることを、おじいちゃんは知らない。ママとおじいちゃんがジェイ・レノの番組を見ている横で、私はコストコ・マットの上で寝ていると思っているのだ。私は寝ていなかった。ジェイ・レノがあんまり好きじゃないから、コナンが出てくるまで目を休めているだけ。

「まさか」。ママがバカバカしい、とでもいうように手を振ったのが、声の調子を聞くだけでわかった。

「セラピストのところに連れてったほうがいいんじゃないか」とおじいちゃんは続ける。

「やめてよ。ジェネットにはどこもおかしいとこなんてないわ」

「かもな。だけどあの子、いつもなんか変な儀式みたいなのをやってるだろう？　あれをやってるときのあの子の顔が、なにかに取りつかれてるみたいで、心配になるんだ」

「パパ、やめて。ネッティは大丈夫よ。パパは心配しすぎ。それよりテレビ見ましょ。ケヴィン・ユーバンクスって、すごくチャーミングじゃない？　見て、あの笑顔」

おじいちゃんは口を閉じて画面に目をやった。観客の笑い声が二回聞こえた。そのあと、おじいちゃんはまた口を開いた。

「やっぱり一度医者に診てもらったらどうかな、念のため。専門の人の助けが必要かも」

「そんなの必要ないわ」。ママはピシャリと言った。「ジェネットは完璧なの、いい？　誰の助けも必要ない」

二人はまたジェイを見はじめた。私は目を閉じたまま、ママの言ったことを頭のなかで思い返した。ジェネットは完璧。ママにとって、そう信じることはなによりも重要なのだ。なぜかは知らないけど。私に何か問題があるなんて、絶対に許されない。

おじいちゃんが言ったことも考えてみた。私が儀式みたいなことをしているから、強迫性障害だって。正直、おじいちゃんが直接私に儀式のことを訊いてくれればいいのに、と思った。そしたら、あれは強迫性障害じゃなくて、聖霊がお命じになっているからなのよ、と説明できるのに。信じてくれるかな。でも私自身、本当に信じているんだろうか。

あの儀式は、本当に聖霊がお命じになっているの？　そうだとしたら、二年前初めて聖霊のお声が聞こえたとき、『プリンセス・パラダイス・パーク』の役が取れてたはずじゃない？　でもあのあと、あの映画は資金調達に失敗して企画自体が中止になった。ひょっとして、聖霊が資金調達を失敗させたの？　この頭のなかで聞こえる声が、聖霊の声じゃなくて強迫性障害だなんてあり得るの？　ママはそんな事態に耐えられる？　私が完璧じゃなかったら、ママはどうなっちゃうんだろう？

テレビはCMタイムになった。おじいちゃんは立ちあがってアイスクリームを取りにいき、ママはおしっこをしに行った。

聖霊さま？　と私は心のなかで呼びかけた。あなたは本当に聖霊なの？　それとも強迫性障害？

「もちろん我は聖霊なり」。心のなかで、「静かな細い声」が答えた。

やっぱりそうだった。私が直接聖霊さまにたずねたら、聖霊さまはすぐに答えを返してくれた。間違いない。私の心のなかで聞こえるあの声は、やっぱり聖霊さまの声なんだ。

「さあ、目を五回すばやく細めて、舌を折りたたみ、それから五五秒間お尻をキュッと締めなさい」と「静かな細い声」が私に命じる。私は言われたとおりにした。

「静かな細い声」は私のためを思って言ってるんだろうけど、ときどきちょっとうるさくなることがある。だからこんなことはできれば言いたくないんだけど、聖霊さまの声が黙ってくれればいいのに、と思うことがときどきあった。

17.

私は思いっきり声を張りあげて叫んだ。めちゃくちゃヒステリックに。「ぬいぐるみに殺される！私、殺されちゃう！」と叫びつづける。手足をバタバタさせながら床の上をころげまわったので、カウチの脚やドレッサーの角にぶつかり、脇腹にあざができた。それでも声を限りに叫びつづける。ものすごい声で。そして……

「カット！」ママが鋭い声で合図した。オーディション用に指定された場面（キャスティング担当者が指定する）の練習を終えるときは、いつもそうだ。

「すごいわ、ネット」。ママはそう言って、こわいくらいの激しさで私をじっと見つめた。「いったいどこでそんな演技を覚えたの？」

「わかんない」と言ったけど、ほんとははっきりわかっていた。どこでそんな演技を覚えたのか。そういう激しい演技の参考にしたのは、ママがものすごく荒れ狂ったときの様子だなんて、言えるわけがない。そんなことを言ったら、さらにものすごく荒れ狂った反応が返ってくるだけ。私はママに、できるかぎり落ちついて静かな状態でいてほしい。できるかぎり幸せでいてほしい。

「どこで覚えたにせよ、どんなテレビや映画を参考にしたにせよ、すごかったわ。まさに迫真の演技よ」。ママは信じられない、というように頭を振る。「でもあんまりやりすぎて、本番前に燃え尽きちゃったらいけないものね。その魔法の演技は本番まで大事にとっておいて。この練習はこれでおしまいにしましょう」

私はうなずく。そう、魔法の演技は本番までとっておこう。

ドラマ『ダナ&ルー　リッテンハウス女性クリニック』のエピソードに出てくる、双極性障害の女の子役のオーディションは、その次の日だった。

ママは東区画を目指している。台本についていた指示書には、西区画に行ってくださいと書いてあったはず、とママに三回も優しく注意したのに。

「すみません、早くしてもらえません？」ママは東区画に立つ無表情な警備員に向かって言いたてた。「この子、一二時一〇分からオーディションがあって、それに遅れたくないの。遅れたら第一印象最悪でしょう？」

「東区画に車をとめられるのは、ここに毎日通うレギュラー出演者やプロデューサーだけですよ」

「今回だけは例外で、お願いできない？　私、ステージⅣのガンを経験してて、ときどき骨が──」

「いいですよ」と警備員がママをさえぎって言った。知りあいでもなく、私たちのことに関心もなさそうな人に向かって、ママが自分のガン体験をベラベラしゃべりはじめると、毎回勘弁してよって気持ちになる。でも、じつは意外と効果があったりするのだ。

私たちはそこに車をとめて、指定されたバンガローへ走った。ママが受付をするあいだ、私は緊張して廊下を行ったり来たりしていた。

「緊張しないのよ、ネット」とママが私のほうに歩いてきて言った。「あなたならできる」

私はその言葉を信じた。いつだってママを信じてる。私はすぐに歩きまわるのをやめた。ママは私をあやつることができる。私をギリギリのところまで追いこんで、恐れと不安で固まらせることもできるし、逆に落ちつかせることもできるのだ。ママにはたしかにそういう力があった。その力を、もっといまみたいなふうに使ってくれればいいのに。

オーディションはすごくうまくいき、もう少しあとで行われる再選考に進めることになった。ママと私は近くのショッピングモールに行って時間をつぶし、午後六時ごろ再選考のために戻ってきた。その役を演じる子役は私だけ。あとは全員大人で、そのエピソードに出演するゲストや共演者の役のオーディションをしていた。

すぐに名前を呼ばれたので、部屋に入り、セリフを言った。それからものすごい勢いで叫び、足を蹴りあげ、転げまわった。演じながら、私は我を忘れていた。叫んで転げまわるのを心から楽しんでいる自分がいた。まるで長いこと、この瞬間を待っていたみたい。自分のなかで抑えこみ、押し殺していたものが、ぜんぶ解放されたかのようだ。本当は私、こうしたかった。声を限りに叫びたかったんだ。

監督は私をまじまじと見つめ、「いやあすごかったよ、言葉が出ないくらいだ」と言った。私はものすごく誇らしかった。私の蹴りと叫びは相当よかったらしい。

キャスティングの部屋をあとにした。廊下の両側に並んだ椅子にすわっている大人たちが、全員拍手しはじめた。最初何が起きているのかわからなかったけど、そうか、部屋のなかで叫ぶ私の声が聞こえたんだな、と気づいた。みんなが私に拍手してくれている。ママは廊下の端にすわっていた。目には涙が浮かんでいる。ものすごく幸せそうだ。そしてその瞬間、私もものすごく幸せだった。ママを幸せにするのもステキだけど、自分が何かをうまくやりとげたと感じられるのは最高の気分だった。たとえその何かが、ときにはすごくみじめな思いをもたらすものだとしても。たとえその何かが、ものすごいプレッシャーをかけてくるものだとしても。たとえその何かが、耐えがたいストレスを生みだすものだとしても。何かをうまくやりとげるのって、本当に最高だ。

18.

「そのクリップを使って、そう、それ、目に炎が見えるやつ」。ママはエディターの前にある大きなモニターを指差しながら言った。

私たちは詰め物入りの防音壁で囲まれた暗い小部屋に立っている。なかにいるのはママと私と顔じゅうヒゲだらけのエディターの三人で、いま私のデモ・フィルムを編集しているところだ。デモ・フィルムは、俳優が自分の出演経歴をアピールするためにつくる。たいていはその俳優のいろんな面を見せるのが目的で、評判のよかった演技とか、有名俳優と一緒に映った場面を入れこむ。つくったデモ・フィルムが使われる場面はさまざまだ。キャスティング担当者に送ってオーディションに呼んでもらったり、プロデューサーや監督に送ってオーディションなしで仕事を直接ゲットしたり、今回の私の場合みたいにマネージャーに送ってマネージングの仕事を頼むこともある。

私のキャリアを次のレベルに進めるためには、マネージャーが必要だとママが言いだした。

「大ブレイクまであと少しなのよ。誰か助けてくれる人が必要だわ」と、ママはしょっちゅう言っている。「スーザン・カーティスに興味を持ってもらえるような、すごいデモ・フィルムをつくらなきゃ」

スーザン・カーティスは、ママが私のマネージングを任せることに決めたマネージャーだ。子役のマネージャーとしては彼女がピカイチだという噂を、どこからか聞いてきたのだ。

で、こうしてデモ・フィルムをつくる会社のスタジオにやってきたわけだ。ここで私たちは、私の過去の演技のクリップをぜんぶ見返している。そこには『ダナ&ルー　リッテンハウス女性クリニック』の出演回のクリップもあった（私はあの役をゲットした。ただ、「本番は最終選考のときほどの凄みはなかった」とママには言われたけど）。

デモ・フィルムは二、三日後に完成して、スーザンのもとに送られた。それから数日して、スーザンから電話がかかってきた。私のマネージングを引き受けたいとのことだった。

「やったわ、ネット、やった！」ママは大喜びだった。「イマイチの演技でも、あなたの印象は抜群なのよ。スーザンがあの最終選考の場にいたら、どんなに感動したことか。想像してみて！」

言われたとおり、想像してみた。嫌な気分になった。撮影本番の演技は、最終選考のときほどうまくいかなかった。失敗したのだ。あのときのことを持ちだすのはやめてほしかったけど、ママは私にもっとうまくなってほしいのだ。ママに悪気がないことはわかっている。ママは私に、しくじって本当の実力を出せないような事態に陥ってほしくないだけ。できるかぎり感動を与えるような演技をさせたいだけ。ママは「いい母親」でいようとしているだけなのだ。

19.

「さあ、〈ゲータレード〉飲んで、早く！」ママが私に向かってたきつける。まるでボクサーにハッパをかけるコーチみたい。

私は〈ゲータレード〉を流しこむ。赤い〈ゲータレード〉の液体が口の両端からこぼれ出た。

「シャツにはつけないでよ！」

液体がシャツにかからないよう、私は前のめりになる。

「もっと飲んで！」

飲んでる。

「いいわ、それで大丈夫よ、ネット」

私は車のドリンクホルダーにボトルを戻し、深い息を何回か繰り返した。〈ゲータレード〉の一気飲みはめっちゃ苦しい。

「それで絶対、熱はおさまるはず。いい子ね、ネット。大丈夫」

スーザンとマネージャー契約を結んでから一週間。ひどい風邪をひいて熱は三九・四度まで上がり、鼻がつまってしゃべると変な声しか出ない。でも契約後最初のオーディションをキャンセルしたら印象最悪だとママが言うので、結局こうして無理やり出かけてきた。

とりあえず、オーディション会場がユニバーサル・スタジオだったのが救いだ。ユニバーサルは私のいちばん好きなスタジオだった。オーディションが行われるバンガローまで歩いていくだけで、なんだかすごくロマンチックな気分になれる。途中スティーヴン・スピルバーグのバンガローを通りすぎた。「ユニバーサル・スタジオ」と書かれたトラムカーがそこかしこを走りまわっている。すばらしいチャンスが、私を待っている気がした。

私がこれから受けるオーディションは、全米ネットワークの犯罪ドラマ『カレン・シスコ』に出てくる、ジョージー・ボイルという一一歳のホームレスの女の子の役だ。ママはこのオーディションのため、私のほっぺに泥を塗りたくろうか迷っていたけど、結局「それはちょっとやりすぎね」ということで、やめになった。心からホッとした。

バンガローの待合室は、オーディションを受ける女の子たちであふれ返っていた。入りきらないのでドアが開けられ、外の階段にすわってセリフを練習している子たちもいる。『カレン・シスコ』のキャスティング担当者は、役にふさわしいホームレスの子どもを選ぶのによっぽどこだわりがあるに違いない。

呼ばれるのを待っている一時間ほどのあいだ、〈リコラ〉のせき止めドロップをなめさせられたり、トイレでセリフの復習をさせられたり、〈タイレノール〉と〈ゲータレード〉をもっと飲まされたりした。この時点で、目は熱のためにぼんやりし、体はだるくて重かった。ボールみたいに丸まっていたい。でもいまは無理。私にはやらなきゃならない仕事がある。

やっと名前を呼ばれて、やっぱり人でいっぱいのキャスティング・オフィスに入った。台本には鼻水をすする場面があったんだけど、実際私の鼻にはかなりの量の鼻水がたまっていて、鼻をすったら蓄膿症みたいな嫌な音が長いこと出た。キャスティング担当者はとくに気にしていないようだ。「よかったわよ」と言われた。

次の日に再選考に呼ばれ、まだ風邪をひいたまま出かけていった。今度のオーディションはバンガローではなく、撮影スタジオ近くのきれいな建物のなかにある広い部屋で行われた。今回もキャスティング担当者だけで、ビデオは撮らなかったから、このあとさらに選考があるのだろう。すごく小さな役以外は、キャスティング担当者が俳優の採用を決定することはめったにない。ふつうキャスティングは候補者の絞りこみを行うだけで、最終的な判断を下すのはプロデューサーと監督だ。

二度目の再選考に呼ばれたのは、何日かあとの金曜日だった。幸い熱はほとんど下がっていた。三七・四度なら、だいぶマシだ。野球帽をかぶりボタンダウンのシャツを着たイギリス人の監督は、私をじっと見た。鼻をすする場面ではそれほど鼻水の音は出なかったけど、そのほかのセリフはうまく言えた。監督は「よかったよ」と言ってからいくつかのセリフに細かい指示を出し、「もう一回やってみて」と言った。そのあと、「きみはちゃんと言われたとおりにできるね」と言われた。

部屋の外に出ると、ママにいまの話をぜんぶ報告した。

三度目の再選考、つまり最初から数えると四回目のオーディションは、次の火曜日に行われた。テレビドラマの一話だけの役に、ここまで何回もオーディションがあるのは初めてだったけど、この役はキャスティングがとても難しく、ピッタリの子を選ぶのに製作側はものすごく気を遣っているらしかった。ゲストといっても「ゲスト主演」（ただのゲスト出演より格が上）で、主役のカーラ・グギノやロバート・フォスターと対等な演技をすることを求められるからだ。ママはこの情報をスーザンから入手したんだけど、「やっぱりスーザンをマネージャーにして大正解だったわ」と何度も言いつづけた。

「スーザンはわかってる。なんでもわかってるのよ」

この四回目のオーディションでは、すごく緊張していた。風邪がなおってなきゃよかったのに、と思いそうになったくらい。風邪をひいていると、あれこれ思い悩む余裕がない。風邪は緊張をやわらげてくれるのだ。最後に残ったのは私と、あと二人の子だけ。二人とも私より有名な子役だ。ママは三〇秒ごとに、不安そうにその事実をささやいてくる。それを聞いたら、私に何かできることがあるみたいに。

「アンドレア・ボーウェンは『デスパレートな妻たち』に出てたのよ。あのドラマは評判いいのよね。どうしてかはわからないけど。なんか嘘くさいじゃない？」

呼ばれたのは私が最後だった。またこの前の監督がいて、今度はカメラがセットされている。

「プロデューサーに見せるために、オーディションを録画するからね」と言われた。私はうなずく。

「きみはおとなしいね」と監督が言った。

私はうまく反応できなかった。固まってしまった。

「だよね」。監督は優しく笑う。「心配しなくていいよ。楽しんで」

そう言われて、私はちょっと混乱した。台本にあったシーンは三つ。(一)私の演じる女の子が、自分の面倒を見てくれていたホームレスの男性が撃たれるのを目撃する。(二)ロバート・フォスター演じる役の人とすわって、赤ん坊のときに自分を捨てた父親とは関わりたくない、と告げる。(三)私の演じる女の子が父親とすわって、あなたは自分を赤ん坊のときに捨てたのだから、あなたとは関わりたくない、と告げる。

これのどこが楽しいの? 楽しめる要素なんてどこにもない。

六分間のオーディションは、あっという間に終わった。監督は、「きみはとてもよかったよ、たぶんきみがこの役に決まると思う」と言ってくれた。私は「ありがとうございます」と言ってオーディションの部屋を出た。夜になって、私がその役に決まったという電話がかかってきた。ママは嬉しさのあまりピョンピョン跳びまわった。もちろん私も。

「うちの子がホームレスになった! うちの子はすごいのよ! うちの子がホームレスになった!」

20.

「太字で書きなさい」。ママが私の肩越しに言った。ママはふきんでお皿をふきながら、私がタイピングするのを監督している。

私はマウスをドラッグして七つの文字を選択し、ページ上部の「B」のツールをクリックしてその言葉を太字にした。顔をママのほうに向けて、ママの反応をみる。

「そう、それでいいわ」。ママは自分の言葉を確認するようにうなずいた。「私はこれからスコッティに〈スパゲッティオーズ〉〔缶詰入り丸型パスタ〕をつくるから、終わったらプリントアウトしておいてね。あとからチェックできるように」

ママはキッチンに行き、私は自分の前のコンピューターの画面に表示されているマイクロソフト・ワードの書類に注意を戻した。どちらも――コンピューターの画面も、マイクロソフト・ワードも――マッカーディ家では最新鋭の機器だった。マーカスが高校の授業でコンピューターを組み立て、さらに私が『ＣＳＩ：科学捜査班』で殺人犯の妹という比較的大きな役を演じて手にいれたギャラで、追加のソフトを買ったのだ。その役は感情的にかなり消耗する役だったけど、家計の支払いに使ったギャラの残りでワードとゲームの『ザ・シムズ』を買っていいとママに言われたから、がんばって演じた甲斐はあった。

私がタイピングしているのは、自分の履歴書だ。それを書いている自分が、とても誇らしかった。すごく有能で、仕事ができる子、って感じ。一一歳で自分の履歴書がタイピングできる子なんて、どれくらいいるんだろう？　私は自分が時代の先端を行っているような気がした。

でも、ママが太字にしろと言ったあの七文字を見ると、怖くて胃をぐっとつかまれるような痛みを感じた。私はかなり長いあいだ、その文字をじっと見ていた。

その七文字は、私の履歴書の「特技」欄の主役の位置におさまっている。ホッピングよりも、フラフープよりも、縄跳び（ダブルダッチも含めて）、ピアノ、ダンス（ジャズダンス、タップダンス、リリカルダンス、ヒップホップダンス）、柔軟性、一二年生相当の読み書き能力、そういったほかの能力のどれよりも先にくる特殊能力だ。そのほかの能力だって、もっていれば役を勝ちとる助けになるとママが考えたもので、もっていないというだけで役をとれないこともある。たとえば〈シェフ・ボヤルディー〉〔缶詰パスタのブランド〕のコマーシャルは、ホッピングができないせいで候補から外されてしまった。ママはすぐにディスカウント・ストアでホッピングのスティックを買い、二週間のあいだ毎日一時間練習させられたので、最後にはスティックから落ちずに千回も跳びつづけられるようになった。だから、いまはホッピングも超得意と胸を張って言える。

でも、そういった能力のどれ一つとして、あの七文字の威力に勝てるものはなかった。ママがいちばんの特殊能力だと考える言葉。「太字で書きなさい」と言った言葉。それは……

いつでも泣ける

「いつでも泣ける」というのは、子役には必須の能力だ。この能力の前では、ほかの能力はすべて色あせて見える。言われたとおりに泣けたら、それでこそ一人前の役者だ。そこで初めて、役者としてのスタート地点に立てるのだ。そして調子がよければ、私はいつでも言われたとおりに泣くことができた。

「まるでハーレイ・ジョエル・オスメントの女の子版ね」と、ママは飽きずに繰り返した。「最近じゃ、いつでも泣けるのは、あなた以外にはあの子だけよ。まあ、ダコタ・ファニングも泣けるかもしれないけど、あの子の場合はうるうるするだけ。本当に泣けたとは言えないわ。カメラに映るときは、ちゃんと本物の涙が頰を伝ってなきゃ」

初めて演技で泣いたのは、演技クラスの授業だった。ラスキー先生から、家から何かもってきて、それにまつわる悲しいお話を考えなさい、という課題が出た。そして次の週にはまたそれをもってクラスに行き、ステージ上で自分の考えた話を語るのだ。

私はホッチキスをもっていった。ダスティンとスコッティは毎日たくさん絵を描く。その絵を二人はホッチキスでまとめ、束にして保管していた。それをヒントに私は、うちの家が火事になり、お兄ちゃんたちも火事で死んで、焼け残ったのはホッチキスだけだった、という話をつくりあげた。本気で涙を出したいなら、ママが死ぬことを考えるのがいちばんよかったかもしれない。でも、ママの死をもちだすのは禁じ手だった。何年も寛解状態にあるとはいえ、ママの健康は確定しているわけじゃない。縁起の悪いことを考えるのは避けたかった。とくにママの命は、私が毎年天なる父にお願いする誕生日の願いごとにかかっているのだ。その責任を軽々しく扱ってはいけないと思っていたし、涙の演技をするために利用していいとも思わなかった。それに比べたら、お兄ちゃんたちの命なんて、私の芸術性の成長のためなら犠牲にしてもぜんぜんかまわなかった。

演技クラスのステージ上でその話を語っていると、涙がにじんできて、視界がぼやけた。でも頰を伝うほどは出てこない。一人語りをするうちに、悲しい気分にはなったけど、涙が流れないというあせりも感じていた。ラスキー先生がカンカンと足音を響かせながらステージに上がってきて、私の顔から七、八センチのところまで自分の顔を近づけた。鼻と鼻がくっつきそうだ。私は怖くなった。先生は何をしたいんだろう。すると先生は片手を上げ、私の目の前でパチンと指を鳴らした。その唐突な動きに私の体はビクッと怯え、その瞬間涙がボロボロとこぼれた。ラスキー先生はニンマリとほほえんだ。私もほほえんだ。顔は涙まみれだったけど、思いきりほほえんでいた。

そのときから、泣くことを要求されるオーディションの話がくると、私は絶対その役がとれると感じるようになった。うわさはまたたく間に広がる。しまいには、スーザンがママに電話してきて、「また別のキャスティング担当者から、『例の泣ける子の話が聞きたいんだけど』って言われたのよ」と自慢げに言ってくるようになった。

とはいえ、いつでも泣けるのが楽しかったわけじゃない。どっちかというと、私の人生のなかでみじめな経験のほうに入ると言ってよかった。だって、寒々しいキャスティング・オフィスにすわって、自分の愛する家族を傷つけるような悲しいできごとをひたすら想像するのだ。一つのお話を考えつくと、オーディション四回から六回分の涙が余裕で出たけど、だんだんその悲しいできごとにも慣れっこになってしまう――ママはその状態を「涙が枯れちゃった」と表現していた――ので、どんどん新しいできごとを考え出さないといけなくなった。ホッチキスの話は、ダスティンが髄膜炎で死ぬ話になった。ダスティンは実際、二、三年前にひどい髄膜炎になったことがあり、ママはよく「脊椎穿刺が失敗していたらどうなっていたか、考えてみて！」と言ってきた。ダスティンが髄膜炎で死ぬ話はやがてマーカスが虫垂炎で死ぬ話になり、次にはスコッティが肺炎で死に、おじいちゃんが老衰で死ぬことになった（「おじいちゃんが病院のベッドに横たわって、あなたが六歳のときにつくってあげた靴下人形を握りしめているところを想像してみて」）。

いちばんボロボロ泣きつづけたのは、『ハリウッド的殺人事件』のチョイ役のオーディションを受けたときだ。ハリソン・フォードとジョシュ・ハートネットが出演する、劇場公開の映画だった。私の役は旅行中の一家の子どもで、バンの後部座席にすわってハリウッド大通りを走っているときにジョシュ・ハートネットが乗りこんできて車を奪う。それで一家は悲鳴をあげて大騒ぎする、という設定だった。

その日はとくに何があったわけでもないのだけど、いつも以上に涙があふれて止まらなかった。キャスティング・オフィスに腰を下ろして、おじいちゃんが私のつくった靴下人形を握りしめているところを想像したら、涙が堰を切ったようにあふれだしたのだ。それも半端ない量が。これじゃただ泣いてるんじゃなくて、号泣だ。私はヒステリー状態になって、体を震わせ、しゃくりあげた。

「すごい！」私が演技を終えると、キャスティング担当者が思わず漏らした。その女性は巻き毛の赤茶色の髪で、バターのようななめらかな声をしている。とても優しくしてくれた。

「いやあ、もうきみで決まりだね。しかし、ぜひもう一回見せてくれないかな、きみの泣きの技術を」。キャスティング担当者の横にすわっている、銀髪に茶色のレザージャケットの男の人が言った。

それで、私は言われたとおりにもう一回泣いた。私は「いつでも泣ける」芸のシルク・ドゥ・ソレイユ級のパフォーマーなのだ。みんな、私が泣くところを見たがる。何度も何度も。まるで私が絹の布をスルスルと登ったり、空中でクルリと体をひねったりするところを見るように。「いつでも泣ける」能力は、まさに私のいちばんの武器だった。

21.

エミリーの父親は殺され、母親が容疑者だ。また別の全国ネットの警察ドラマ『WITHOUT A TRACE／FBI 失踪者を追え！』で、「いつでも泣ける」技が必要なオーディションが回ってきた。オーディションのシーンは、エミリーが呼ばれて尋問を受け、どうしていいかわからなくなって涙がこぼれる場面だ。

待合室にすわって自分のなかにある悲しい気持ちを全力で集めているときに、何かが私のなかで動いた。なんだか変な感じがした。どう説明すればいいかわからないけど、心の奥底で、私にはわかった。涙はもう出ない。私は悲しみから切り離され、悲しみは私と縁のないものになって、あせりが出てきた。

ママの腕を引っぱった。ママは『ウーマンズ・ワールド』最新号のダイエット特集ページの角を折って印をつける。なぜかは知らないけど、ママはダイエット特集が大好きだった。ママはとても小柄で身長は四フィート一一インチ（約一五〇センチ）しかなく、「それに、体重はなんと驚異の九二ポンド（約四一・七キロ）よ！」と、ちっとも驚異じゃないとわかっていながら、冗談っぽく言うのが常だった。ママは雑誌を膝の上に置くと、私の囁き声が聞こえるように、前のほうにかがみこんだ。

「ママ、私、もう泣けないと思う」

ママはびっくりして私を見る。その驚きは、つぎに激しい緊張を帯びた表情に変わった。すぐに、あ、これは「叱咤激励モード」に入ったな、と私は思った。ママは必要じゃないときにまで、そのモードに入ってしまう場合が多い。自分がそうする必要があると思うと、スイッチが入ってしまうのだ。ママは眉間にシワを寄せると、唇をギュッと結んだ。この顔をしたママはちょっと子どもっぽく見える。大人のふりをしている子どもみたい。

「そんなことないわ。あなたはエミリーよ。いい？　あなたはエミリーなの」

ママはよく、私を「キャラクターに乗り移らせる」ためにそう言うのだ。「あなたはエミリーよ」「ケリーよ」「セイディーよ」。その他、私が演じる予定の人物の名前を入れて私に語りかける。

だけど今日、いまこの時点で、私はぜんぜんエミリーになれなかった。エミリーになりたくなかった。こんなこと、これまで一度もなかったけど、いまはそうとしか言えない。私は怖くなった。私の一部が、こんな悲惨な感情を自分に負わせることに抵抗していた。私のなかの誰かが、「だめ、こんなの苦しすぎる、こんな役やれない」と言っている。

そんなのばかげてる、と私は自分に言った。いつでも泣けるのは私の一番の「特技」で、私にとっても、家族にとっても、ママにとっても欠かせないものなのだ。私が言われたとおりに泣けば泣くほど、よりたくさんの仕事がとれる。よりたくさんの仕事がとれれば、ママはどんどん幸せになる。私は深く息をついて、ママに向かってほほえみかけた。

「うん、私はエミリー」。半分はママを安心させるために、半分は自分に言い聞かせるために、そう言った。

私のなかの「泣きたくない」自分は、納得できないようだった。私はエミリーじゃない、私はジェネットよ、ねえジェネット、私の声をちゃんと聞いて！ と叫びつづける。私が何をしたくて私に何が必要か、ちゃんと耳を傾けて！ と。

ママは雑誌につけた印を見つけたけど、そこを開く前に、もう一度私のほうにかがみこんだ。

「この役はあなたがとるのよ、エミリー」

でも、役はとれなかった。オーディションはうまくいかなかった。上の空だったのだ。私はセリフを「自分の言葉」だと思えなかった。それに、何よりも大きな理由は、言われたとおりに泣けなかったことだ。涙は一粒も出てこなかった。

一〇一号線南行きの大渋滞のなか、私たちは家に向かった。私はまだ体が小さいので、ジュニアシートにすわっている。歴史の宿題をしようとしたけど、ぜんぜん集中できなかった。オーディションのときの自分に腹が立って仕方がなかったのだ。

あのとき外に出てこようとしていたのは、いつもの私とは違う、おぞましい私だった。「もうこんなことやりたくない」と考えている私。

「もう演技したくない」。自分で言ったと気づく前に、その言葉が口からもれた。

ママがバックミラーで私を見た。ショックと失望の入り混じった感情がママの目にあふれる。すぐにそんなことを言ったのを後悔した。

「バカなこと言わないで、あなたは演技が大好きでしょ。世界で一番好きなことでしょ」。ママのその言葉は、まるで脅しのように聞こえた。

私は窓の外を見た。私のなかの「ママを喜ばせたい」自分は、そのとおりよ、私は演技が何よりも好きなの、ただ自分で気づいてないだけ、よくわかってないだけ、と言ってくる。だけど「泣きたくない」自分、「演技したくない」自分、「ママを喜ばせるなんてどうでもよくて、自分が楽しいことだけをしたい」自分、そういう自分が私のなかでしゃべらせろ！　とわめきたてる。顔がカッカと熱くなり、何か言わなきゃ、という気になった。

「本当に、もう演技したくない。私、演技なんか好きじゃない。なんか嫌な気分になる」

ママの顔は、レモンを食べたあとみたいになった。ゾッとするようなゆがみ方だ。次に何が来るかは、想像がついた。

「やめさせないわよ！」ママは泣き叫んだ。「これだけが私たちのチャンスなの！　これだけが・私たちの・チャーーンス・なのよぉぉぉ！」

ハンドルをバンバン叩いたので、誤ってクラクションが鳴った。マスカラがとれて頬を伝って流れ落ちる。ママはヒステリーを起こしていた。『ハリウッド的殺人事件』のオーディションのときの私みたい。でもママのヒステリーは本当に恐ろしくて、なんとかなだめなきゃ、という気持ちになった。

「やっぱりいい」。泣いているママに聞こえるよう、大声で言った。

ママの涙はすぐに止まった。最後に一回、大きく鼻をすすりあげる。その音が止まると、完全な沈黙がおりた。思いどおりに泣けるのは、私だけじゃなかったのだ。

「やっぱりいい」。私はもう一度繰り返した。「いま言ったことは忘れて。ごめんなさい」

ママの最近のお気に入り、フィル・コリンズの『バット・シリアスリー』を聴こうよ、と提案した。ママはその提案に気をよくして、ほほえむとCDをプレイヤーに入れた。「アナザー・デイ・イン・パラダイス」まで曲を飛ばすと、スピーカーから大音量で曲が流れはじめる。ママは一緒に歌った。バックミラーで私の顔を見る。

「ほら！　歌わないの、ネット？」そうたずねるママの気分は、目が回るようなスピードで変わったようだ。

それで私も歌いはじめた。それに合わせて最高の嘘の笑顔を顔に貼りつけた。『WITHOUT A TRACE』で嘘の涙を流すことはできなかったけど、家に帰る途中のママの前で嘘の笑顔をつくることはできた。どっちにしても、演技に変わりはなかった。

22.

「お前みたいな子どもが、家族全員の心配をしなくていいんだよ」。ある日の午後、おじいちゃんが言った。

私がストレスを抱えていることがわかったんだと思う。私は三〇分も家の前の芝生を行ったり来たりしながら、『マイ・ドーターズ・ティアーズ』という低予算映画のオーディション用のセリフを覚えようとしていた。私の「特技」にこれ以上ピッタリくる映画のタイトルってあるだろうか？

ママは「大人向けの内容」がたくさんあるからと言って、台本全部は読ませてくれなかったけど、かえってホッとした。明日のオーディションまでに一四ページの自分のセリフを覚えるだけで精一杯だったし、さらにはそこにロシアなまりまで加わるのだ。オーディションを受ける役は、「娘の涙」というタイトルのもとになっている女の子で、ロシア人だった。ママはロシア語なまりのコーチをつけてくれたけど、まだロシア語っぽい「r」の音がうまく出せない。

一人で外に出かけることは許されていなかった。「サマンサ・ラニオンみたいにさらわれて虐待されて殺されたらどうするの」とママは言うのだ。その子はつい三週間ほど前、六歳の誕生日の前に誘拐されたんだけど、うちからほんの五分ぐらいしか離れていない場所に住んでいた。だから外に行くときは、必ず誰かについていてもらわないといけない。今日その役を引き受けてくれたのは、おじいちゃんだった。

「え？」私は聞き返した。私がセリフを覚えているあいだ、おじいちゃんは芝生に水をまいていた。おじいちゃんの言ったことが聞こえなかったからじゃなくて、どういう意味かよくわからなかったからだ。もちろん、子どもは家族全員の心配をしなくちゃいけないに決まってる。子どもって、そういうものでしょ？

「いや……」おじいちゃんは少し私に近づいて言った。「ただね……お前はもっと、子どもらしくしてていいと思うんだよ」

目に涙が浮かんできた。むりやり泣こうとしたせいじゃない。本当に自然に湧きあがった涙だった。前に本当に泣いたのって、いつだっけ？　覚えてない。私は不意をつかれて、落ちつかない様子で足踏みをした。

「おいで、おじいちゃんとハグしよう」

私は一歩踏み出して、おじいちゃんの大きなおなかの周りに腕をまわした。おじいちゃんは空いているほうの手で、私の背中を優しくポンポンした。

「愛してるよ、おじいちゃん」

「私も愛してるよ、かわいい子」

おじいちゃんはもう一方の腕を私の体にまわして、ちゃんとハグしようとしたけど、ホースを持っていたことを忘れていたので、水が飛び散って私にかかった。

「わっ！」

おじいちゃんはホースを芝生の上に置いて、水がちゃんと芝生のほうへ流れるようにし、私を大きなハグで包みこんだ。とても温かくて気持ちよかった。おじいちゃんはちょっとビーフ・ジャーキーみたいな匂いがしたけど。

「セリフを覚えたら、ちょっとしたプレゼントをあげようと思ってたんだが、やっぱりいまあげることにしようかな」

「ほんと！」私はウキウキして言った。プレゼントが嫌いな子なんているだろうか？

おじいちゃんはお尻のポケットに手をいれて、なかをまさぐった。くしゃくしゃになったレシートが、芝生の上に散らかる。最後にようやく、車のアンテナにつける小さな飾りを引っぱりだした。『モンスターズ・インク』の主人公の一人、マイク・ワゾウスキだ。おじいちゃんはディズニーランドで働いているので、こういう映画関連の無料グッズをときどき特典としてもらってくる。

私はマイクを手のひらの上に載せた。柔らかくて、発泡スチロールでできている。

「このヘンな顔が大好きなんだ」とおじいちゃんが言った。「ヘンな顔だと思わないか？」

「そうね」

「見てると笑えてくるんだよ。お前も笑ってくれたらいいと思ってな」

「ありがと、おじいちゃん」

「いいとも」。おじいちゃんはうなずきながら言った。「なあ、お前には楽しむことを思いだして欲しいんだ。子どもには、人生ってのは楽しいもんだ」

おじいちゃんはかがんでホースを拾うと、また芝生に水をまきはじめた。私はマイクをじっと見て、そのゴムみたいな表面を親指でなぞりながら、おじいちゃんの言ったことを考えた。

楽しい、という感情にはあまり縁がない。人生は厳しいもの。この家ではいろんなことが起きる。準備を整え、必死に努力し、うまくやっていくことのほうが、楽しむことよりずっと重要なのだ。

私はマイク・ワゾウスキをポケットに入れ、またロシア語なまりのセリフを練習しはじめた。

23.

私は自分の前に置かれた紙束に目をやった。一二ポイントのクーリエ・ニューのフォントで打った文字で埋まった、印刷したての紙一一〇ページ。これは私が初めて書いた脚本、『ヘンリー・ロード』。

私がこの脚本を印刷したのは、一刻も早くママに見せたかったから。ママはちょうどいま入院していて、何か元気づけてあげられるものが必要なのだ。こんなに何度も入院しなきゃいけないのは、きっとママにとってつらいだろう——入院は、たいてい年に三、四回はあった。ときにはガンと無関係な理由で入院することもあったけど（今回もそうで、憩室炎だったか憩室症だったか、どっちか永遠に覚えられない）、不安はいつも確実にそこにあった……いつか検査か分析か手術を受けて、お医者さんに「ガンの再発です」と言われるのでは、という不安だ。

おじいちゃんがオンボロのダークブルーのビュイックで病院まで連れていってくれた。バンパーに「ブッシュ／チェイニー」応援のステッカーが貼ってある。私は後ろの座席にすわって、自分の書いた脚本のページをめくる。

「紙で指を切らないよう、気をつけるんだよ、ネッティ」とおじいちゃんが言った。信号は半分赤になりかけていたけど、車は交差点を走り抜けた。

病院に到着した。ママの健康状態によって、これまでいろんな病院に来たことがあるけど、この病院は初めてだった。こじんまりしていて、ブティックみたいな感じ。よくある大きな病院みたいに人を怖気づかせるような雰囲気がないし、迷路みたいなところもなくて、ママの病室にはすぐにたどりつけた。

ママは休んでいたけど、私の足音をきくと、目をぱっちりと開けてほほえんだ。「いらっしゃい、ネット！」ママが笑ったので、私も笑顔になる。

「会いたかった、ママ！」

私はベッドの横に置かれた椅子にすわると、ママの手をとった。私とママの手首って、同じくらいの太さだ、と気づいた。

「何をもってきたの？」私が小脇に抱えた紙の束を指して、ママがたずねる。

私は興奮を抑えきれなかった。ママのベッドの上には、食事用のコロ付き移動テーブルがセットしてある。私たちが家で食事のときに使っている白い折りたたみテーブルより、はるかに立派なテーブルだ。その上に載ったトレーには、ターキーの肉とグリーンピースとマッシュポテト、チキンヌードルスープ、クラッカーが置かれていたけど、手をつけた様子はなかった。私は食べ物を少しどけて場所を空け、そこに自分の脚本を自慢気にどんと置いた。

「これ、私の書いた脚本よ。『ヘンリー・ロード』っていうの」

「脚本を書いたの？　あなたが？」ママはたずねた。きっと感心しているはず。でも、次の瞬間、ママの顔に浮かんだのは不安そうな表情だった。

「ビタミンDをとるために、ちゃんと毎日二〇分間外に出てる？」

「もちろん」。当然よ、というように、私は答えた。

「ダンスのクラスにもちゃんと通ってる？」

「うん」

ママは表紙のページをめくったけど、私みたいに満足気にめくったわけではなさそうだ。ページをめくるその指の動きは、なんだか悲しそうだった。

「どう？」私はたずねた。

「そうね……」ママは目線を下げて、何か言いたげにほほえんだ。このほほえみは、私に向かって見せるなかでいちばんしっかり「リハーサルした感」のある表情だ。この表情を見たときに、それがそのときのママの本心からきているように思えたことは、これまでにただの一度もない。何度見ても、むりやりそうさせられているようにしか見えなかった。

「そうね、それから?」私はもう一度たずねた。

「そうね……あなたが演技より書くことのほうが好きじゃなければいいな、と思ったの。あなたには演技の才能があるんだから。もう本当に、すごい才能がね」

ふいに、ママに自分の書いた脚本を見せるなんて、なんてバカなことをしたんだろう、と気づいた。私、大バカだ。なんで気づかなかったの? 脚本を書くことなんて、ママが気にいるわけがない。

「もちろん、演技より書くことのほうが好きなわけないよ。そんなのありえない」

その言葉が自分の口から出るのを聞いて、ものすごく嘘っぽい気がした。まるで『ビーバーちゃん』の再放送に出てくる、純真なふりをする登場人物になったみたい。あの番組、大嫌いなのに、おばあちゃんが毎回観るといってきかないのだ。

ママは私が嘘をついたことに気づいていない。でも私自身は、完全に、一〇〇パーセント、いまの言葉が嘘だとわかっていた。どう考えても、私は演技より書くことのほうが好きだ。書くことによって、私はたぶん自分の人生で初めて、力というものを感じることができた。誰かほかの人のセリフを言わなくていい。自分で自分の言いたいことを書ける。そのときだけ、私は私自身になれる。私はその「自分自身でいられること」のすばらしさをかみしめていた。誰の監視もなく、誰の評価も受けない。誰もなかに割りこむ人はいない。キャスティング担当者も、エージェントも、マネージャーも、監督も、ママも。そこにあるのは、私と真っ白いページだけ。書くことは私にとって、演技とは正反対の行為だった。演技は本質的に偽りの世界。でも書くことは本質的に本物の行為なのだ。

「よかった」。私の反応を信用していいのかどうかさぐるように、私を見ながらママは言った。「脚本家って、格好はダサいし、太ってるじゃない？　かわいい女優さんにぴったりの桃みたいなあなたのお尻が、脚本家のスイカみたいなデカ尻になるかもなんて、考えただけでもゾッとするわ」

わかった。私の脚本執筆はママを不幸にする。私の演技はママを幸せにする。私は食事テーブルから脚本をとりあげると、小脇に抱えた。

とってつけたように、「それでどんなお話なの？」とママがきいてきた。

「一〇歳の男の子とその親友が、それぞれ独身のお互いのパパとママをくっつけようとする話」

「へえ」。ママは窓の外を眺めながら言った。「でも、もう『ファミリー・ゲーム／双子の天使』って映画があったわよね」

24.

午前八時、コストコ・マットの上で目覚める。私の買った二段ベッドは、いまはすっかりガラクタで埋まって使えなくなり、結局またマットで寝る日々に戻った。今日着ているのは、〈レブロン・ラン・ウォーク２００２〉のＴシャツ。パープルのたくさん入ったこのデザインが気にいっている。いま私はパープルに夢中なのだ。

だけど、私がパープルに夢中だなんて、ママに知られてはならない。ママはピンク一択。私が突然、ママが好きなのと違う色に夢中なんて言おうものなら、ママは半狂乱になる。ママが私のことを心から大事に思ってくれているのはものすごく名誉なことで、私がママと違う色が好きなんて言いだすのは、ママの真の愛への裏切り行為なのだ。

去年の〈レブロン・ラン・ウォーク〉のTシャツのメインカラーはシルバーで、その前の年のはブルーだった。ここ七年間の〈ラン・ウォーク〉のTシャツの色はぜんぶ頭に入っている。毎年開催される〈ラン・ウォーク〉に、うちの一家は七年前から参加しているからだ。うちが〈レブロン・ラン・ウォーク〉に参加しはじめたのは、ママのステージⅣの転移性腺管ガンが寛解状態に入ったときだった。その病名はしっかり言える。毎週ママのガン宣告ビデオを見せられるのに加えて、私はたびたびキャスティング担当者に向かってその病名を言わされたからだ。

「みんな、逆境を乗りこえた人の話が大好きなのよ。私の腺管ガンの話をすれば、同情票を集められるわ」

『スイート・ライフ』や『キング・オブ・クイーンズ』のオーディションのときは、ママのガン闘病歴なんて使いようがなかったけど、『ER緊急救命室』のときは、ごく自然に会話のなかに織りこむことができた。とくに、ガン患者が出てくるエピソードだったせいもある。

「あの、母はステージⅣの腺管ガンだったので、このお話はすごく身近に感じます」

「〈レブロン・ラン・ウォーク〉に行くのは、乳ガンを患う女性を支援するためよ」とママはいつも言っていた。それはとても気高いことなのだと言いたげだった。ダスティンが一度、声をひそめて、「ママは支援より、もらえる無料のガン支援グッズ目当てだと思う」と言ったことがある。でも、ダスティンは一家の「問題児」で、ママのいちばん「お気に入りじゃない子」なのだ。それをママは、本人に直接言ったことさえある。あんまりはっきり言われたので、ダスティンは最初、自分が何を言われたのか、ぜんぜん理解できないみたいだった。

オーバーサイズのガン支援Tシャツを着こんだ私は、今週末ママのためにどんな詩を書こうか、プランを練りはじめた。私が脚本を書くことにママがいい顔をしないので、そっちは無期限休止することにしたけど、ママのことがどんなに好きかを表すちょっとした詩を書いたらすごくほめてくれたので、いまはそういうものを書くようにしている。

「マミー」という言葉と韻をふむ言葉をあれこれ考えていたとき、ふと、胸がなんか痛いような気がした。もっと詳しくいうと、右の乳首のあたりだ。痛い部分にそっと右手を伸ばして触れてみると……なんか硬い、しこりがある！　全身を恐怖が走った。そんなまさか。最初はママで、次は私？　部屋がぐるぐる回りはじめる。どうしよう、と考えた——すぐにママを起こして話そうか。でもそれって面倒なことになりそう。それかいつものように一一時まで寝させておくか。いつも私は一一時にママを起こして、朝の紅茶をいれてあげるのだ。「もっと早く起きたいんだけど、こう毎日お金の心配ばっかりで眠れないんじゃね」とママはいつもこぼしている。「パパがもっとまともなお給料をもらえる仕事についてくれて、一度でいいから子どもに頼らず生活費が支払えたらいいのに……」

どっちを選んだらいいかわからなくなって、ガンに怯える理性ある十代女子がママに事実を告げるか否か迷ったときにとるべき唯一の方法を実行した——「どれにしようかな、神様のいうとおり」

「いやだ、ネッティちゃん」。ママはぷっくりと硬くなった私の右乳首のあたりに指を何回か這わせ、次に左側のふくらんでいない乳首をさわって比べると、半分笑いながら言った。「これはガンじゃないわ」

「じゃあ何なの?」

「おっぱいがふくらんできたのよ」

嘘。まさか。成長だなんて、ガンと言われるよりもっと悪い。私は成長を死ぬほど恐れていた。そもそも、私は年のわりに体が小さいほうで、ショービズ界ではそれは利点だった。自分より小さい子の役も演じられるからだ。セットでは年齢の低い子より長時間働くことができるし、法律でとることが決められている休憩時間も少なくてすむ(もっとも、スタジオが雇う現場の先生によっては、それが休憩時間と呼べるのか疑問だったけど)。そういう舞台裏の話は別にしても、私はそこらへんの七歳のクズ子役たちよりずっと協力的で、指示にもちゃんと従えるのだ。

ママは私に絶えずこう言いつづけた。「年よりかなり幼く見えるってことは、相当有利なのよ。それだけチャンスが増えるんだから。役をもらえるチャンスがうんと増えるの」

私が成長しはじめたら、ママはこれまでと同じように私を愛してくれないかもしれない。ママはよく涙を流しながら私を苦しいくらいギュッと抱きしめ、「ずっと小さくてかわいい子のままでいてね」と言う。そう言われると、私の胸もはりさけそうになる。時間を止められたらいい。ずっと子どものままでいられたらいいのに。それができないことに、罪悪感を覚えた。一インチ成長するごとに、罪悪感を覚えた。おじさんやおばさんに会って、「大きくなったねえ」と言われるたびに、罪悪感を覚えた。みんながその言葉を口にすると、ママの眉がピクリと動く。その言葉がママをどれほど苦しめているか、私にはよくわかっていた。

私は成長しない、と心に決めた。成長を避けるためなら、どんなことでもする。

「ねえ、おっぱいが大きくなるのを止める方法はないの?」私はママにおそるおそるたずねた。

ママは大笑いしはじめた。笑いすぎて目がしわくちゃになるくらい。この表情はよく知っている。というか、ママの表情は一つ残らず完璧に理解していた。いろんな事件や場面をとおして、つねにその表情にふさわしい行動がすぐにとれるよう学習してきたからだ。

ほかの家族はだれも、ママの感情を理解していないようだった。みんな、行きあたりばったりに行動するばかりで、その結果どんなママが出現するか考えもしない。でも私は、いつだってわかっていた。だって、これまでの人生すべてを使って、ママを完全に理解するための研究をしてきたのだ。いつどんな瞬間にも、必ずママを幸せにしてあげるために、自分にできうるかぎりのことをしたいから。イライラしているときのママと、怒り狂っているときのママは違う。パパにムカついているときと、おばあちゃんにムカついているときのママも違う(口を一文字に結んでいるときがパパ、眉をひそめているときがおばあちゃん)。ちょっと幸せなときのママ(私のおでこにキスする)と、すごく幸せなときのママ(フィル・コリンズを歌う)も違う。で、いまこの瞬間、目がしわくちゃになるくらい大笑いしているときは、ものすごく幸せどころか、もう超スーパースペシャルハッピーなときだったのだ。

ママはすっごく幸せそう。

これが私のいちばん見たいママだった。その幸せの直接の原因は、私なのだ。こんな超ハッピーなママを見たのは、私が役をゲットしたときとか、家族の誰かとの言い争いの最中に私がママの側についたときぐらい。ママは自分が見られている、評価されている、いたわられていると感じたときに、超ハッピーになる。

「おっぱいが大きくなるのを止める方法はないの？」私はもう一度繰り返した。この質問がママをそんなに喜ばせるなら、さらに突っこむしかない。

ママは、これから言うことは秘密よ、というふうに一瞬目線を下げた。「おばあちゃんはじつは入れ歯なの」とか「パパってほんと退屈」って教えてくれたときみたいに。これから何かいいことが起こりそうな気がした。きっと何かすごく特別な、私たち二人だけがわかりあえる秘密が明かされるのだ。私たち二人のあいだにある最高の友情を、さらに堅いものにしてくれる秘密が。

「あのね、ネッティちゃん、子どものままでいたいんだったら、あるのよ、一つだけ。秘密の方法が。それはね……カロリー制限っていうの」


私はさっそくカロリー制限にとりかかった。すぐに夢中になった。とにかくママの気をひきたい一心だった。ママはとても優秀な教師。「だって、私はもうずいぶん長いことやってるんですもの」とママは言う。

「子どものころ、寝ようとしてたら、両親が隣の部屋で話してるのが聞こえてきたの。男の子は何を食べても代謝がいいからすぐ消化されるけど、女の子はぜんぶ脂肪になるんだよな、って。その言葉がずーっと頭に残っててね、本当に頭から離れないの。それからよ、私がカロリー制限を始めたのは」

たしかに考えてみると、ママの食生活には、カロリー制限してたんだ、と思いあたる節がいくつかあった。朝食には砂糖もミルクもなしの熱い紅茶しか飲まないし、夕食にはドレッシングも何もかけない蒸し野菜だけ。昼食を食べているところはほとんど見たことないけど、食べるとしてもドレッシングなしのサラダか、チョコチップ入り〈チューイー・グラノーラ・バー〉を半分、といった感じ。まさに理想の先生だ。

ママと私がペアになって毎晩カロリー計算をし、次の日の食事の計画を立てるようになってから、私のサイズは週ごとに小さくなっていった。基本的に一〇〇〇カロリー・ダイエットを実行していたんだけど、私は賢いアイディアを思いつく。出された食べ物の半分だけ食べることにすれば、摂取カロリーも半分になるから、二倍のスピードで痩せられるんじゃない？　毎食後、私は残した半分の食事を自慢げにママに見せた。するとママはにっこりとほほえむ。日曜日になると、ママは私の体重を記録し、メジャーで太ももの周りを測った。そんな生活を二、三週間続けたあと、ママは私にダイエットに関する本をどっさりくれたけど、それも私はあっという間に読破した。そういった本から、ヒカマ〔メキシコ産の根菜〕やスイカのような水分の多い野菜や果物を食べることの大切さを学んだ。カイエン・ペッパーやチリ・ペッパーが代謝をよくしてくれることも学んだ。コーヒーは食欲を抑えてくれることも知ったので、ママと同じくデカフェのコーヒーを――ブラックで――飲むようになった。どんな形にせよ、コーヒーを飲むことは厳密には教会の規則に反しているんだけど。

「だってデカフェだし、神も例外と思ってくださるわよ」とママは言い、私はうなずいてみせたけど、心のなかではわかっていた……私の教わった話では、神は例外をおつくりにならないのだ。

痩せていけばいくほど、私は自分の食べるものに厳しくなった。私の体は、何を食べてもその栄養を最大限吸収しようとするらしいのだ。

食べ物を食べると、たいていは〇・四ポンド（約一八一グラム）ぐらい体重が増えることに気づいた。どうして気づいたかというと、一日五回体重を量っているから。五は私のラッキー・ナンバーで、一日五回の体重測定は妥当な回数に思えた。それに、どんなときも自分の体の状態をしっかり把握しておけば、すぐに適切な調整を加えられるし、週末のママとの体重測定セッションに向けて備えられる。

私のお気にいりの食べ物は、ノンシュガーのアイスキャンディとアップルソースと無糖のアイスティー。これだけは、食べても体重が増えないみたい。アイスキャンディとアップルソースは栄養分ゼロだし、アイスティーはすぐにおしっこになって出てしまう。これさえ食べていればストレスを感じずにすむ、安心、安全な食べ物。「安らぎを与えてくれる食べ物」がマカロニチーズやフライドチキンだなんて言う人たちは、ほんと、どうかしている。本物の安らぎを与えてくれるのは、アイスキャンディとアップルソースとアイスティー、それしかない。

ママと私は二人でこの新しい「作戦」を続行した。私は心の底からワクワクしていた。毎日が『ファミリー・ゲーム』の双子の暮らしの一場面みたいだった。ママと私はあの双子みたいに、イヌイット流の鼻と鼻をこすりあわせる挨拶をしたり、週末の体重測定の最中や毎日のカロリー計算のあいだに他愛のない手遊びをしたりしてじゃれあった（ママに私の書いた脚本『ヘンリー・ロード』がパクリだと言われたあと、その『ファミリー・ゲーム』という映画を見てみたのだけど、たしかにそのとおりだった）。カロリー制限のおかげで、私とママの絆は前にも増して強くなった。あれほど十分に強かった絆がさらに強くなるなんて、ものすごい効果としか言えなかった。カロリー制限って、なんてすばらしいんだろう！

　カロリー制限を始めて半年ぐらいで、目に見えて違いがあらわれてきた。服は三サイズダウンし、キッズサイズの七のスリム用が着られるようになった。「服のタグの「スリム」という文字に毎日五回触れなさい」と聖霊が言った。「カロリー制限とともにその儀式を行えば、そなたはずっと小さいままでいられるであろう」。ありがとうございます、聖霊さま！

　全体的に、物事はうまく行っていた。だけど今日はちょっと違う。

　今日、私は不安でいっぱいだった。クリニックの待合室で、名前を呼ばれるのを待っている。名前を呼ばれるのを待っているということは、体重を量られるのを待っているということだ。自分の家のじゃない体重計で体重を量られる。それがめちゃくちゃ怖かった。どうしよう、とんでもない数字が出たら？　家で量るより重くなってたら？

　私が緊張しているのに気づいて、ママは手を握ってくれた。そのまま私たちは待った。ずっと待った。そしてついに、先生のアシスタントの呼ぶ声が聞こえた……「ジェネット・マッカーディさん」。心臓がドクドクと脈打ち、待合室にいる人全員に聞こえるんじゃないかと思うくらい。顔がカッと熱くなる。ぼんやりしたまま、待合室のドアから廊下に出た。着ていたコーデュロイの〈チルドレンズ・プレイス〉のジャケットを、ママが脱がせはじめた。着たままだと余計な重さがプラスされてしまう。私たちは同じ目標をもつ同志なのだ。「靴ははいたままでいいですよ」と看護師が言ったけど、ママは「靴を脱ぎなさい」と言った。もちろん、忘れるわけがない！　私は靴を脱ぎ捨てて、体重計の上に乗った。ママも私も目盛りをじっと見つめる。

「六一ポンド（約二七・七キログラム）」と看護師は言って、クリップボードに留めた紙の上にその数字を書きいれた。

その言葉が看護師の口から出たとたん、みにくく歪んで変形したように思えた。嘘だ。家の体重計では五九ポンド（約二六・八キログラム）だったのに。すぐにママの表情を読みとろうとする。なんの表情も浮かんでいない、つまり、がっかりしているということだ。私はさらに立ちなおれなくなった。私たちは五番の部屋に通されたけど、ここでは私のラッキー・ナンバーもあまり意味がないような気がする。私は小さな踏み台の上に乗って、診察台の上に敷いてあるテディベア柄の紙の上にすわった。ゴワゴワして落ちつかない。アシスタントの人はいくつか質問をしてから、ドアを閉めて出ていった。何か言おうとして口をあけたけど、ママがしゃべるほうが早かった。

「あとで話しましょう」
二、三分後、女医のトラン先生が入ってきた。ペルマン先生じゃなくてトラン先生だったので、少しがっかりした。ペルマン先生に診てもらうときのほうが、ママはかなり機嫌がいいのだ（福音に反することでなければ、ママはペルマン先生のことが好きなんだと思ったかもしれない。もちろん欲望は罪だし、ママは決して罪を犯したりしないとわかっていたから、そんなふうには思わなかったけど）。トラン先生はクリップボードをしばらく見つめている。
「デビー、ちょっと二人だけで話したいんですけど、いい？」

ママはトラン先生と一緒に部屋を出ていった。でもドアは薄いし、ママの声は大きいので、話していることはまる聞こえだ。

「じつは……ジェネットの体重のことなんですけど」とトラン先生が話しはじめる。「あの年齢の子の標準体重に比べて、著しく低い状態です」

「あら」。ママは少し不安そうな声で言った。「ふつうに食べてますけど。とくに変わったところはありません」

それは本当じゃない。ママは変わったところがあることに気づいているはずだ。そもそも最初に変わることを求めたのは、ママなんだから。

「そうですか……」トラン先生は大きく息を吸いこんだ。「若い女の子は拒食症になると、自分の食習慣を隠そうとする傾向があるんです」

「拒食症」という言葉を聞いたのは、このときが生まれて初めてだった。キョショクショウ？　何それ恐竜の仲間？　トラン先生は続けて言う。

「ジェネットの食習慣に目を光らせておくことを、強くお勧めします」

「もちろん、そうしますわ、トラン先生。よく気をつけます」。ママは先生に請けあった。

私は混乱した。ママはもう私の食習慣に十分目を光らせている。私以上にとは言わないまでも、少なくとも私と同じくらい真剣に、私のダイエットに取り組んでいる。私が何をどうやって食べるか、ぜんぶ把握してるだけじゃなく、私のダイエットにもっとハッパをかけ、あおってきたのはママなのだ。なのにもっと気をつけるって？　どういうこと？

二、三カ月後、私はあの「拒食症」という言葉を、レッスン後のダンス・スタジオの駐車場でまた耳にした。私はスタジオの外のベンチに腰かけて、ママが迎えにくるのを待ちながら、次の映画でヴァル・キルマーの娘役を演じるためのオーディション用台本を暗記していた。

ママはいつも二〇分から四五分は遅れてくる。それも仕方がない。ママはいつもほかにすることが山ほどあって忙しいのだ。集金人に電話して取り立てを待ってもらったり、ウェストミンスター・モールに寄って〈ホールマーク〉のサンキューカードを買いこんだり。ちなみにサンキューカードは、過去六カ月間に受けたオーディションのキャスティング担当者全員に送るためのものだ(「あなたのオーディションの様子は覚えてないかもしれないけど、ステキな筆記体の文字で飾られたサンキューカードは、絶対記憶に残るのよ！」)。

ふと、アンジェリカ・グティエレスのママが、自分のミニバンの近くをウロウロしているのに気づいた。アンジェリカの最後のクラスは、私の最後のクラスと同じだったのに。そのとき、ママの赤茶色のフォード・ウィンドスター・ミニバンが、スタジオのある通りへと左折してくるのが見えた。車はそのまま駐車場へ入っていく。私がダンス用のバッグをつかみ、車のほうへ向かおうとしたとき、グティエレスのママが先にうちの車に近づいた。そして助手席の窓のほうに行くと、窓を開けて、と頼んだ。

「こんにちは、デビー。ジェネットのことで、ちょっとだけ話があるの。ジェネット、最近ものすごく痩せたわよね。ひょっとして拒食症なの？　あなたが助けを求めてるんじゃないかと心配になって。ここのクラスにも悩んでいる子がいて、その子のママが専門家の名前を教えてくれたので――」

「その件ならまた別の機会に」。ママはグティエレスのママの言葉を途中でさえぎって言った。「こういうときの『また別の機会』というのは、永遠に訪れることはないのよ」と以前ママは言っていた。私が車のドアを開けて跳びのると、そのまま私たちの車は駐車場をあとにした。

「ママ？」赤信号で停まったとき、私はママにたずねた。

「何、ネット？」

「拒食症って何？」

「そんなの気にしなくて大丈夫よ、天使ちゃん。みんなちょっと大げさなだけ」。信号が青に変わる。ママはアクセルを踏みこんだ。

「セリフは覚えた？」

「うん」

「すごいわ。今度の役は期待できるわよ、ネット。ママにはわかるの。ヴァルはブロンドで、あなたもブロンド。きっとあなたで決まりよ」

「そうだね」

「もう絶対あなたで決まり！」

私は窓の外を見て、それからまたセリフの暗記に戻った。家に帰ったら食べられるノンシュガーのアイスキャンディーのことを考えると、すごくワクワクした。

25.

今日はビーハイブに入る日。ビーハイブというのは、一二歳から一三歳の女の子が入ることになっている教会のプログラムだ。プログラムに入るメンバーにはそれぞれ「役割」が割りあてられるのだけど、私は「書記アシスタント」だった——本当にあるのかどうかさえ定かでない役割だ。

「でも書記にはもうマディソンがいるんですよね?」と教師のシスター・スミスに言った。「私は何をすればいいんですか?」

「そうね、書記のお手伝いよ」

私は自分の爪に目をやった。がっかりした気持ちを隠すためだ。マケイラ・ラーヴォルドが私のほうに身を乗りだして、話しかけてきた。

「いい役割をもらえるのは、活発に信仰を続けるってわかってる子たちだけ」

私はマケイラが嫌いだ。養子に出された子だから、かわいそうと思ってあげなきゃいけないんだろうけど、その気になれない。とにかく、大嫌い。マケイラは話しつづける。

「あなたがその役割しかもらえないのは、どうせあなたがそのうち不活発になるって思われてるからよ」

「不活発」というのは、モルモン教会では非難の言葉だ。活発なメンバーとはきちんと教会に通う人たちのことで、不活発なメンバーとは教会から「離れてしまった」人たちや、教会の記録には残っているけど教会に来なくなってしまった人たちのことをいう。教会で交わされる会話に不活発なメンバーの名前が出るときはいつでも、その名前はちょっと言いにくそうに、ヒソヒソとささやかれる。まるで口にするのがはばかられる、恥ずかしい言葉のように。

「私たちは不活発になんて、ならないから」

「どうかしら」。マケイラは肩をすくめた。

マケイラは大嫌いだし、あの子の言ったとおりになんか絶対にならないと思ってはいたけど、言われたことを否定できない部分も心のどこかにあった。思えば、その予兆はもういくつかあらわれはじめている。

私の覚えているかぎり、うちの一家は「一流モルモン教徒」の条件を満たしたことは一度もない。末日聖徒イエス・キリスト教会のワードにはどこでも必ず、完璧なモルモン教徒の人たちがいる。教会学校に欠かさず通い、第三ニーファイの聖文をそらで言える人たち。持ち寄りパーティーのときにチキンポットパイをちゃんと持ってくるとか、そういう大事な責任を余裕でこなせる人たち。そういう人たちが「一流モルモン教徒」だ。

そしてもう一種類のモルモン教徒がいる。献金を出ししぶり、礼拝にはいつも二〇分遅れてくる人たち。「サラダでいいから持ってきて」と言われる種類の人たち——つまり、サラダ程度のものしか任せられない人たちだ。サラダといっても、袋にレタスとしなびたクルトンを入れて混ぜただけのやつ。そういう人たちが「二流モルモン教徒」だ。

わがマッカーディ家は、二流モルモン教徒。少し前から、そのことには気づいていた。一流モルモン教徒が二流モルモン教徒を見る目には、あわれみのようなものがこめられている。シスター・ハフマイアとシスター・ミークスが私を見るときの横目づかいに、そういうあわれみが混じっているのを感じた。二人とももちろん、一流モルモンだ。

二流モルモンのほうが一流モルモンよりはるかに不活発になりやすいことは誰もが知る事実だったけど、だからといってマッカーディ家の運命が決まっているわけじゃない、と私は思っていた。そのうち、何かすごいモルモン教のお導きがあって、二流モルモンの立場を逆転するチャンスが来るんじゃないか、と期待していた。たとえばマーカスが伝道に出るとか、一家で礼拝をサボらずまじめに出席しはじめるとか。

だけどマケイラの言ったことや、これまでの状況をよくよく考えてみると、そんなモルモン教のお導きはありそうにない、と認めざるを得なかった。

マーカスはもう数年間の伝道に出られる年齢に達していたけど、まだ行っていない。伝道に出る年齢に制限はないものの、伝道に出られる年齢に達して一年以内に参加しなかった男性は、その後伝道に出る可能性が七〇パーセント低くなる、とモルモン教の雑誌『エンサイン』（ママが『ウーマンズ・ワールド』以外に唯一、定期的に購読している雑誌）に書いてあった。「あれはマーカスのガールフレンドのエリザベスのせいよ」とママは言っている。「あの娘のなかには悪魔がいるのよ」とママは言うけど、それはちょっと疑問だった。エリザベスはいい人みたいだから。

私たちは最近、礼拝もときどきサボるようになっていた。たいていは、私がゲスト出演したTVドラマのエピソードが放映された週のあたりだ。最初に問題が起きたのは、私が『CSI：科学捜査班』に出たあとのことだった。シスター・サラザーがママに、こう訊いてきたのだ。「殺人犯の妹の役を演じるなんて、ジェネットの行いは『福音に則している』とお考えなの？」と。ママはその問いかけに、巧みな反論を返した。「テレビの子役スターがモルモン教徒だという事実のほうが、その子役スターが演じる役の内容よりもはるかに重要だと思いますわ」と。でも、シスター・サラザーはあまり納得がいかないようだった。シスターの前から歩き去るときにママがシスターを見た目つきから、ああ、ママ相当ムカついてるな、とわかった。それ以降、私が出演したドラマが放映されるたび、私たちは一週か二週教会に行くのをサボるようになった。「うるさい人を避けるためよ」とママは言った。もっとも、そういう理由づけがなくても、私たちは礼拝をサボりがちだった。

そして、礼拝をサボるのは、一流モルモンになるために必要なモルモン教のお導きとは真逆をいく行為なのだ。

「ママ？」家に帰って、洗濯物をたたんでいるときに、ママにたずねてみた。

「なあに、ネット」

「うちは不活発なモルモン教徒になるの？」

「ならないわよ。どうしてそんなこと言うの、ネット？」

「マケイラが言ったの。私が書記アシスタントを割りあてられたのは、うちがそのうち不活発になると思われてるからだって」

「やめてよ。マケイラ・ラーヴォルドに何がわかるっていうの？　だってあの子、養子に出された子でしょ」

26.

「ネット！　シャワーの時間よ！」ママが隣の部屋から叫ぶ。

全身が固まった。嫌だ。シャワーは浴びたくない。
五、六年ぐらい前から、シャワーの時間は恐怖の時間になった。でも、私がいつから嫌だと思っていようと、ママはいまだに私のシャワーの世話をやめない。
わざと私を不快な気分にさせたいわけじゃない、それはわかっている。ママに言わせれば、「あなたが一人でシャンプーをしたりコンディショナーをつけたりなんてできるわけないから、ママがやってあげなきゃいけないのよ」ということだった。「あなたの髪がこんなに長くてクセ毛じゃなかったら、ママが手を貸す必要はないのかもしれないけど、とにかくあなたの髪はすごく特殊だし、ママはプロのヘアスタイリストなんだから、こうするのがいちばんいいのよ」

ときどき、スコッティと一緒にシャワーを浴びさせられることもある。スコッティはもうすぐ一六歳だ。一緒にシャワーを浴びさせられるのは、ものすごく気まずかった。スコッティもそうだと思う。二人ともお互いからなるべく目をそらし、スコッティは曇った鏡にポケモンの絵を描いて気を紛らわせていた。どうして一緒にシャワーを浴びさせるかというと、ママはやることがありすぎて忙しすぎるから。一度、自分でシャワーを浴びたいとスコッティが言いだしたことがある。するとママは、「あなたに成長してもらいたくないのよ」と泣きだしたので、スコッティはその後二度とその話題を口にすることはなかった。

スコッティが一緒にいるかどうかにかかわらず、ママは毎回、胸と「お尻の前」の検査を実施する。「お尻の前」というのは、性器のママ流の呼び方だ。ガンの前兆として、おかしなしこりや腫れものができていないか確認するため、というのがその理由だった。もちろん私はガンには絶対なりたくないから、素直に検査を受けいれた。実際ママはガン経験者なんだから、ガンを探りあてるのには詳しいはずだ。

検査をされているあいだ、私はいつもディズニーランドのことを考えるようにしていた。次におじいちゃんが連れていってくれるのは、いつだろう？　パレードに花火、キャラクターたち、すごくハッピーで楽しい世界。

検査が終わるころには、安堵の大きな波が私の全身を包みこんでいる。いつも、検査が始まってから失っていた自分の体の感覚を、そのときになって取り戻す。なんだか変な感じ……検査のあいだ、私は自分の体のなかにはいないような気がする。私の体は貝みたいな硬い殻で、そこから完全に切り離され、脳のなかだけに存在しているような感覚。脳のなかのファンタジーランドにはメインストリートがあって、そこで私は〈トード氏のワイルドドライド〉に乗っている（ていうか、ふだんは〈トード氏のワイルドドライド〉のことなんか想像しないけど。あれってなんであんなに人気あるんだろう、ぜんぜんつまんないのに）。

「ネット?!」またママが呼ぶ声がする。

まだ体は固まったままだ。私は唾をのみこむと、喉の奥から答える声を絞りだした。

「いま行く！」

今日のシャワーは私一人だった。明日は『ドクター・ハウス』のオーディションがあるからだ。最近私はこのパターンに気づいていた。次の日にオーディションがあるときは、シャワーは私一人だけ。たぶん私のシャンプーとコンディショナーに思いきり手間をかけて、次の日のキャスティング担当者に私の髪が完璧にツヤッツヤに見えるようにしたいのだ。「この業界はちょっとした差がものをいうんだから、ツヤッツヤの髪をしてるかどうかで、再選考に呼ばれる確率もグッと上がるのよ」とママは言う。

勉強に区切りをつけてカウチから立ちあがったとき、私の息は乱れていた。手には汗がにじんでいる。検査がすんでシャワーがもうすぐ終わるとわかったときの、あの安心感に意識を集中しようとした。あの心がフワッと軽くなるような気持ち。このあと、夜のあいだはもう何も嫌なことは起こらない、という至福の感覚。集中しよう。その気持ちに。集中。

バスルームに着いた。ママはお湯の温度調節が難しいからと言って、私には蛇口を触らせてくれないから、少し待つ。待っているあいだに、ズボンを脱いで、下着とシャツも脱ぐ。シャワーブースのなかに入ると、蛇口から水がポタポタ漏れている。蛇口に生えたカビを観察する。白カビと青カビがこびりついて、硬いパンの皮みたい。ママの足音がバスルームに近づいてきた。さあ、ファンタジーランドへ出発だ。

27.

私はフォード・ウィンドスターの後部座席にすわっている。ダスティンの働いている〈アート・サプライ・ウェアハウス〉〔画材・文具専門ディスカウント・ショップ〕へ向かうところだ。ダスティンは嫌がっているようだけど、ママはダスティンに会いにいくのが大好きだった。どうやらママは、自分が訪れる店で働いている人たちと、顔見知りになるのが楽しいらしい。何となくVIPになったような気分になれるから。マーカスに会いに〈ベストバイ〉に行くときも、おじいちゃんに会いにディズニーランドのチケット売り場に行くときも、ママの態度とエネルギーはふだんとぜんぜん違っていた。まるでこの場を取り仕切っているのは私よ、とでも言いたげなオーラ。自信たっぷりのママを見られるのは嬉しかった。

運転しながらママは集金人に電話をかけ、支払い期限の延長を頼んでいる。そのとき、ママが私のほうを興奮した様子で振り返った。

「スーザンから電話よ！」

電話の理由はわかっていた。昨日、『アイ・カーリー』というドラマのスクリーン・テストを受けたのだ。『アイ・カーリー』は新しくニコロデオンで始まるドラマで、ティーンエイジャーの子たちが一緒にインターネット・ショーを立ちあげる話だ。それから、来週は『カリフォルニケーション』というドラマのスクリーン・テストも受けることになっている。こっちはショータイム製作のドラマで、女性をひどい目にあわせる男の人の話。テレビドラマでスクリーン・テストまで進んでいる場合、もう契約書はほとんどできあがっているのだけど、役者側は同時に複数のドラマのスクリーン・テストを受けているほうが明らかに有利になる。なぜなら、マネージャーは別のドラマのオファーを「当て馬」として使って、製作側からよりよい契約条件を引きだすことができるからだ（ママはスーザンとの電話で、「当て馬」という言葉をとても嬉しそうに使っていた。いかにも「事情通」という感じに聞こえるからだと思う）。あと、先にスクリーン・テストを実施したドラマのほうが、その役者を使うかどうか先に選ぶ権利を得る、という奇妙なルールもあった。最初のドラマが、その役者を本当に使いたいかどうかを決めるのに一定の時間を与えられ、その期限までに決められなければ、もう一つのネットワークが選択権を得る、というしくみだ。

『アイ・カーリー』のスクリーン・テストを受けたのは昨日だから、そっちが先に私を使うかどうかを決めることになる。スーザンがいま電話してきたのは、ニコロデオンが決断を下したということだ。

一刻も早くスーザンと話したいママは、集金人との電話を早々に切りあげにかかった。

「一時間も保留のまま待たされてるのよ。途中で切るわけにはいきませんよ」

ママは泣き落としを使って、〈スプリントＰＣＳ〉のブランドンから支払い期限延長の約束をとりつけたけど、その交渉電話が終わるころには、ママの涙は奇跡のように乾いていた。スーザンの番号にかけているあいだ、ママは片手をうしろ手にして私の手を探す。私はまだジュニアシートにすわっていた（もう一四歳だけど、まだジュニアシートが必要なのだ）。ママの手を握るには、できるかぎり前のめりになる必要がある。だけどシートベルトはジュニアシートを通してあって、ロックがかかりやすいよう、すごく短く調節してある。だからママの手を握ろうと前のめりになると、カチッと音がしてベルトにロックがかかる。ママの手にはあとちょっとのところで届かない。カチッ、カチッ、カチッ。

「もしもし、スーザンをお願いできます？　デビー・マッカーディです」

カチッ、カチッ。ママの手が私の手を探して空をさまよう。もうちょっとで指と指とがふれあいそう。「ええ、そうね。なんとかスピーカーにしてみるわ」

ママが電話のボタンをあちこち適当に押しているうち、なぜだか知らないけど成功して、スーザンの声が電話のスピーカーから流れはじめた。

「『アイ・カーリー』が決まった！　『アイ・カーリー』をとったわよ！」

ママは「やったぁー！」という叫び声とともに、両手を前に突きだした。ちょっと不恰好なガッツポーズ（？）みたいな感じで。なんだ、もう私の手に触れなくてもいいのね、と拍子抜けしたけど。それもほんの一瞬だった。次の瞬間、私は気づいたのだ。ドラマのレギュラーの役を、生まれて初めてゲットしたことに。

ママは〈アート・サプライ・ウェアハウス〉の駐車場に車をとめた。私もママも、声を限りに叫んでいる。ちなみにママが車をとめたのは、障害者用の駐車スペースだ——憩室炎の診断を受けてから、障害者用カードがもらえるようになり、ママは大喜びなのだ。私は大急ぎでシートベルトを外した。

ママの腕に飛びこむ。ママは私をぎゅっと抱きしめた。天にも昇るような心地だった。これからは何もかもが変わる。何もかもが、いままでよりよくなる。とうとうママは幸せになれる。ママの夢がかなったのだ。

28.

「まあ、カゴ盛りフルーツ！」

ママはリボンをほどいて、セロファンのラッピングをはがしはじめる。

「パイナップルは糖分が高すぎるけど、マスクメロンとハネデューメロンは食べてもいいわよ」

「やった！」

ママはカゴのなかのマスクメロンに刺さった串を二本抜く。でもその一本を私に渡そうとして、やっぱり考え直したように元に戻した。

「半分こしましょ」とママは言った。

私たちは花の形に切られたマスクメロンの一片をかじりはじめた。楽屋のテーブルの上には、ほかにもカゴがいくつか置いてある。〈コースト・トゥ・コースト〉からは紅茶のカゴ。スーザンからは自宅用スパセットのカゴ。ニコロデオンからは肉とチーズのカゴ。

「あれはおじいちゃんとお兄ちゃんたち用に、持って帰れるわね」とママは言った。

ドラマ・シリーズのレギュラーになって、いちばん最初に気づいた違いはこれだった。山ほどのカゴが届く。ゲスト出演を長いことしてきたけど、カゴなんてただの一度ももらったことはない（一度だけ、『カレン・シスコ』にゲスト出演したときに、ロバート・フォスターから私の名前を刻んだ銀のペンをもらったことがある。しかもママには銀の靴べら。なんてステキな人なんだろう）。

シーズン一が製作されることが正式に決定したあと、今日が初仕事の日だった。テレビドラマの場合、まず最初にパイロット版を撮る。そしてネットワークの偉い人が、全部のパイロット版のなかから三分の一ぐらいを選び、実際にドラマシリーズとしての製作にゴーサインを出すのだ。私たちはその幸運な三分の一に選ばれただけでなく、もっとすごいことに、選ばれたドラマシリーズ中最高のエピソード数を確約されていた。ほかのドラマがたいてい一〇話か一三話だったのに、私たちのドラマは二〇話が発注されたのだ。「それはたぶん、あなたのサム・パケットの演技がずば抜けていたせいよ」とママが言った。才気煥発で、ちょっとぶっきらぼうなおてんば娘。でも心は思いやりに満ちていて、実際の私とは皮肉にもぜんぜん違うけど、食べることが大好きな女の子。

「セリフの復習をする準備はいい、天使ちゃん？」とママが訊く。

「いいよ」と私は言うけど、準備ができていることなんか、一度もない。ママとセリフの練習をするときは、いまだに緊張する。ドラマ・シリーズのレギュラーになったんだから、少しは手加減してくれるかと思ったけど、甘かった。ママはいつもどおり、ものすごく厳しい。ストレスがたまる。

深呼吸を一回して、最初のセリフを言おうとしかけたとき、楽屋のドアを大きくノックする音がした。

「出て」とママは言って、自分の腿をピシャリと叩いた。始めようとした瞬間にじゃまされて、かなりイラついている。

紫色のドアを開けると、カーペットの上にまた別のカゴが置いてあった。このカゴには、映画館に置いてあるようなスナック菓子がいっぱいに詰まっている。〈ミルク・ダッド〉に〈トゥイズラー〉にポップコーンの袋がいくつか。カゴの真んなかには、〈アークライト〉の一〇〇ドル分のギフトカード。〈アークライト〉は私がこれまでに見たなかでいちばんゴージャスな映画館で、ドラマの撮影が行われるニコロデオン・スタジオの通りを少し行ったところにある。ママと私はパイロット版を撮影した週に、思わず〈アークライト〉に入って映画を見そうになったけど、「映画のチケットに一三ドル七五セントも払うなんて、天地がひっくり返ってもあり得ないわ」とママが言って、話はなしになった。「どんなにすごいサラウンド・システムがあるにしてもね」

こんなに高額のギフトカードを見たのは、生まれて初めてだった。信じられない。

「ミランダからよ」と、ショックを受けたまま私はママに言った。「〈アークライト〉の一〇〇ドルのギフトカード」

ミランダは『アイ・カーリー』の共演者だ。彼女が演じるのは、番組タイトルにもなっている主人公、カーリー・シェイ。かわいくて優しい十代の女の子で、親友のサムとフレディ（演じるのはネイサン〉と一緒にウェブ番組を始める、という設定だ。ママに言わせると、ミランダのキャラクター設定はいま一つだという。「かわいそうに、なんだかいろんな設定を詰めこみすぎよ。かわいい子だけど、個性がなさすぎる」

カゴをもう一度見下ろす。共演者の子がこんなに優しくしてくれるなんて初めてで、心底びっくりしていた。ふつう、子役どうしのあいだには競争意識しかない。でもこの贈り物は、それとは正反対だ。私はカゴに手を伸ばした。

「〈ミルク・ダッド〉には触らないのよ！　でもほんと、ミランダっていい子なのね。さあ、セリフのおさらいをするわよ」

29.

「これはどう？」Tyのぬいぐるみのパンダをもちあげて、ママが訊いてくる。ここはウェストミンスター・モールの〈ホールマーク・グリーティング・カード・ストア〉。新しいドラマのスタートを祝うプレゼントをミランダが贈ってくれたので、私たちはミランダにお返しとしてあげるプレゼントを選んでいた。ママはパンダを振りまわす。

「かわいいパンダちゃんよ。それにミランダの名前と韻を踏んでる。ミランダ、パンダ。かわいくない？」

「うん、ほんと。もう少し見てまわって、それが最高のプレゼントかどうかたしかめたいな」

「あら、これとモコモコのカバーつき手帳があれば完璧よ、でしょ?」とママがたずねる。

「うん、だね」

私は言いたいことをのみこんだ。完璧じゃない。ミランダはものすごく豪華な映画館に入れる、ものすごく高価なギフトカードをくれたのだ。最高にクールなプレゼント。Tyのぬいぐるみとモコモコのカバーつき手帳なんて、ぜんっぜんクールじゃない。
二、三カ月前なら、クールだと思ったかもしれない。それまでは、〈チルドレンズ・プレイス〉の虹色のベルボトム・パンツや、〈リミテッド・トゥー〉のクイズブックをクールだと思っていた。でもミランダに会って以来、私のクールを感知するレーダーは大きく変わっていた。
ミランダに初めて会ったのは、『アイ・カーリー』のスクリーン・テストのときだった。ミランダは壁にもたれかかって、瓶入りのコーラを飲み、〈サイドキック〉〔当時最新流行の電子メール端末〕でメールを打っていた。ワオ。コーラに〈サイドキック〉。かっこよすぎ。

スクリーン・テストのときに少しだけ言葉を交わしたけど、軽い自己紹介程度だった。すぐにたくさんの偉い人たちの前に連れていかれ、二人一緒のシーンを演じるように言われた。

パイロット版の撮影中も、あんまりしゃべっている時間はなかった。私はなんとなく気後れしていたし、ミランダのほうも同じように見えた。撮影のあいまにいくつかセリフを読みあわせして、一日が終わると精一杯元気な声で「バイバイ! またあしたね!」と言って別れる。それ以外ほとんどやりとりすることもなかった。

でも、遠くからミランダのことをこっそり観察した。私と違って独り立ちしている様子のミランダに、私は心を奪われた。彼女は毎日日替わりで近くにあるいろんなお店まで歩いていって、食べ物を買ってくる――しかも一人で！　それってどんな感じなんだろう？　ミランダが外からスタジオに戻ってきたときは、すぐにわかる。〈サイドキック〉からグウェン・ステファニーやアヴリル・ラヴィーンの音楽が流れているから。そういうミュージシャンの名前を知ってはいたけど、ママに聴いてはダメと言われていた。そんな音楽を聴くと、「悪いことをする」ようになるから。

セットでは、ミランダは「クソ」とか「バカ」みたいな汚い言葉を使い、一日に五〇回は主の御名をみだりに口にした。ママからはミランダにあまり近づかないように言われていた。あの子は神を信じていないから（ネイサンには近づいてもいいらしい、あの子は神を信じているから。「南部バプテストはモルモンではないけど、少なくともイエス様を信じているという共通点はあるでしょ」）。

ママには近づくなと言われたのに、私はミランダに近づきたくて仕方がなかった。ミランダのクールさをちょっとでもマネできたらと思った。それにミランダはとても優しかった。ふつう、クールな人はそんなに優しくないものなのに。私たちはどちらも恥ずかしがりだけど、そのうち二人のあいだに友情が花開くといいな、と私は心のなかで真剣に願っていた。

でも残念ながら、それは難しそうだった。電話番号も交換できないまま日々が過ぎていき、友情をはぐくむ可能性はどんどん遠くなっていくように思えた。ところがパイロット版の撮影最終日、ミランダはセットを出ていく前に、くるっと振り返ってこう言ったのだ。「ねえジェネット、あなたAIM［2000年代に一世を風靡したメッセージアプリ］やってる？」

「え、やってないけど」。なんのことかまったくわからないまま、適当に答えた。AIMって何？

「ＡＯＬインスタント・メッセンジャーやってないの？」ミランダはびっくりしたみたいだった。

「ああー、そのＡＩＭね」。やっぱりわからないけど、わかってるみたいに聞こえるように答えた。

「やってるよ」

「よかった。私を友だちリストに入れといて」

「いいよ」。やった。やった。クール！

家に帰るとすぐ、マーカスにアカウントをつくってもらった。ＡＩＭを通して、私たちの友情は花開いた。ミランダと私は、毎日何時間もチャットをして過ごした。ときどきママが通りかかって「何してるの？」と訊いてくる。「ミランダと話してたの」と答えることもあったけど、たいていの場合ＡＩＭのチャット画面を隠して「勉強してた」と嘘をつく。ママはそれ以上詮索しない。そしてママが部屋を出ていくと、またチャット画面を出してミランダと笑いあうのだ。

ミランダは面と向かって話すときは、恥ずかしがりでおとなしい感じだったけど、メールの文面からは頭がよくて明るい性格を読みとることができた。ミランダの言葉には、いつも大笑いした。人間や人の習慣、性質について、ミランダが観察する内容は最高に面白い。私はミランダが大好きになった。親しくなれたことが、嬉しくてたまらなかった。

だけど、ママの選んだショボいプレゼントが、すべてを台なしにしようとしている。

スタジオに戻った私は、ミランダの楽屋のドアの前にプレゼントの袋を置いて三回ノックし、それから全速力で自分の楽屋に戻ってきた。袋を開けてぬいぐるみとモコモコの手帳を見たときの、ミランダの反応を見たくなかったのだ。考えただけで恥ずかしすぎる。

その日の撮影のあいだ、ミランダはプレゼントのことをぜんぜん話題に出さなかった。友情はこれで終わりかも、と私の頭に不安がよぎった。

　でも一日の仕事が終わって、ミランダ親子と私たち親子が駐車場へ歩いていくとき、ミランダは私のほうを見て、ちょっとぎこちない笑みを浮かべながらこう言ったのだ。

「ぬいぐるみ、ありがとう。すごくかわいい」

「どういたしまして」

「あと手帳も。また日記をつけはじめようかな」

「ほんと？」

　ミランダはにっこりほほえんだ。すごく気を遣ってくれているのがわかった。でも、気を遣ってくれること自体がとても嬉しかった。

「またＡＩＭで話そう」。そう言ってミランダは手を振った。

「うん、またね」。私はドキドキしながら答えた。ものすごく嬉しかった。パンダとモコモコの手帳は気に入らなかっただろうし、お礼を言ってくれたのもただの気遣いだろうけど、それでもミランダはまだ私と友だちでいてくれるんだ。本当にＡＩＭがあってよかった。ありがとう、ＡＩＭ。

30.

　私は撮影が行われているスタジオ付属の、衣装部屋のカーテンのなかに立っていた。体の前に腕を組み、不安げに足踏みする。このカーテンの外に出たくない。

「出てきて、ネット、写真を一枚撮ってもらったら、それでおしまいだから」

「わかった」

私は外に足を踏みだした。どぎまぎして、頬がポッと赤くなる。嫌でたまらなかった。自分の体のこんなにも多くの部分を人目にさらすなんて。すごく性的な感じ。恥ずかしくて死にそう。

「すごくいいわよ」。部屋の向こうのほうでいつも縫い物をしている衣装係アシスタントが、ミシンから目もあげずにそう声をかけた。

「いい」っていうのは「性的」って意味だろうか。体を人目からなるべく隠そうと、両腕をしっかり体の前に組みなおした。肩を丸めて、洞穴みたいな形をつくる。性的に見えたら嫌だ。子どものままでいたい。

「私は絶対ワンピースがいいって言ったんだけど。とにかくビキニを着てくれて、ありがとね」と衣装係のチーフは言いながら、自分の髪をお団子に丸めてヘアスティックで留めた。

「ええ」と私は言ったけど、チーフやママの顔を見ることもできない。ママは部屋の反対側の隅にある階段にすわっている。

「腕を下ろして、天使ちゃん。もう少し楽しそうな顔をして」とママが言う。

両腕を下ろした。楽しいわけがない。

「肩をうしろに引いて」。そう言って、ママはお手本のように自分で同じ姿勢をとってみせる。

私は両肩をうしろに引いた。ママはよくその姿勢をとらせたがるけど、私は嫌でたまらない。胸を突きだすのは嫌なのだ。自分の胸も、小さく突きだした乳首も、ぜんぜん自慢じゃない。何かを突きだして見せるのは、自慢したいときだけだ。そんなことしたくない。私はこの衣装合わせが、一刻も早く終わってくれることを望んでいた。最初、お願いだから半ズボンタイプのワンピースを試着させてくれませんか、と頼んでみた。水着を着るなら、それがいちばん慣れているし、露出する部分が少なくてすむ。でも、「ドラマのクリエイターから、はっきりビキニにしてくれって言われてるのよね」と衣装デザイナーに言われた。「だから、悪いけど少なくとも一、二枚ビキニを着てもらって、クリエイターに選んでもらわないといけないのよ」

「よし、それじゃ二、三歩私のほうへ歩いてきてくれる？　写真を撮るから」。そう言って、衣装デザイナーはインスタント・カメラを構える。

私は二、三歩前に歩きだした。デザイナーは写真を撮った。

「さあどうする、もう一着、最後のビキニに行ってみる？」デザイナーは、まるで私がビキニを着たがっているみたいに言う。人は相手に不愉快なことをさせようとするとき、わざと逆のことを言ってその事実をごまかそうとするらしい。わけがわからない。

「あの……できれば……着なくていい？」と私はおそるおそるたずねた。「いま着てるので、もうよくない？」

「でも、もうちょい選択肢が欲しいって言われるのよね」。衣装デザイナーはそう言って、「ほら、ああいう人だから」みたいな暗黙の了解を求めてきたけど、私にはぜんぜんわからなかった。だってクリエイターがどんな人か、私はよく知らない。二、三回会ったことがあるだけ。すごく感情豊かでにぎやかな人みたいに見えたけど、ママによれば、スタッフのあいだでは不平不満がささやかれていて、「ちょっとしたことですぐにキレる」とか「絶対に機嫌を損ねないほうがいい」という噂のある人だった。

　私は爪をかむ。

「さあ、ネット、あと一着だけよ」とママが追いたてるように言う。

「わかった」と私は言った。

　最後のビキニに着替えた。青色で、ふちの部分は緑色のストライプの飾りがついている。ショーツにはひもがついていた。ひもが脚にさわってサワサワして嫌な感じ。最悪。気分が悪くて吐きそう。試着室の鏡に映った自分の姿を見た。

　私は小さい。自分でもよくわかっている。でも、自分の体がいま、その小ささと格闘していることを感じていた。私の体は発育を求めている。成長したがっている。いま自分は、子どものような体とそれがもたらす「無垢な心」に、かろうじてしがみついているだけ、という気がした。性的な存在として見られることが、極端に怖かった。ゾッとする。私はそんな存在じゃない。私は小さい。まだまだ子ども。

　試着室の外に出た。衣装デザイナーがまた写真を撮る。

「すごくいいわよ」。相変わらず縫い物を続けている衣装係アシスタントが、今度も目を上げずに呼びかけた。

31.

唇と唇が触れあっている。彼は少し口を動かしたけど、私は動かせない。私は完全に固まっていた。彼は目を閉じている。私は閉じていない。ずっと目を開けたまま、彼をじっと見つめている。唇が触れあっている相手の顔をじっと見つめるのは、ものすごく変な感じ。こんなことしたくない。彼のヘアジェルの匂いがした。

「もうちょっと顔を回してみて、ジェネット！」クリエイターがカメラの向こうから叫ぶ。

プロデューサーや監督は、カメラが回っているときでも大声で指示を飛ばしてくることがあった。セリフとかぶってさえいなければ、そういう叫び声は編集者がポストプロダクションで取り除くことができる。

私はクリエイターに言われたとおりに顔を回そうとした。真剣に、全力で。でも、どうしてもできない。体が固まったまま、ピクリとも動かないのだ。体が心を拒絶していた。私の心はこう言っている。「これが私のファーストキスだなんて、ファーストキスが撮影のキスだなんて、誰も知らない。気にしちゃダメ。言われたとおりにして」。だけど体はこう言っていた。「嫌だ、こんなの嫌だ。こんなのがファーストキスだなんて最低。ファーストキスはちゃんと本物のキスがよかった、ドラマの撮影のキスじゃなくて！」

私は自分のなかのロマンティックな感情を軽蔑していた。そんな感情をもつ自分が恥ずかしかった。「男の子なんて時間の無駄でしかないし、あなたががっかりさせられることは目に見えてる、だから演技のキャリアだけに集中するのよ」。ママにはっきりそう言われて、私もそのとおりだと思った。だから男の子に対する感情からも目をそらしてきた。だけど、どんなに目をそらそうとしても、ロマンティックな感情はなくならない。少し前から、そんな状態が続いていた。

男の子のことを、ときどきあれこれ考える。男の子を好きになるって、どんな感じ？　ひょっとして、私のことを好きになってくれる子もいるのかな？　一緒にディズニーランドの花火を見るところを空想したりした。手をつないだり、彼の胸に頭をもたせかけたり、笑いあったりしながら。キスのことも考えた。どうやってするんだろう。あらかじめ練習しておくことってできないよね。ある時点で、自然にそうなるみたい。ふつうにできちゃうものなのかな？　難しい？　唇ってどんな味？　これまで抱えていた疑問の答えが、いまこの瞬間、全部わかってしまった。

共演者のネイサンは、このままキスしつづければいいだけの話。でも私の場合、そうはいかない。いま起きているあらゆることの細かい部分がいちいち気になって、頭のなかがぐるぐる回って、ぜんぜん止まらない。どうしよう。唇は〈ブリステックス〉のリップクリームの味がした。

この人のことが本当に好きだったら、いま私が感じている気持ちはぜんぜん違ってたんだろうか。問題はきっとそこだ。「なんか違う」というこの感じ。本当に好きな人とキスしてるんだったら、もっと魔法みたいな、夢ごこちの気持ちになるんだろうか？　こんな不安でたまらない気持ちじゃなくて。

「カット！」クリエイターがカメラの向こうから叫んだ。何かを口いっぱいにほおばっている。彼がつかつかとこっちに向かって歩いてくる音が聞こえた。手にもった紙皿には、チーズ・スライスと包み紙のないミニ・キャンディ・バーが山のように積まれている。スタッフが十戒の海のようにサーッと分かれ、彼が通る道を開けた。

クリエイターは私の目をまっすぐ見たけど、四、五秒のあいだ何も言わなかった。私は思わず笑いだしそうになった。ときどきやるみたいに、私をからかってるのだと思ったのだ。だけど次の瞬間、彼のなかに深い怒りが渦巻いていることに気づいた。笑ってる場合じゃない。しばらくして、やっと彼は口を開いた。

「ジェネット。もっと。顔を。回して」

クリエイターはそう言うと、向きを変えて帰っていった。

「とっととカメラを回せ!」彼は大声で叫んだ。

カメラが回る。もう一回最初からだ。セリフがきちんと言えているかどうかさえ定かじゃない。でもたぶん、台本に書いてあるとおりのことをしゃべってはいるんだろう。誰も「ぜんぜんわけわかんないことしゃべってるよ」と止めには来ないから。キスにいたるまでのシーンを演じているあいだ、私はほとんど幽体離脱状態だった。心臓が早鐘のように打つ。両手は汗でじっとり。もうすぐだもうすぐだもうすぐだ。

顔と顔を近づける。唇が触れる。嫌な感触。プニュってした気持ち悪い肉の感触。人間って、なんてキモいことするんだろう。

とにかく、顔を動かさなきゃ。私は顔を動かしはじめた。前、うしろ。前、うしろ。ゆらゆら、ぐるぐる。ものすごく不自然な気がするから、きっと不自然な感じに見えてるだろう。ネイサン、もとい役名フレディは、やっと唇を離した。

「カット！」クリエイターが叫ぶ。その声の感じから、不機嫌なのがわかった。助監督のほうを見て言う。

「もう一回やる時間ある？」

「あんまりないです。時間どおりに進めるなら、もうシーンJに行かないと」

「わかった」。クリエイターは吐き捨てるように言った。「バッチリとは言えないが、まあいいだろう。次行くぞ。スナック・ステーションに寄ってくから！」

クリエイターはすごい勢いで出ていった。スナック・ステーションで、ポテトチップスかベーグルかミネストローネ・スープを胃に流しこむのだ。出ていくその姿を、ぼんやり見ていた。彼を満足させられなくて、悲しかった。

「なんとか終わったね」。ネイサンが優しく声をかけてくれた。画面上とはいえファーストキスをしたばかりの私が、めちゃくちゃ緊張していたのに気づいていたのだと思う。

「うん」。ぎこちない笑みを半分浮かべながら、私は言った。「終わったね」

そうして、私のファーストキスは終わった。ついでにセカンドキスも、サードキスも、フォースとフィフスとシクスとセブンスキスも。その日私たちは、全部で七回キスを交わしたのだ。

32.

「できるだけスマイルよ。歯をみせて。歯をみせずに笑うと、貧弱な感じがするから」。四〇五号線の車線を変更しながら、ママは言った。

今日はクリエイターとのランチ・ミーティングに向かっている。ママが「これは大チャンスよ」と言うので、かなり緊張していた。ひょっとして、「じつはきみが主人公のスピンオフを考えてるんだ」って話をするためのランチの約束なのかも、とママは考えているのだ。彼の場合、現在放映中のドラマのキャラクターを使ったスピンオフ企画をつくることがよくある。あんまり期待しすぎると、違ってたときにがっくりするよ、とママに言おうかと一瞬考えたけど、やめておいた。私の人生にいいことが起こりそうなとき、ママのカンは当たっていることが多いのだ。

「それから、あの人が言うことには、全力で興味のあるふりをすること。心から真剣にね」とママは付け加えた。「あと、目はいつももう少し大きく見開いてね。そのほうが目ぢからが際立つから」

私はうなずく。

「私のガンの話も持ちだしたほうがいいわね。きっとすごく同情してくれるわ。あなたが話す？それとも私が言ったほうが……」

「お願い」

「よし。よし。これでOK」。ママは興奮を抑えきれないように繰り返した。

到着したのはぴったり時間どおり。クリエイターは先に来ていた。室内なのにサングラスをかけている。私たちに気がつくと、サングラスを上げて頭にかけた。席から立ちあがって、まずママをハグし、それから私をぎゅっとハグする。私の足が床から離れるくらい。

「マッカーディちゃんたち!」彼はそう言って私を床におろすと、サングラスをもとに戻した。

「ぼくのかわいい大女優ちゃん」

ママがにっこりとほほえむ。

「ぼくはいろんな若い女優と仕事をしてる。きれいな子はたくさんいるし、面白い子もたまにはいるが、きみほど才能にあふれた子はほかにいない」

ママはこれ以上ほほえんだら顔が崩壊するんじゃないか、ってくらいの満面の笑みだ。私もママに言われたとおり、歯を見せて笑った。

「ありがとうございます」

「いや、マジで」とクリエイターは続けて言った。先に注文して前菜用のお皿に載っていたマグロのタルタルを、スプーンで口に運ぶ。「きみの演技はみんなのはるか上をいってる。オスカーだって夢じゃない」

「ありがとうございます」

クリエイターとの会話は、たいていこんな感じに始まる。まず大量のほめ言葉をくりだしつつ、ほかの俳優をけなす。ほめ言葉はもちろん嬉しい。クリエイターに認めてもらえるのは、私にとって何よりも重要なことだ。私がテレビドラマでレギュラーを張れるのは、彼のおかげ。私と家族がもうお金の心配をしなくてすむのも、彼のおかげなのだ。だけど同時に、彼は私をほかの俳優と競わせようとしてるんじゃないか、と思える節もあった。自分が使っている俳優全員に同じようなことを言って、みんなに「自分こそ彼のお気にいり」と思わせ、お互いを牽制させてるんじゃないか。そんなふうに思うのは、一シーズン分のドラマの仕事を一緒にしてきて、クリエイターのやり方を目のあたりにする時間がたっぷりあったからだった。私は十分に彼のやり方を学習したのだ。

クリエイターには、はっきりと二つに分かれる面があるようだ。一つは惜しみない賛辞をくりだしてくる優しい人。どんな相手だって、「きみこそ世界一のＶＩＰ」ともちあげて有頂天にさせてしまえる。プロダクション・デザイナーがたったの二日で刑務所のセットを完璧に仕上げたときは、スタジオのクルーを全員立たせ、五分間スタンディング・オベーションさせるのを見た。スタント・コーディネーターに感謝のスピーチを述べたときも感動的だった。言われた相手は、感極まって泣きだしたくらい。クリエイターは、人をその気にさせる方法をみごとに心得ていた。

だけど、もう一つの面は、意地悪で支配欲のかたまりのような、恐ろしい人。相手を容赦なく傷つけ、恥をかかせることもある。リハーサルの日に六歳の子役が、いくつかセリフをとちったせいで即座にクビにされたのを見た。あるマイク係が、撮影フレームのなかに誤ってブームマイクを下げてしまったときは、クリエイターはそのマイク係のところにずかずかと歩いていって、面と向かってこうどなりつけた。「いまの魔法のようなショットが台なしになったのはぜんぶお前のせいだ、この先一生このことを後悔させてやるからよく覚えとけ！」クリエイターに罵声を浴びせられ、名誉を傷つけられて、大の男や女の人が泣き出すところを何度も見た――バカ、アホ、マヌケ、のろま、ウスノロ、根性なし。クリエイターは、人を極限までおとしめる方法もみごとに心得ていた。

だからこそ私は時とともに学んだのだ。どんなに歯の浮くようなほめ言葉を並べられても、そのまま受けとっちゃいけない。明日になったら罵詈雑言を面と向かって投げつけられ、ほめ言葉で喜んで宇宙に舞いあがった分と同じくらい、深い地獄の底に叩き落とされるかもしれないんだから。あの人にはつねに用心しておいたほうがいい、という気がした。あの人の感情に、うまく合わせること。クリエイターのそばにいるのは、ママのそばにいるのと同じような感じだった――つねにピリピリして、向こうのご機嫌をうかがい、地雷を踏まないよう細心の注意を払う。なんとその二人がいま同じ部屋にいる。もうどうすればいいのか、頭がおかしくなりそう。

クリエイターは私たちにも彼と同じメインコースを注文してくれた――ロブスターのなんとかとミート入りパスタ、パン。ママはこういう食べ物をどれ一つとして、私が食べることを認めないだろうけど、食べなければクリエイターが気分を害して、きみはぼくを信じてないのか、とかぼくの食べ物の趣味が気に入らないのか、とか言いだすに違いない。だから私はできるかぎり嬉しそうに食べ物に手をつけて、クリエイターには食べているように見せ、ママには食べていないとわかるように全力を尽くした。

「それで、きみたちをランチにお招きしたのはだね……」とクリエイターが話しはじめ、オールドファッションド・カクテルを一口、ずいぶん長いことすすった。ママは彼をじっと見つめた。とっととそのカクテルを飲み終えて、言いかけた話の続きを終えてくれないかしら、という顔だ。

「それよりまず」。クリエイターは言葉をはさんだ。緊張感をわざと精いっぱい引き延ばそうとしているみたい。「一つ聞かせてくれるかな。きみは人から認められたいと思うかい？　有名になりたい？」

「もちろんですわ」。私が答える前に、ママが答えた。「有名になれたら最高です。ファンからものすごく愛されてますし。この子の演じるキャラが最高だって、しょっちゅう言われるんですよ」

私は黙ってパスタをつつく。

「そうか、よかった」とクリエイターは続けた。「だってこれから、きみはもっともっと有名になるからね」

ママの呼吸は期待に満ちて、ものすごく荒くなっている。

「……ジェネットが主役のドラマを書きたいと思ってるんだ」

興奮のあまり、ママはフォークを落とした。皿に当たってカーンと音をたてる。

「ただ、そんなにすぐにってわけじゃない。何せ『アイ・カーリー』はすごく評判がいいからね」。ママの興奮をしずめようと、クリエイターはあわてて言葉を継いだ。ママは何度もうなずく。

「たぶん、何年かあとになると思う」とクリエイターは念を押した。「だけど、いまのとおりの仕事ぶりを続けて、ちゃんとぼくの言うことをよく聞き、ぼくのアドバイスのとおりについてきてくれれば、絶対きみが主役のドラマをつくると約束するよ」

「すごい！　ありがとうございます」。ママの目は涙でうるんでいる。「私にはわかってました。この子にはそういう力があるって」

ママは私のほうを見てうなずいてみせた。歯を出して笑えという合図だ。言われたとおりにした。だけど少し、不安な部分もあった。クリエイターははっきり言ったのだ、それには条件があると──「ちゃんとぼくの言うことをよく聞き、ぼくのアドバイスのとおりについてきてくれれば」。

それに、私のなかにはクリエイターを尊敬する自分もいたけれど、クリエイターに怯える自分もいた。彼が望むことをすべてやらなきゃいけないのか、と考えると、恐ろしくてたまらなかった。

「なんであんまり嬉しそうじゃないの？　あなたが主役のドラマがつくられるのよ」。帰りの車のなかで、ママが言った。

「嬉しいよ」。嘘をついた。「ものすごく嬉しい」

「よかった」。バックミラーで私の顔をチラ見しながら、ママは言った。「嬉しいに決まってるわよね。誰もがあなたのことをうらやむと思うわ」

33.

『アイ・カーリー』が始まって、もうすぐ三年になる。いいことはいくつかあった。ミランダとの友情のおかげで仲間意識が芽生え、感情的に支えてもらえるようになった。ほかのキャストとも親しくなったけど、ミランダとのつながりは別格で、すごく特別なもの。週末にはＳｋｙｐｅで話し、仕事のあとに〈アークライト・シネマズ〉で映画を観る。いまでは〈アークライト〉に入るのにも気後れせず、週に二回は通うようになった。ママもいつも一緒だ。映画が中盤にさしかかるころには、ママは私にもたれかかってしみじみとこうべを垂れる。「まさにサラウンド効果ね、この音は」

でもミランダとの友情より、もっと大きな変化があった。これまでママをずっと苦しめてきた二大要素——請求書と私の体が、ママにとってそれほど大問題ではなくなったのだ。

ただ、私が一定のギャラをもらえるようになったことで、ママの財政状況はかなり安定したはずなのに、ママはギャラの額について言いたいことがいろいろあるようだった。

「あなたにそんなギャラしか払えないなんて、あの会社は恥ずかしくないのかしら。ネットワークのテレビ局に比べたら、ほんと、スズメの涙よ。**スズメの涙！**」楽屋で着替えを手伝ってくれているあいだ、毎日毎日ママは私に向かってこぼす。「しかも再使用料も払わないのよ、ニコロデオンは──あの、ケチ！」

そうは言っても、ママはいまの状況をありがたく思っているはず、と私にはわかっていた。いまのマッカーディ家は、以前と比べたら段違い。家賃は全額、遅れもなく支払えるし、集金人に電話して返済を待ってもらうこともなくなった。

いまだに私のランチのチェックは続けているけど、スタジオで出る食べ物を食べさせてくれるときもある。いまでも夕食はほぼ、ドレッシングをふりかけたレタスにローカロリーソーセージの細切れを載せたもの、プラス、デザートとして〈スマートワンズ〉のクッキーを二枚。だけど朝食は、すっかり様変わりした。ママが私に朝食をつくってくれるのだ。こんなことが現実に起こるなんて、夢にも思わなかった。ママが〈ハニーコーム〉シリアルの上に、乳脂肪分二パーセントのミルクを注いでくれるのだ──無脂肪乳じゃなくて、二パーセントのミルクを！　たしかにママに言わせれば、〈ハニーコーム〉は、「朝食用シリアルのなかでグラムあたりのカロリーがいちばん低いヤツ（一と四分の三カップで一六〇カロリー）」だけど、ほんと信じられない。ママがこんなふうに私の食事の世話をしてくれることなんて、これまで一度もなかったから。

ただ心のなかでは、ママが多少なりとも私の食事の世話を焼いてくれるようになったのは、スタジオの学習室でミランダとネイサンが朝食や昼食を食べるからかも、と思っている。そこで私だけが食事を食べなかったり、ものすごく食べる量が少なかったりしたら、おかしいと思われる。でも、理由をあえてママにたずねることはせず、黙ってそのまま状況を受けいれた。

体にも少しずつ変化があらわれてきた。乳首だけがふくらんでいた胸は、すごく小さいけどいちおう乳房っぽいものになり、下着のシャツを思いきりひっぱって胸をペッタンコに見せるテクニックでは隠しきれなくなってきた。肌にはニキビが少しできはじめ、これまでなかった経験にとまどいを感じている。一年ぐらい前から、セットでメイクアップをするようになった。撮影のない日にも。ドラマが始まったばかりのころは、メイクをするのが怖くて、メイクアップ・アーティストの人に「メイクしなくてもいいですか？」と頼んだくらいだった。だけどシーズン二になると、私がミランダよりだいぶ幼く見えるのがまずいと感じた製作側が、私にメイクさせることを決めた。それからニキビができはじめたので、私自身もメイクの必要性を感じるようになった。メイクをすれば、それが私を隠してくれるから。

最近、足の毛も剃りはじめた――ていうか、ママが剃ってくれる。一六歳になったけど、ママはいまだに私の体を洗うのだ。前は、足の毛を剃るなんてこと自体知らなかった。でも一度、ある共演者のママが私の「毛深い足」のことをからかって話しているのを聞いたのだ。そのときの笑い声がいつまでも頭に残り、足の毛を剃るたびによみがえってくる。

だからいまは、請求書と私の体に対するママの二大ストレスは減ったけど、私のほうはすべすべになった足とか、ふくらんだ胸とか、ニキビがところどころできはじめた肌とか、そういうのがぜんぶ、自分じゃないみたいで居心地が悪かった。

ドラマの人気はうなぎのぼりだ。スーザンは「社会現象」とか「世界的大ヒット」という言葉を連発している。ドラマの人気が上がるにつれて、私も人気スターの仲間入りをした。豪華なイベントや授賞式や映画のプレミア・ショーのレッド・カーペットに、呼ばれた数は数えきれない。『グッド・モーニング・アメリカ』や『トゥデイ』、クレイグ・ファーガソンの『ザ・レイト・レイト・ショー』やボニー・ハントの新しいショーといったトーク番組にも出演した。

人目をひかずに外出することはできなくなった。もう大好きなディズニーランドにも行けない。この前行ったとき、メインストリートを歩いていたら、ものすごい数の人が集まってきて、クリスマス・ファンタジー・パレードを途中でストップさせてしまったくらい。グーフィーはすごいムカついているように見えた。

有名になったせいで、それまで想像したこともない、ものすごいストレスに苦しめられるようになった。誰もが有名になりたいことはわかってるし、有名になれてあなたは運がいいってみんなが言う。でも私は嫌でたまらない。家から出てどこかに行くときは、つねに神経をピリピリさせている。知らない人が近づいてくるんじゃないかと不安なのだ。知らない人と関わりあうのは、ものすごく苦手だから。

みんながこんなことを叫んでくる。「サム！　フライドチキンはどこ?!」「きみのバターヌンチャクでぼくをぶって！」バターヌンチャクというのは私の演じるキャラクターがよく使う小道具で、その名のとおりバターを靴下に詰めてヌンチャクみたいにしたものだ。私の演じるキャラクターは、それをもち歩いて「人をぶん殴る」のが趣味だった。

チキンやバターヌンチャクの話題をもちだされたら、私は嬉しいことを言われたように笑うけど、本当はぜんぜん嬉しくなんかない。そもそも最初から言われたくなかったうえに、千回も言われるうち、聞くのも嫌な言葉になってしまった。みんなが自分は人と違うと思いながら、おんなじことを言ってくるのって本当にバカみたい。

人のことなんて興味がない。他人にはイラつくし、吐き気がすると思うことさえある。いつからかわからないけど、そうなったのはわりと最近だと思う。それは多分、有名になったことと関係がある。他人が私のことを、まるで自分のもののように言ってくるのには、もううんざり。あの人たちのおかげで、いまの私の成功があるとでもいうように。この人生を選んだのは私じゃない。ママが選んだのだ。

不安のあまり、私は人の顔色ばかりうかがう人間になった。不安のあまり、私は写真を撮り、サインを書き、呼びかけに笑顔で応える。だけどその不安の下の深いところには、私が見ることを望まない暗い感情が渦巻いている。私は冷たい人間なのかも、と思う。まだこんなに若いのに。しかも、誰もがうらやむような人生を送っているのに。ひょっとしたら、私はママのことが嫌いになりはじめたのかもしれない。これまでずっと、私の人生を捧げてきた人。私のアイドル、目標、たった一人の最愛の人であるママのことが。

この複雑な感情は、知らない人と写真を撮っていたとき、ふいに私のなかに湧きあがってきた。ママは横に立って、私が見せるべき笑顔のお手本を示している。

写真を撮っている人に、ママはこう言う。「もう一枚撮って！　それかもう二枚、念のために！」

私が写真を撮られるのがどんなに嫌いか、わかってるはずなのに。

ママは私にサインをさんざん練習させては、文句をつける。「なんだかちょっといい加減になってきたわね。小さいcと、大きいC、U - R - D - Y。ちゃんとぜんぶ読めるように書かなくちゃ」

サインと一緒に書く一言も、こまかく指示してくる。「映画館で会おうね！」というのが最近のママのお気に入りだけど、なんでこんなことを書かせるのかわからなかった。だいたい私は映画には出ていない。私が出てるのはテレビドラマ。しかも子ども向けチャンネルの。さらに言うなら、子ども向け番組に出てるってことは、はっきり言ってちゃんとした映画にはまず出られないってことだ。エンターテインメント業界で、子役スターが成長してまっとうな評価を得られる大人の役者になることは、至難の業だと誰もが知っている。たとえ最初の映画が、評判の監督のつくる評判の映画だったとしてもだ。そしてスタート地点が子ども向けテレビ番組だった場合、将来的なキャリアには死刑宣告が下ったに等しい。そういう番組に出ていた子には、妙にテカテカした一面的なイメージが張りつき、世間の人がみんなそのイメージでその子を見るようになって、しまいにはそれをどうやっても剝がせなくなってしまうのだ。子役スターが成長を求め、自分に張りついたイメージから抜けだそうと考えた瞬間、メディアがハイエナのように群がってくる。そして、じつは成長を求めているだけなのに、反抗的とか、問題児とか、悩める子役とかいうレッテルを貼られてしまうのだ。成長とは不安定で過ちに満ちた体験であり、十代の子ならなおさら不安定になる。そんなときに犯した過ちは人目にさらしたくないし、その後の人生ずっと、その過ちのことを言われつづけるなんてひどすぎる。でも、子役スターにはそういうことがふつうに起きてしまう。子役スターの世界は、危険な罠であり、どこへも行けない行きどまりなのだ。ママは気づいていなくても、私にはわかっていた。

有名になったせいで、ママと私のあいだには、それまで思ってもみなかった亀裂が入った。名声を求めたのはママだった。だから私はママに、名声を与えてあげようとした。ママに幸せになってもらいたかったからだ。だけど有名になってみたら、ママは幸せだけど、私はぜんぜん幸せじゃないことに気づいた。ママの幸せは、私の犠牲の上に成りたっていた。私は幸せを奪われ、搾取されたように感じた。

ママの顔を見て、ただ憎いと思うこともある。でも次の瞬間、そんなことを思った自分が嫌いになる。なんて恩知らずなんだろう。ママがいなければ、私にはなんの価値もないのに。ママは私のすべて。だから私は、できればもちたくなかった感情をぐっとのみこみ、ママに言う。「本当に大好きよ、ママ」。そうして、何もなかったかのように、次に進む。私は仕事としてずいぶん長いあいだ、演技をしてきた。ママに対しても、同じように長いあいだ、演技をしてきた。そしていまは、自分自身に対しても演技をしつづけているような気がしはじめていた。

34.

日曜日の朝。家族はまだ誰も起きていない。お目覚め用に、ママお気に入りのラズベリー・ロイヤル・ティーをいれたのは一時間前。すっかり冷めた紅茶をもう一度温めなおす。

「ママ」。優しく呼びかけた。「お茶が入ったよ」

「んー……」ママは半分寝ぼけたままうなって、ゴロンと寝返りをうつ。

私はちらちらと時計を見ながら、ママを起こしつづけるかどうしようか考えた。もう起こすのは三回目。ここで起きてくれないと間にあわないという、ギリギリの時間だ。

「ママ」。もう少し切羽詰まった感じで、声をかける。「あと二〇分で出ないと、教会に間にあわないよ」

「んー……」もっと大きなうなり声。

「行きたくないの？」とたずねる。

「もー……つー……」よく聞こえない。ごくんと唾を飲みこんだあと、もう少しはっきりした言葉が聞こえてきた。「最近働きすぎなのよ。もう疲れちゃった」

ママはもっと深く枕に顔をうずめ、また眠りに入った。そういうことね。

私だって疲れている。最近働きすぎなのは、私もだ。というか、実際ママより私のほうがずっと働いてると思う。でも次の瞬間、そんなふうに考えた自分をうしろめたく思った。

「ママは私の仕事の送り迎えをしてくれるし、運転はとても疲れるはず」……そう考えている私もいる。だけど、私のなかの別の私はこう考えていた。「私は車のなかで勉強だけじゃなくて、セリフの暗記もしてる。そのあとセットに入ったら、一〇時間もリハーサルと本番。ギラギラ光る照明に照らされ、つねにプレッシャーを受けて、気を張ってなきゃならない。そのあいだママは何をしてる？　楽屋で『ウーマンズ・ワールド』をパラパラめくり、ほかの子役のママたちと噂話に花を咲かせてるのよ」

自分のなかの対立する感情を、私はぐっとのみこもうとした。そんなこと考えたって、いま私が直面している問題の解決にはなんの役にも立たない。教会に行くのか行かないのか、いま大事なのは、そこなのだ。

前に教会に行ってから、六カ月が経っていた。こんなに長いこと教会に行っていないのは、初めてだ。私はそのことが心配でならなかった。ママには、できるだけ角が立たないように気をつけながら、何度か教会のことを話題にしてみたけど、ママはいつも「行くわよ、絶対そのうち。この忙しさが少し落ちついたらね」と繰り返すだけだった。

奇妙なことに、私たちが教会に行かなくなったのは、ちょうど私のドラマ・レギュラーが決まり、ママの健康に心配がなくなった時期と一致していた。ある夜、仕事から帰る車のなかで、その話題をやんわりと持ち出してみたことがある。そのとたん、ママは大声で叫びだした。「ちゃんとハンドルが握れないわ、運転中にそんなとんでもないストレスのかかる話をしないでちょうだい、危ないじゃないの！」それで私は、その話題は二度ともちださないほうがいいと学んだのだった。

いま、私は眠りこけるママを見下ろしたまま立っている。この瞬間初めて、教会に通う日々はもう終わったんだな、と理解した。結局、マケイラの言ったことは正しかったのだ。

これまで、「不活発」になることは恐ろしい、恥ずべき罪だと思っていた。でも、そうじゃないのかもしれない。ひょっとしたらそれは、ものごとがうまく行っているしるしなのかもしれない。

人が教会に行くのは、神に何かを期待しているからだ。かなえてもらいたい願いや望みや欲望があるあいだは、みんなせっせと教会に行く。だけどいったん望むものを手に入れたら、もう教会は必要なくなる。マンモグラフィーになんの影も映らず、ニコロデオンでドラマのレギュラーがとれたら、神様に頼る必要なんてどこにもない。

私はママを起こすのをあきらめ、月曜日のセリフのおさらいを始めた。

35.

「おなかが痛い」と私はママに訴えた。〈アークライト・カフェ〉で、マネージャーのスーザンとサッとランチを済ませ、歩いてスタジオに戻るところだ。

「サラダのチキンがよくなかったのかもね」とママは言った。サラダといっても、ブルーチーズも卵もクルトンもドレッシングもベーコンも抜きのコブサラダ――つまり、グリルチキンとレタスのみ。それを半分こして食べたのが、私たちのランチだった。

「そうだね」

時間までにセットに戻るため、サンセット大通りを走っていく。昼休みが三〇分ではぜんぜん足りない。セットの外に出かけていたら、なおさらだ。

「パパラッチに笑うのよ」。ママは私に命令する。

パパラッチの姿を確認する前に、私の顔には人形のようなつくり笑顔がひとりでに浮かんだ。目は死んだまま、魂もここにない。だけど、とりあえず笑顔さえ貼りついていればいいのだ。

フラッシュの嵐。まぶしくて目が開けられない。

「ハーイ、グレン!」ママがパパラッチに呼びかける。まるで近所の人みたいに。

「やあ、デビー！」グレンは挨拶を返し、後じさりしながらもう何枚か写真を撮る。この状況がどんなに異常か、ママは気づいていないみたい。その事実に愕然とした。

ニコロデオン・スタジオはもうすぐそこだ。駐車場に入ったとたん、私の顔から笑顔が消えた。楽屋に駆けこんだら、次のシーンに備えて衣装に着替えなきゃ。あ、でもその前に急いでおしっこしてこよう。トイレに入って下着を下ろした。

血だ。下着に血がついてる。頭がクラッとした。はっきりとはわからないけど、これはたぶん、生理ってやつだ。

初めて生理のことを知ったのは、六年ぐらい前のことだ。私は一〇歳、隣のテレサは一〇歳一一カ月。テレサは何かというと自分が一一カ月年上であることを主張したいらしく、それを態度で示したり、ときにはどぎつい話を耳打ちしたりしてマウントをとってくる。

「生理《ピリオド》のこと、知ってる？　たぶん、ジェネットは知らないよね。あたしは年上だから、あんたよりいろいろ知ってるんだけど」

「知ってるよ」と私は答えた。〝ピリオド〟って、文の最後につける点のことでしょ？　と思いながら。

「違うよ、その〝ピリオド〟じゃない。別の生理《ピリオド》のこと」

「ああ」。もう一度、私は答えた。今度私が思い浮かべたのは、期間《ピリオド》のことだ。

「違うって。それも〝ピリオド〟だけど、違う生理《ピリオド》」

私は頭をしぼって、テレサが言ってる生理《ピリオド》って一体なんのこと？　とあれこれ考えをめぐらせる。

あ、そうか。

「あれね、わかった」。私は思いついた自分に満足しながら答えた。なーんだ、高校とかの、学期《ピリオド》のことか。「ほんとにわかってる？」テレサは明らかに疑っているようだ。

「わかってるよ」

「あたしね、生理《ピリオド》がきたの。最初、血を見てびっくりしたけど、ママがナプキンの使い方とか、いろいろ教えてくれた。それから、うちの家族の女子全員で、〈ホームタウン・ビュッフェ〉に行ってお祝いしたんだ」

「お祝いって、なんの？」ぜんぜんわかっていない私は、無邪気にたずねた。だけど心のなかでは、テレサが話した内容からヒントをつかんで、なんのことを言ってるのか推測しようと必死だった。学期の話じゃないことはたしかだ。そんなの、お祝いとはなんの関係もない。

「みんなの仲間入りをしたお祝いだよ。大人の女になったってこと」

そういうテレサの口調は、これまでずっと待ち望んできた瞬間が、やっときたと言いたげだった。ロマンチックで、うっとりするような、信じがたいできごとが起きたのだと。大人の女になった？私は混乱した。テレサの暮らしには、うらやましい点もいくつかあった――ピンボール・マシーンや、バービーのコレクション（とくにショートヘアのやつは、ジェネットが髪を切りたくなるといけないからと、ママが絶対買うのを許してくれないから、すごくうらやましかった）をもってるし、〈ホームタウン・ビュッフェ〉にも連れてってもらえる――うちの家族は高くてとても行けないレストランだ。だけど、大人の女になるのは、ぜんぜんうらやましくなかった。大人の女だけには、なりたくなかったのだ。

いま、おろした下着に血がついているのを見て、私は確信した。これなんだ。あのときテレサが言ってたのは、このことだ。

「ねえ、ママ」。私は呼びかけた。

「どうしたの」とママが訊く。死ぬほど恥ずかしい気持ちをぐっとのみこんで、やっとの思いで次の言葉を口に出した。

「血が出てる」

最後の「る」を言い終わる前に、ママがドアを開けて飛びこんできた。私を思いきりぎゅっと抱きしめる。私はまだトイレにすわっているのに。

「ネッティちゃん」。まるで最愛のペットを失った友だちを慰めるような同情を込めて、ママは言った。「ネッティちゃん、かわいそうに」

ママはトイレットペーパーをぐるぐる手に巻きつけて、「これを下着に当てなさい」と言い、「これからスタジオ教室のパティ先生のところに行ってくるわ」と告げて出ていった。

まったく進まない時計を見ながらイライラと待つこと一〇分、ママがパティ先生を連れて戻ってきた。先生はポケットから、ピンク色の四角い小さな包みを出した。包みを開けて出てきたナプキンには、裏側に白いテープがついている。先生はまるで百ドル札を見せるみたいに、私の目の前でナプキンをピラピラ振ってみせた。それから先生はにっこり笑って、優しく私を抱きしめてくれた。

ママは大急ぎで助監督のところに、私が遅れている理由を告げに行った。

「おめでとう、ジェネット」。パティ先生が優しく言ってくれた。「大人の女になったね」

次のシーンを撮影している学校の廊下のセットへ、私は重い足どりで歩いていった。スタッフの人たちの私に対する態度から、全員私のニュースを聞いたんだな、というのがわかった。死ぬほど恥ずかしかった。みじめだった。なんでこんなことが起こるの？　なんで私が大人の女になるの？　答えはわからないけど、どうすればいいかはわかった。この事態を解決する方法は、あれしかない。
　明日は乳脂肪分二パーセントのミルクも、〈ハニーコーム〉も、〈スマートワンズ〉のクッキーもなし。ここのところ、気がゆるんでたんだ。もうそんなだらけた生活はおしまい。拒食症に戻らなきゃ。私はまた子どもに戻るんだから。

36.

ママ　約束するわ　私は大丈夫
毎晩電話するね　愛してるって
私が書こうとしているのは　自分の人生のストーリー……

　ママと私は、テネシー州ナッシュビルの街なかにある、〈ハンプトンイン＆スイーツ〉に取った部屋のなかにすわっていた。カントリー・ミュージックの仕事を始めた私たちは、ここ三カ月間ずっとこの部屋に滞在している。夕食には〈ニュートリシステム〉の冷凍ラザニアを半分こ（私たちは食事に気をつけるため、この減量食プログラムの一カ月プランを注文していた。「ナッシュビルはロスよりずっと脂っこい料理が多いのよ」とママが言うので）。部屋には私のファースト・シングル、「ノット・ザット・ファー・アウェイ」の最終ミックスが流れている。この曲は、ママに対する気持ちを「私の」視点から歌ったもので（書いたのは、たった数時間一緒に過ごしただけの作曲家だけど）、ママから離れてツアーに出る私が、ママがそばにいなくてどんなに寂しいかを切々と訴える歌詞だった。とはいえ現実には、生まれてこの方一八年間、ママのそばを離れたことなんてほんの数時間もない。

音楽のことはあまりよくわからないけど、この曲を聴いて思ったのは、なんだかリズムがいまいちだし、メロディーも一本調子、プロデュースも古くさい感じ、ってこと。だけど、そんな感想はひとことも口に出さなかった。ママは心底気に入ってるみたいだから。ママの頬を涙がつたう。だとしても、その涙はただの喜びの涙じゃないはずだ。その涙には、もっと重くて深い意味が込められている。ママがそこまでこの曲に感動する理由が、私にはわかっていた。この曲を芸術と呼べるとしたら、私たちの人生はこの芸術の歌うとおりになろうとしているのだ（とても芸術と呼べるシロモノじゃないけど）。

私の音楽界入りが決まったのは、二〇〇七年の脚本家ストライキがきっかけだ。『アイ・カーリー』の撮影は、ストライキ関連のごたごたが落ちつくまで、無期限休止となった。この休止期間のあいだに、スーザンの提案で、作曲家と一緒にデモをつくって音楽業界に売り込みをかけよう、という話になったのだ。「最近の十代の俳優はみんなそうしてるから」というのが、スーザンの考えだった。たぶんヒラリー・ダフのことを言ってたんだと思う。ヒラリーはもう何枚もプラチナ・アルバムを売りあげていた。

「でもね、ヒラリーが全曲歌ってるわけじゃないらしいわよ——半分は、姉のヘイリーが歌ってるんだって！」ママが興奮気味に割りこんできた。「でもそんなの、どっちだっていいわ。うちのネッティは当然、全曲自分で歌うんだから」

ママの指示で、ユーチューブにカバー曲をポストしはじめた。そのカバー・ビデオをいくつかのレコード・レーベルが見てくれたらしく、そのうちビッグ・マシーン・レコーズとキャピトル・レコーズ・ナッシュビルが契約したいと言ってきた。ママはキャピトル・レコーズを選んだけど、その理由は――「ビッグ・マシーンのスコット・ボーシェッタは、ほら、あのテイラーなんとかにかかりきりで大忙しでしょ？　こっちを見てくれる暇なんかありゃしないわよ、きっと」

それで私はキャピトル・レコーズと契約し、去年の夏に三カ月間ナッシュビルに滞在して、曲づくりに励んだ。だけどそのあと、『アイ・カーリー』の撮影が再開する。その結果、月曜から金曜まではドラマの撮影をし、金曜の夜に疲れて血走った目のままナッシュビルに飛ぶ、という生活がはじまった。そのまま週末は曲をつくってデモを録音し、打ち合わせやら、アルバム・カバーとプレス・リリース用の写真撮影やらをこなし、日曜夜にまたカリフォルニアに戻って、月曜のドラマのリハーサルに備える。ただ、いまドラマは新シーズン前の休み期間なので、ママと私はまた三カ月ナッシュビルに詰めて、最初のコンサート・ツアーの準備にかかっているのだった。

じつはこのツアーが、ママから離れる最初の機会になるんじゃないか、と私は内心疑っている。はっきりそう言われたわけじゃないけど、怪しい点があった。私とママはEメールのアカウントを共有している。そこで、ママが一番上のマーカス兄さんに送ったメッセージを見てしまったのだ。そこには、私がこれまでずっと恐れつづけてきた「あのこと」が書かれていた。

「どうして泣いてるの、ママ？」とめどなく流れでるママの涙を見ながら、私はたずねた。

ママはラザニア一口分をフォークの上に載せたけど、思いなおしたようにそのフォークを冷凍食品のトレーの上に戻した。いまはあふれでる感情で胸がいっぱいで、とても食べられない、というように。

「あなたの歌声があんまりきれいで……」とママは言ったけど、嘘だってわかっていた。ママの私に対する「よくやったわね」という喜びは、涙をあふれさせるような喜びではまったくない。そういうときのママは、もっとウキウキして天に舞いあがりそうな感じ。だけどいまのママは、もっと何か、しみじみとした深い喜びにひたっているような感じだった。言ってくれればいいのに。認めてくれればいいのに、私がもう知っている「あのこと」を。

「ママ……」私は話を切りだそうとした。これから訊こうとしていることを、口にするのが怖い。本当のことはもう知っているのに、そんなことあるはずないと思いたかった。ママの口から聞かなくちゃ。はっきり確認する必要がある。

「あなたの声にはほんと、パワーがあるわ。サビの部分ときたら、本当にもう……すごい!」ママはティッシュで涙をぬぐう。

「ママ」。今度はもう少し大きな声で言った。真実を知るのは怖いけど、知らないままでいるのはもっと怖い。

「……そしてメロディーに戻ったら、今度は低音で歌うの。低音のあなたの声も大好きよ」。涙にくれたまま、ママは続ける。「ちょっと色っぽい感じじゃない?」

「ママ、ガンが再発したの?」

その言葉を発した瞬間、自分の顔から血の気がさっと引くのがわかった。そんな言葉を発した自分に、自分で驚いた。私は固まってしまった。ママも同じくらいショックを受けているように見える。涙は止まっていた。

「え？　まさか」。ママは笑いとばそうとした。「どうしてそんなこと言うの？」

私は深く息をついた。ママは面と向かって私に嘘をついている。私を怖がらせないように、と思ってのことだろうけど、まったくの逆効果だった。私は怖くて仕方がなかった。どうしてこんな大事なことで、私に嘘をつくの？

「マーカスに送ったメールを見たの。ガンが再発したって」

ママはうつむいて、また涙を流しはじめた。ついさっきまで流れていた涙と、まったく同じ。ママの小さな体が悲しみにあえぎながら震えるのを見て、私の心は鉛のように重くなった。私は机のそばの椅子から立ちあがると、ベッドの端にすわるママの隣に腰をおろした。ママをぎゅっと抱きしめる。腕のなかに感じるママは、とても小さかった。

「あなたのツアーを見逃したくないの」。そう言ってすすり泣くママは、本気でそう思っているようだった。わけがわからない。そんなバカみたいなツアーの話、どうだっていいのに。

「ツアーになんか行かないわ」と私は言った。それが当然の結論だと思ったからだ。

ママは急に私から離れると、キッと頭を上げた。悲しみは怒りに変わっている。

「ネット、ツアーには行くのよ。そんなおかしなこと言わないで。わかった？　そんなことを言うあなたを見ると、ゾッとするわ。このツアーには何があっても、ぜったいに、行くのよ。いい？あなたはね、カントリー・ミュージックのスターになるの」

「わかった」

ママはまたすすり泣きに戻った。私はもう一度、ママを抱きしめた。

37.

「ジェネレーション・ラブ・ツアー」の目的は、私のニュー・シングル「ジェネレーション・ラブ」をラジオでヒットさせること。キャピトル・レコーズの担当者は、全米のラジオ局を回って演奏するツアーを手配し、「前例のないラジオ・ツアー」がはじまった。ふつうアーティストが行うラジオ・ツアーは、ラジオ局の小さなスタジオ内で、そのラジオ局のお偉がた数人を前に演奏する。それでお偉がたが気に入ってくれれば、その局のラインナップに自分の曲が加えてもらえるのだ。だけどキャピトルは、私には『アイ・カーリー』のファンがついてるんだから、ラジオ局のお偉がたにその力を見せつけてやればいい、と考えた。だから、局のスタジオで数人のお偉がただけに曲を聞かせる代わりに、私は各ラジオ局の地元にあるショッピングモールで、数千人のキャーキャー盛り上がる十代のファンの前で歌うことになったのだ。

最初の公演はコネティカット州ハートフォードだった。それか、ペンシルベニア州フィラデルフィアかも。スケジュールをいちいち細かく覚えてなんかいられない。とにかく、私はその生活に意外なほどすぐに慣れた。

ぐったり疲れたまま、朝八時に目が覚める。たいていはそれから二、三時間走ったあと、ドライバーのステューイーがモーテルにバスを停める。レコード会社が休憩用に半日借りてくれたモーテルだ。バスで旅する私たちはそこで順番にシャワーを浴びる。最初は私、次はすごく訛ってるけど、イケてるギタリストのポール。私はポールのことが気になっている。その次はもう一人のギタリストのジョシュ。ジョシュはコナン・オブライエンをもうちょっとチビデブにした感じ。それから、イヤリングをしたビデオ作家のデイヴ。デイヴはツアーのドキュメンタリーを撮影している。そして、今週のレコード会社の地域担当者と、プレス担当者が続く。

ほかのメンバーがシャワーを浴びているあいだ、私はバスで取材活動をする。どこかでお昼を食べてからサウンドチェックをし、ショーが始まるまで二、三時間暇をつぶす。ショーのあとは三時間サインを書き、バスに戻ると、ステューイーは次の公演場所に向けて車を出す。

ショッピングモールに押しよせる数千人のファンの前で歌うのは、怒涛のような体験だった。いつも不安で仕方がないので、本番の前に二〇回も三〇回も練習する。おかげでステージに上がる前に声がかれてしまうこともあった。演奏したあとの取材やサイン会は、精神的に消耗する。だけど、ごくたまに、やっててよかったと思うこともあった。私と会ったこの経験が、この子とその家族にとってすごく大事なことらしい、と感じられたときはとても嬉しかった。でも、その他大勢の人たちは、ただの羊の群れのようにしか見えなかった。

「やあ、サマンサ・パケット！　少年院からどうやって逃げてきた？」

「アハハ、面白いね」

「きみの大好きなフライド・チキンはどこ？」

「アハハ、面白いね」

「きみって、実生活でも人をブチのめすの？」

「アハハ、面白いね」

魂のこもらない嘘の笑顔が、顔いっぱいに広がる。子どもと一緒にカメラに向かってポーズをとるあいだ、その子のママは「ごめんなさい、撮り方がよくわからなくて」と一五回も謝りつづけた。だけど仕事そのものよりも、このツアーのあいだに、私にとって大きな発見が二つあった。そっちのほうが重要だった。

一つ目は、この状態を楽しんでいる自分がいること。こんな不幸な状況なのに、私のなかにはいまの暮らしが楽しくて、しかもそれを悪いと思わない自分がいる——ガンが再発し、化学療法や放射線治療を繰り返し受けているママを置いて、こんなに遠く離れているのに。いまの暮らしを楽しんでいる私にとっては、何もかもが新鮮で目新しくてウキウキした。私は自由。一人でシャワーも浴びられる。

自分の生まれつきの性格や反応や考えや行動を、つねにママが望むとおりに変えていくのがどれほど疲れる作業なのか、生まれて初めてわかった。ママがそばにいなければ、そんなことしなくていい。ママがいなくて心から寂しいし、つらい治療に耐えているママを思うと心が痛む。最近の暮らしに安らぎを感じる自分に、かなりの罪悪感を覚えることもたしかだ。でも、いま安らぎを感じていることは、否定のしようがない。私の一挙手一投足に対するママの監視の目と干渉がないと、人生はこんなにも楽なんだ、とわかった。

二つ目の発見は、食べることの楽しさ。私は毎日、いろんなものを食べている。朝食にはシナモン・ポップ・タルト、昼食と夕食はバンドのメンバーと一緒に外食。オーダーはふつうの大人用メニューから選ぶ。サラダはめったに食べないし、低カロリーの置き換え食品もほとんど食べない。ハンバーガーとポテトだけ。

ママに監視されずに食べる食事は、一口食べるごとにママに反抗しているような気分になる。だけど、その一口は私にとって必要なのだ。食事のたびに、ママの声が聞こえてくる。「ドレッシングはかけないで。もう食べちゃダメ。それは体に悪いのよ。デカ尻になりたくないでしょ？　大事なのは精神力よ」。でも、どんなに声がしても、私が食べるのを止めることはできない。その事実に気づいてゾッとしたけど、同時にお皿の上に載った食べ物に、欲望としか言えない感情を抱いて惹きつけられてしまう自分がいた。

食事を食べたあとに感じる満足感は最高だった。私にとっては、まったく新しい感覚だ。でも、その満足感はすぐに、深い罪悪感にとって代わられる。ママはこんなこと望まない、という罪悪感。ママはきっと私にがっかりする。その罪悪感が、さらなる食べ物へと私を駆りたてた。〈チーズイット〉クラッカーやお店で買ったクッキーを箱ごと、キャンディや〈フルーツロールアップ〉やその他バスのなかに置いてあるお菓子——そういうものを、ときにはおなかがはちきれそうになるまで食べまくった。寝るときにもおなかがパンパンで、うつ伏せになれず、よく眠れない。ホテルの体重計で体重を量ると、数字はどんどん上昇を続けた。数字が増えるたびにギョッとしたけど、それでも食べるのをやめられない。長いあいだ自分に食べることを禁じてきた結果、いまになってもっと食べさせて！　と体が求めるのだ。

この食べ物との新しい関わりのせいで、私はひどく混乱した。長いこと私は、自分の食事、体、自分自身のすべてをコントロールしてきた。私の体はガリガリに痩せ、子どもみたいだったけど、その体に完全な力と慰めの両方を見出してきた。だけどいまの私は、コントロールを失っている。めちゃくちゃだ。絶望しかない。「力と慰め」の組み合わせは、「恥とカオス」へと変わってしまった。自分にいったい何が起こっているのか、わからなかった。ママが私を見たら、なんて言うだろう。考えるだけで恐ろしかった。

38.

〈ハンプトンイン&スイーツ〉が、私の本当のファーストキス体験の場所になるなんて、思ってもみなかった。でもいま、私たちはここにいる。二二三号室。ミニ・キッチンの前に立つ私の唇とルーカスの唇がふれあう。ルーカスは優しく私の顎を支えている。そういうやり方が好きかどうかはわからないけど、キスそのものはステキだった。カメラの前でするキスより、好きな人とするキスのほうがずっと自然なことだから。

彼は唇を離した。

「大好きだよ。おやすみ」とルーカスが言った。と思う。実際に何を言ったのかは、よく覚えてない。覚えてなくてもぜんぜんかまわない。私の頭のなかは、ものすごい勢いで渦巻く思いでいっぱいだった。私は一八歳、やっと本当のファーストキスを経験した。ついに。

彼が廊下を歩いていく姿をじっと見つめる。彼のはいているジーンズの形や長い髪は好きじゃないけど、クイーンのTシャツとスニーカーはステキ。音楽の話ばっかりする彼は好きじゃないけど、私のことを好きと言ってくれる彼が好き。口下手な彼は好きじゃないけど、優しいところが好き。

彼を見送った私はドアを閉めた。アソコがなんだかうずくけど、そのことはあとで考えよう。

ドアを閉めてから、カウチにすわる。映画だと、男の人を見送ってドアを閉めた女は、たいていドアにもたれかかるんだけど、あれはなんなんだろう。カウチにすわるほうが、ずっと自然なのに。

カウチにすわった私は、彼とのことを最初からぜんぶ思い返してみた。ルーカスと初めて会ったのは、二、三カ月前、ここナッシュビルでショーをしたとき。彼はバンドリーダー兼ギタリストとして雇われたミュージシャンだ。バンドのほかのメンバーによると、彼はとても腕がよくて、街一番のギタリストだという話だった。

リハーサル続きの最初の週のあいだ、彼とは長い時間一緒に過ごした。彼はとても感じがよかったけど、最初はとくになんとも思わなかった。私はまだ一八で、彼はもう二七だし。でも、気がつくと彼が私をじっと見ていることがよくあった。それで、ひょっとして彼は私のことが好きなのかも……と思いはじめた。

リハーサル三日目には、ホテルまで車で送ってあげると言ってくれるようになった。私は彼のことが気になりはじめていたので、その申し出を受けることにした。彼のそばにいると、なんだかソワソワして落ちつかないけど、それが嫌じゃなかった。リハーサル最終日、彼はうちに来て一緒にクイーンのアルバムを聴かない？　と誘ってきた。ものすごく嬉しかった。

彼の部屋のフローリングの床の上にすわって、『世界に捧ぐ』を初めから終わりまで通して聴いた。彼はだんだん私の側に寄ってきて、髪を耳のうしろにかきあげつづける。男の人がそういうしぐさをするのは、なんとなく不快だった。でもそれを不快に思いながら、心の奥底では彼のキスを求めているのに気づいて、私は自分がよくわからなくなった。というか、目の前にいる「彼」のキスを求めているんじゃなくて、本当のキスの「経験」を求めていたのかもしれない。どっちにしても、彼は私にキスしなかった。〈ハンプトンイン〉まで車で送ってくれると、そのまま私を降ろして帰っていった。そして次の日、私はラジオ・ツアーの旅に出た。

　ツアー中には、それほど彼に会う機会はなかった。彼はずっとツアーについてきたわけじゃなくて、特別なショーのときにだけナッシュビルから飛んでくるのだ。ショッピングモールで歌うような小さなアコースティック・ショーじゃなくて、大きめのフェスティバルとかにフルバンドで出るショーが彼の出番だった。会えないときには、毎日のようにメールし、一人になれる時間がとれたときには電話をした。ツアーバス暮らしじゃ、それもなかなか難しかったけど。彼はいつも「きみに会えなくてすごく寂しい」とか「きみのことがほんとにほんとに大好きだよ」とか言ってくれる。それを聞くと、どうしてかはわからないけど、なんだか落ちつかない気分になった。彼にそういうことを言われるのがものすごく嬉しかった一方で、私自身が彼に同じ言葉を返すことは物理的に不可能だった。どうしても、口からその言葉が出てこないのだ。

　彼と話ができると思うと本当にワクワクするのに、実際に話してみるとそのワクワクはしぼんでしまう。彼は音楽のことや、私の知らないいろんな曲の話をたくさんしてくれる。それは別にかまわない。ただ、ほかに話すことがあるのかというと、じつはそれがまったくないのだ。音楽の話か、あとは「きみの瞳には太陽が宿ってる」とか「きみはこれまでに会ったなかで、一番大好きな人」みたいな歯の浮くようなほめ言葉だけ。

フェスティバルのときなどに彼が合流すると、嬉しいんだけど少し気まずかった。バンドのほかのメンバーも一緒に時間を過ごすからだ。二人だけの会話を交わせるような場所はほとんどないし、それは仕方ないと思っていた。でもルーカスは私をそばに引き寄せて、二人だけで話をしようとする。そのたびに、ごめんいまはちょっとダメなの、と言い訳を考えなくちゃならない。疲れてるとか、取材の準備があるとか、歌の練習をしなくちゃとか、マネージャーやママやミランダにメールしなくちゃとか。ここ一カ月ぐらいのあいだずっと、彼に対する自分の気持ちがわからなかった。

だけど、やっとツアーが終わってナッシュビルに戻り、一週間新曲のレコーディングをすることになった。だからいま、この〈ハンプトンイン〉の二二三号室にいるわけだ。そしてその部屋のカウチにすわり、彼と交わしたファーストキスのことを思い返している。いまの私は、やっと本当のファーストキスを経験できてホッとしている以上に、彼に対する自分の気持ちにはっきり整理がついてホッとしていた。これが恋であろうとなかろうと、彼との関係は終わりにしなくちゃ。

彼にメールしようと携帯を取りだして、文字を打ちこもうとしたそのとき、下半身のアソコに奇妙なドクンとする感覚が走った。なんだか生温かい。下着のなかに手を入れて、その手を引きだしてみると、指が濡れている。やだ、何これ。シャワーを浴びなくちゃ。メールはそのあとにしよう。

39.

　飛行機を降りて歩きながら、私はシャツを下のほうに引っぱって、なんとかお腹が平らに見えるようにしようとがんばった。なるべく痩せて見えるように、息を吸いこんで止める。

「たぶんママは気づかない。もっとシャツをギュッと引っぱれば気づかない。一〇秒間息を止めておけば気づかない」と私の「静かな細い声」改め「OCDの声」が言う。かつて聖霊さまの声だと思っていたのは、強迫性障害が訴えかけてくる声だったと認めてからしばらく経つ。前ほどひんぱんに聞こえることはなくなったし、聞こえるとしても食べ物と体のことだけになったけど、いまだに完全になくなってはいない。

　深く息をついてからエスカレーターに乗り、手荷物受け取り所に向かう。若いお父さんがぎこちない笑みを浮かべながら、娘と写真を撮ってもらえますかと頼んできた。

「ええ、降りたらすぐに――」私がぜんぶ言い終わる前に、お父さんは娘たちを私の前に立たせて準備を始める。一枚撮ったところで、お父さんはエスカレーターの終点についてバランスを崩した。ぎこちない笑みがまたその顔に浮かんだ。

　エスカレーターを降りると、出迎えの人たちの列に目をやった。いた。ママだ。その姿に、私はかなりの衝撃を受けた。一瞬、自分の体のことよりも、ママの様子のほうに気を取られてしまった。

五、六キロは痩せたようだ。もともと小柄な体つきなので、それだけ痩せるとかなり目立つ。やつれて青白い顔。肌の下に骨が突きでているのが見える。眉も引かず、つけまつげもつけていない。髪の抜けた頭を隠すために、クリスマスに買ってあげた〈UGG〉のターコイズ・ブルーの帽子をかぶっている。ショッキングとしか言いようのない姿。私は言葉をなくした。

ママの隣にはパパが立っていたけど、パパのことはどうでもよかった。ママしか目に入らない。毎日五回も電話しているのに、こんなことになっているなんて一言も聞いてなかった。

ハグをして「愛してる」という言葉を交わしたら、少し気持ちが落ちついた。それでやっと、ママの私に対する反応に注意を向けられるようになった。ママはママで、私がママに対して抱いたのと同じ思いを、私に対して抱いているようだ。ショックと恐怖が入り混じった感情。その顔には、うつろな笑みが張りついている。

ママが口を開くのを待つあいだ、気持ちが悪くて吐きそうになった。醜い私。太った私。恐ろしい間違いを犯した私。自分の人生にきちんと対処する能力のない私。自分一人さえ、ちゃんと管理できない私。ありとあらゆる罵声を予期しながら、私たちは車に乗りこんだ（車はフォード・ウィンドスターからキア・ソレントに変わっていた）。

「ネット、いったいどうしたの？」そうたずねるママは、私の顔を見ていない。五号線の大渋滞のなか、ママはずっと窓の外を眺めている。「そんなに太って」

「わかってる。ごめんなさい」

「ダイエットしなくちゃ。あなた一人じゃムリよ」

「わかってる」

私はたしかに後悔の念でいっぱいだった。でも私のなかに、少しだけ以前のようなワクワク感、高揚感が湧いてきたのも事実だ。だって、いまのが私の知っているママだから。私がエスカレーターを降りてすぐ見かけた人――弱々しくて、壊れそうで、影が薄くて、ガンのせいでやつれ果てた人は、ママじゃない。あの見るからにしおれた病人がママだなんて、私は断固として認めたくなかった。私の知っているママは、いま目の前にすわっている。鋼の意志をもち、強烈で、ときには邪悪とさえ思える人。そう、この人こそが私のママなのだ。

40.

「いいから、一口飲んでみて」

「いいです」

「そう言わずに」

「お酒は一度も飲んだことないんです。まだ一八だし。飲んだらヤバくないですか?」

「誰も見てないって、ジェネット。大丈夫」

「でも」

「『ビクトリアス』の子たちは、いつもみんなで飲んでるぞ。『アイ・カーリー』の子たちは健全すぎるんだよ。たまには冒険も必要だろ?」

クリエイターはいつも、『アイ・カーリー』の出演者と、同じクリエイターによる別シリーズ『ビクトリアス』の出演者を比べたがる。競わせたほうが、お互い切磋琢磨できると考えているらしい。

「冒険？　お酒を飲むことが？」

クリエイターの飲んでいるドリンクに目をやる。クリエイターはドリンクを手に持って、ゆっくりと回してみせた。ウイスキーとコーヒー&クリームを混ぜたものらしい。コーヒーは大好きだけど。

「一口だけ」

「よし」

クリエイターが持っていたグラスを受けとると、一口飲んだ。まずい。

「おいしい」

「嘘つけ。嘘つきは嫌いだ」

「まずい」

「それでいい、ジェネット」

クリエイターはそう言って笑った。よかった。クリエイターを喜ばせた。任務完了。彼と食事をするたび、私にはその任務を遂行する義務がある。クリエイターとの食事の機会は、最近増す一方だ。彼が私にやらせると約束したスピンオフ企画が、もうすぐ実現しそうなのだ。共演者たちから聞いた話によると、クリエイターは自分の製作するドラマに出る新しいスター俳優と、何度も食事をともにするらしい。そうやって彼は、その俳優を自分の庇護のもとに囲いこむのだ。きみはぼくのお気に入りだよ。いまのところは。とりあえず、私は彼のお気に入りになれて嬉しかった。正しいことをしてる、という気分になれる。

「自分が主演のドラマができて嬉しいかい？」とクリエイターがたずねた。

「はい」

「はい？　それだけ？」

「いえ、もちろんワクワクしてます。ものすごくワクワクしてます」

「よかった。だって、誰に主演をやらせてもよかったわけだからね。でもほかの子じゃなくて、きみを選んだ」

「ありがとうございます」

「ぼくに礼を言う必要はないよ。きみを選んだのは、きみに才能があるからだ」

私は混乱した。誰に主演をやらせてもよかった、と言って「お前は特別じゃない」と思わせておきながら、次の瞬間、きみを選んだのはきみに才能があるからだ、と言って「お前は特別だ」と思わせてくる。クリエイターは、こういう人を混乱させるような行動をとることがよくあった。お水を一口飲んで、次になんて言おうか頭をフル回転させる。運よく、考える必要はなくなった。

「ステーキはどうだった？」

「おいしかったです」

実際は、最悪だった。最高だけど、最悪。味の点では最高。だけど、このあと一晩中食べ物のことしか考えられなくなるという点で、最悪だった。ステーキをおなかいっぱい食べたし、ローストポテトも、芽キャベツも、ロールパンも、ニンジンのグラッセも食べすぎた。食べだしたら止まらない。目に入るもの全部食べる。おなかがはちきれそう。そのあとに来る自己嫌悪。

ママに言われて、また〈ニュートリシステム〉のダイエットを始めた。ナッシュビルにママといたときにやってたやつだ。ママといるときは、二人でできる。問題はそこだ。最近私とママは、前みたいにずっと一緒じゃないのだ。ママはガン治療で疲れきっているし、私はドラマの撮影で忙しい。

ママがそばにいて叱咤激励してくれないと、〈ニュートリシステム〉の段ボールみたいなシナモンロールを食べる気にはとてもなれない。だいたいシナモンロールとは名ばかりで、プロテインバーを巻いたみたいな味がする。ドレッシングなしのサラダを注文する気にもなれない。ママがいないと、ダイエットはムリ。ママがいないと、私はダメダメなのだ。

「絶好調?」とクリエイターがたずねる。

「もちろん」

「よかった。そりゃそうだよな」。優しい声だ。「もうすぐきみが主演のドラマが始まるんだから。すごいことなんだぞ。その機会をモノにできるなら、なんだってするって子がいったいどれくらいいると思う? すべての子のあこがれなんだぞ」

私はうなずく。クリエイターは手を伸ばし、私の膝の上に置いた。ゾッと鳥肌がたつ。

「冷たいね」と彼は心配そうに言った。

鳥肌がたったのはそのせいじゃないけど、その言葉に同意するようにうなずいた。クリエイターの言葉には、いつだって同意しておくに越したことはない。

「さあ、これを着て」

クリエイターは自分の上着を脱いで、私にふわりとかける。私の肩をポンポンと叩いているうちに、しだいにマッサージするみたいな動きになった。

「おっと、こりゃ凝ってるねえ！」

「はい……」

「とにかく、なんの話だっけ？」マッサージを続けながら、クリエイターは言う。たしかに私の肩はカチカチに凝ってたけど、その凝りを彼にほぐしてもらいたいとは思わない。やめてほしくて何か言おうとしたけど、彼の気分を害するのが怖くて何も言えなかった。

「ああ、そうそう」。私が黙っているうちに、自分で話の続きを思いだしたようだ。「ほかの子たちは、きみが手にしたような機会をモノにするためなら、なんだってするだろうな。きみは本当にラッキーだよ、ジェネット」

「そうですね」と私は言った。そのあいだも、クリエイターは私の肩を揉みつづけている。たしかにそう。わかっている。私は本当にラッキーだって。

41.

「私のかわいい子が出ていくなんて」とママは言った。おばあちゃんだったら、こんな言い方はしない。涙ながらに、お隣にも聞こえるような大声で叫ぶはず。でもママの声は小さくて、私とほとんど目も合わせない。〈スプリントPCS〉に支払い期限の延長を頼むときとは違って、この会話は人に聞かせるものじゃないのだ。ママがおばあちゃんと違っててよかった、と思った。

「仕事のときだけだよ。ナッシュビルに行かなくていい週末は、帰ってくるから」

ママはため息をつく。

「そんなのわかるもんですか。もうあなたとはめったに会えなくなるのね。誰があなたの食事の世話をするの？　シャンプーはどうするの？」

「ツアーのときは、自分で洗ってたよ」

「そうね。でも写真を見たけど、なんかベタッとしてたわ」。そう言って、ママは鼻をすする。

「いまは一人暮らしが最善の策なんだよ。私は運転できないし、ママもムリでしょ？」

たしかにそれは事実だけど、ママはうつむいた。しまった、傷つけたんだ、とすぐに気づいた。

「またいつか運転できるようになるかも」と、ママは遠慮がちに言った。大人に認めてもらいたがっている子どものように。

「そうだね」と、ムリに明るさを装って私は言った。子どもを元気づけようとする大人のように。

ママと私は車いすに目をやった。「必要があれば」使うため、最近家に置くことになった車いすだけど、それを使う時間は日に日に増えている。お医者さんが、車いすを使ってみてはどうですか、と提案したときには、私もママもそれってちょっと楽しそう、というふりをした。「ジェネットに押してもらって、ディズニーランドにも行けるものね」とママは言い、私は「やったね！」と言った。そのあと私は病院のトイレに行って、少し泣いた。でも涙をふこうとしたらトイレットペーパーが切れていて、仕方なくシートペーパーを代わりに使った。それからママのところへ戻って、もう一回「やったね！」と言った。

このクソいまいましい車いすは、「やったね！」からは百万光年離れたところにある。だってそれは、死刑宣告なのだ。ママも私も認めたくなかったけど、要はそういうことだった。ガン患者が車いすに乗ることになったら、二度と元には戻れない。車いすのガン患者のまま、あとは死ぬだけ。それが現実だ。

「よし、すまんな、待たせて」。おじいちゃんが家から出てきて、玄関前で話すママと私のところに来た。「もう出発できるぞ。きれいなズボンに替えてきた」。そう言っておじいちゃんは、新しいズボンを私たちに見せた。さっきタンブラーに入ったコーヒーをぜんぶズボンの上にぶちまけてしまい、家に戻って着替えてきたのだ。

私はキアの後部座席に乗りこんだ。まわりには、引っ越し用の箱がいっぱいに詰めこんである。おじいちゃんはママを抱きあげて助手席に乗せ、車いすをたたんでトランクに入れた。そうして、車は私のアパートに向かって出発した。初めての一人暮らしのアパートへ。

それから一時間少しあと、車はバーバンクのアパートのエントランスに着いた。まあそこそこいいアパートだ。第一希望じゃないけど、場所的に一番使いやすい。新しいマネージャーたち（『アイ・カーリー』の第三シーズン中に変えた）がニコロデオンと交渉して、ここの家賃と、仕事の送り迎えをしてくれる製作助手の手当を出してもらう約束をとりつけた（自分で運転しないのは、ママに「あなたには難しすぎる」と言われたせいもあるし、車に乗っている時間は、セリフの暗記とかツイッターの投稿とかに使ったほうが合理的だと思ったせいもある）。

ママには「ママから離れなくちゃいけないなんて、ものすごく悲しい」としか言ってなかったけど、私のなかにはどうしようもなく嬉しくて仕方がない気持ちもあった。もちろん、そんなこと絶対にママに言うつもりはない。ママのかなりよくない健康状態を考えると、そんな自分に罪悪感を覚えたけど、ワクワクする気持ちは抑えられなかった。一人きりになれる。自分だけのスペースで。自分だけの暮らし。

おじいちゃんがママを部屋に運び、私は自分に持てるだけの箱をもった。

「プレゼントがあるのよ、ネット」。おじいちゃんにカウチの上に降ろしてもらったあと、ママがそう言った。「ニコロデオンが家賃を出してくれるなら、絶対家具付きの部屋よ」と言い張ったのはママだ。ママは腕に抱えていた包みを取りだす。

「そんなの、気にしなくてよかったのに」

「見て、リボンがカールしてるでしょ」。そう言ってママは、DVDサイズの包みを私に手渡した。ここ数カ月、ママがどんどん希望をなくしていくのがわかった。そしてママが希望をなくせばなくすほど、私は怒りを感じるようになった。希望をなくしたママの様子が、私の怒りを直接呼び起こす原因なのかどうかはわからないけど、少なくとも部分的な原因であることはたしかだった。希望をなくしたママをどう扱えばいいのか、まったくわからない。病状が進むにつれて、ママの口調はかわいらしくなり、どんどん無邪気になって、私にいろいろ頼みごとをするようになった。まるで「私を置いていかないで」と訴えかけているようだ。思わず叫びたくなる。**私を置いていこうとしているのは、ママのほうじゃない！** 叫びそうになっている私に、ママは絶対に気づいていると思う。だって、ママはあざとい「かわいさ」に、さらに磨きをかけてくるのだ。おかげで私は、もっと大声で叫びたくなる。でも叫ばずに、ぐっとのみこむ。するとママはうるうるした目で私を見つめるのだ。まるで、その状況を楽しんでいるかのように。そんなはずはないし、楽しめるわけもないんだけど、ママはこの苦しい状況を楽しんでいるように思えてならなかった。怒りは、私がママのことをこんなに大切に思っているのに、という気持ちの裏返しなのかもしれない。

「開けないの？」とママがたずねる。

「ああ、そうだね」

私は包みを開けた。『スティング』のＤＶＤだ。ママはロバート・レッドフォードが大好き。私も好きだけど、ママのほうがずっと大ファンだ。

「今夜荷物をほどいたら、一緒に観ようと思って」

「うん、そうだね。そうしよう」

「ええ、ええ」。そう言ってママは帽子をとり、髪のない頭をかいた。「でね、思ったんだけど……明日は化学療法がないのよ。だから今夜ここに泊まってもいいかなって。あなたさえよければ、だけど」

ママはつぶらな瞳で私を見つめ、不安そうに両手を握り合わせている。どういうことか、瞬時に理解した。今夜だけのつもりじゃない。この先ずっとここに泊まりたい、ということだ。ここに引っ越して来たいのだ。私はママに泊まってなんか欲しくない。

「いいよ、泊まっていけば」と私は言った。

結局それから三カ月間、私は毎晩そのセリフを言いつづけることになった。最後には、ママは泊まっていいかと訊くこともしなくなった。泊まるのが当然のことになったから。ここは私の一人暮らしが始まるアパートじゃなくなった。ここは私とママのアパート。私たちはルームメイトになったのだ。

42.

シックスフラッグスのログライド。最前列にすわる私のうしろには、『アイ・カーリー』のスタッフ・メンバー五人が乗りこんでいる。私のすぐうしろにすわったスタッフのジョーが、ずっと私に触れてくる。最初は偶然かと思ってた。ライドの外に腕を伸ばそうとして、たまたま手が私の腰のくびれのあたりをかすめただけかな、と。でも、それが何度も繰り返されるようになって、さすがにこれはわざとだな、と気づいた。彼にはたしかガールフレンドがいたはずだから、こんなに触ってくるなんて変な気がしたけど、あえて何も言わなかった。実際、いい気分だったから。私もこんなふうに触ってほしいと思っていたのだ。

ここ数カ月のあいだ、ジョーと私はなんとなくいい感じになりかけていた。具体的に何かあったわけじゃないけど、セットで互いに視線を交わす機会が増え、まわりのスタッフたちも気づきはじめていた。

そこにきて、このボディータッチ。この触れ方は、かなり意味深だ。そんな気がした。こんなふうに誰かに触れられたことなんて一度もないから、本当のところはよくわからない。たしかに〈ハンプトンイン〉でルーカスとキスはしたけど、それ以降私の生活にロマンスは皆無だった。ただ、このボディータッチがただの友だちどうしがする以上のものであることは、なんとなくわかる。彼の手が腰に触れると、私の体全体がうずく。クラクラするほど刺激的で、怖いような感覚。この瞬間、私にはわかった。近いうちに私たちは、付きあうことになるって。

43.

「ミランダのところにお泊まりするの」。ママと自分用に「ディナー」の蒸し野菜を準備しながら、私は嘘をついた。スタジオでもう夕食を食べていたので、またディナーを食べることに罪悪感があったけど、きまりが悪くてママには言えなかった。

「あなたがいないあいだ、一人でどうすればいいの?」ママは涙をこらえながら、本気でそうたずねた。「寂しくて耐えられないわ。あなたのことが大好きなのよ、ネット」

「私も寂しいよ、ママ。だけど、ずっと前からミランダと約束してたんだ」。これで嘘は二つになった。

一つ目の嘘は、「私も寂しいよ」。私は寂しくなんかない。それどころか、ママからたった一晩でも離れられるのは嬉しかった。やっと、一晩だけ。ママと同じベッドで眠らずにすむ。

もう一つの嘘は、「ミランダのところにお泊まりするの」。実際、二、三週ごとにミランダとお泊まり会をしてはいるけど、今夜は違う。今夜はジョーと過ごすのだ。でもジョーのことは絶対にママに言えない。ママが認めるわけがないから。ママが私に付きあうことを許す男の子のタイプは二つ——モルモン教徒とゲイだけだ。そういう相手のときでさえ、ママは私の出かける先を監視したがる。「だって『第三ニーファイ』を読むと、男の子っていうのはね……」

私は蒸し野菜の載ったお皿をママの前に置いた。ママは四角く切られたカボチャをつついてから、フォークに刺して口に運ぶ。

「ええ、でも私は今日あなたにここにいて欲しいのよ、ネット」。ママはうつむいたまま言った。

「明日には戻るから」。なだめるように私は言った。これでママの気持ちが収まって、この話題を終わりにできるよう期待しながら。長い沈黙のあいだ、ママが口を開くのを待つ。ママは目をそらしていた。そのギラギラと光る目は、現実世界から乖離したように見える。ゾッとするような目。どうしたの、と訊こうとした瞬間、ママはキッと頭を上げて私を見ると、コーヒーテーブルの上にあったテレビのリモコンをつかみ、私の頭めがけて投げつけた。私はなんとか頭を下げてそれをかわした。

「私に**嘘つく**のね、この**嘘つき！**」そう吐き捨てるママの顔は、醜くゆがんでいる。「何をするつもりか、暴いてやる。覚えときなさい、このうす汚い嘘つきの**クソ女**が！」

前にもひどいことを言われたことはあったけど、ここまでひどい言葉は初めてだ。

「覚悟しとくのね、明日戻ってきたときに、あんたの嘘のにおいを嗅ぎとってやるから」。芝居がかったセリフをママは吐きつづける。ママが女優になりたかったというのも納得できる、ものすごい勢いだ。「そうよね？　マーク！」

ママはパパのほうに顔を向けた。パパはいつものように、一言も発さずにそこにすわっている。

パパは激怒するママの様子に恐れをなして、あわててうなずいた。うんざりした私は、リュックをつかんでその場を離れようとした。

「あんたが何をしてるか、絶対に暴いてやる、この嘘つき女！」ママは叫びつづける。頭がおかしくなりそうだったけど、もう無視するしかない。玄関を出て、ドアがバタンと閉まるにまかせた。


サンセット大通りとヴァイン通りの角で、迎えにきたジョーの車に乗った。彼の乗っているフォード・トーラスの助手席のドアは、何年も前の事故でガッチリ閉まったまま開かなくなっているので、運転席側からジョーを乗りこえてなんとか助手席側に入る。ママとのやりとりのせいで、まだ興奮のあまり震えている。私はジョーのほうを見た。

その目はくもったガラスのように生気がない。甘い、すえたようなにおいが彼のほうから漂ってくる。なんだかがっかりした。今夜は私たちが、正式に恋人どうしとして過ごす最初の夜になるはずだった。もっとロマンチックで、魔法にかかったような、記憶に残る日にしたかった。なのにジョーは悲しげな顔で酔っ払い、私は幻滅した思いをなんとか打ち消そうと必死になっている。

「うまくいった？」と私はたずねた。

「ああ、別れてきたよ。別れてなければ、ここに来てないさ」。そういう彼は、ろれつが怪しい。

「よかった……元気？」

彼はちょっと鼻で笑った。「元気に見えるか？」

ジョーは下を向いた。皮肉な言い方をしたことを、少し後悔しているみたいだ。酔っ払うと、彼は言葉が荒っぽくなる。ジョーは私が部屋をとっておいた〈シェラトンユニバーサル〉に向かって、車を出した。飲酒運転になるんじゃないかと心配だったけど、それをもちだすのはやめておいた。もっと荒れる恐れがあるからだ。

車を駐車場にとめ、部屋にチェックインするころには、真夜中を過ぎていた。ジョーは部屋のキーをスロットに入れようとするけど、手が震えて定まらない。仕方なく私がキーをとって、スロットに押しこんだ。

「おれができたのに」と彼は言った。

ジョーは私のあとに続いて部屋によろめくように入ると、すぐにベッドに倒れこんだ。最初は、よっぽど疲れてるのね、と思ったけど、ゴロリと仰向けになった顔を見ると、頬の上に涙が伝ったあとがあるのに気づいた。胸が大きく波打っている。大きなしゃっくりみたいな音がでた。

「どうしたの？　何があったの？」

「おれは何をした？　何をしちまったんだぁぁぁ！」彼はそう言ってすすり泣きはじめた。「おれたち、五年付きあってたんだ。五年もだぞ。一緒に引っ越したばかりだった。結婚するつもりで」

私は隣に横になって、彼を抱きしめた。彼を包みこむように、うしろからしっかりと。彼は後悔と自責の念にかられて、自分の思いをぶちまけている。私がうまくなだめてあげられれば、彼はこんな思いをしなくてすむはず。悲しまなくてよくなるはず。思わず涙がこみあげてきたけど、グッとこらえた。いま、ジョーには私が必要なのだ。

「あなたは彼女と別れたいのかと思ってた」。彼の同意を求めるように、私は言った。

「きみはおれとセックスもしてくれないじゃないか」。彼はまだ泣き言をつづける。

それはたしかにそうだった。私は彼とのセックスに同意していない。うちの一家が教会へ行くのをやめてからも、なぜだか知らないけど破ることができない宗教上のルールが私にはいくつかあった。その一つが、婚前交渉はしない、というルールだ。

ここ三カ月間、私たちは親密に付きあっていた。仕事場では関係を秘密にしているので、すごくストレスがたまる。仕事が終わると、私たちは毎晩のように待ち合わせ、彼の友人の家とかで二、三時間一緒に過ごした。抱きあってペッティングまではしたけど、セックスは一度もしたことがないし、彼のペニスに触れたこともない。

「ごめんなさい、まだ心の準備ができてないの」。私はキッパリとそう言った。そうはっきり言える自分が誇らしかった。

「じゃあ、せめてフェラぐらいしてくれよ」。そう言ってジョーはベッドから頭を上げた。ご褒美を期待する子犬みたいに。

「え、それは無理」

ジョーはまた枕に頭をうずめた。流れていた涙は、いまでは激しい怒りに変わっている。「こんな関係、意味ないよ。何の望みもかなえてもらえないなんて」

「ペッティングならいいよ」と私は提案した。

「ペッティングなんかで我慢できるか。おれは三二なんだぞ」

そんなことをもちだした自分がバカみたいに思えた。どうして私はセックスについてこんなに奥手で、ジョーの欲求をかなえてあげられないんだろう？　もう一八歳なのに、本当に小さな子どもみたいだ。

「きみは若すぎるんだよ。おれたち、絶対うまくいかない」。ジョーはベッドから体を起こそうとした。「わかった、わかった。やるわ」。思わずそう言ったけど、そんな自分に幻滅し、少し怖くなった。

ジョーは仰向けに寝転がり、だるそうに手足を伸ばした。もうその気はなくなったけど、せっかくここに来たんだから、仕方ないからやるか、みたいな感じ。ズボンのファスナーを下ろし、ペニスを引きだす。私は長いこと、それを見つめた。

「どうすればいいの？　やったことないんだけど」

「そんなこと言われたら、勃つもんも勃たなくなるだろ」

ときどき、ジョーは無愛想になることがあったけど、今日の態度はそれともちょっと違う気がした。たぶん、彼がこんなひどい態度をとるのは、お酒が入っているからだと思おうとした。お酒を自分で一度も飲んだことがない（あのクリエイターに飲まされたウィスキー＆コーヒーは別として）から判断が難しいけど、いつも彼の酔っぱらい具合は、千鳥足の様子とか、ろれつの回らなさでわかる。それか、彼のひどい態度は、ガールフレンドと別れた悲しみに打ちのめされているせいかもしれない。でも、正直いうと、彼にどんなひどい態度をとられようと、気になんかしてられなかった。だって、私は彼とどうしても一緒にいたいのだ。彼は私よりずっと年上で、すごくステキ。誰かのことをこんなふうに好きになったのは、生まれて初めて。だから、彼には何か特別なことをしてあげなきゃならないのだ。

私は彼の上におおいかぶさり、その行為をしはじめた。なめ回したり吸い上げたり。本当にこれで合ってるんだろうか、彼は喜んでくれてるんだろうか。ぜんぜんわからない。一〇年以上も役者を続けてきたから、監督の指示がないとどうしていいかわからないのだ。

「イキそうだ」とジョーがあえぎながら言った。なんかいい感じみたい。でも何が起ころうとしているのか、見当もつかない。「もっと早く」

「ありがとう」と私は言った。指示が出た！

すると突然、温かくてプラスチックみたいな味のする液体が口のなかに放出された。ベッドの上に思わず吐き出す。

「何か出た！　なんなのこれ？　何か出てきた！」

「ザーメンだよ」。ジョーはめんどくさそうに私を見た。

「何？　ザーメンって？」

ジョーは私に背を向けて横たわり、枕をしっかり抱えこんだ。彼の口から長いため息が漏れた。

「おれは何をしたんだ？」彼はまたつぶやいた。

44.

「アロハ」そう言って、〈フォーシーズンズ　リゾート　マウイ〉の美人のスタッフが、私の首にはお花のレイ、ジョーの首にはナッツのレイをかけてくれた。ジョーはそのスタッフをコンマ二秒くらい長めに見つめた気がする。なんなの、この女、とムカついた。だめだめ、いつか時間を見つけて、この嫉妬心をどうにかする訓練をしなきゃ。

ホテルにチェックインするときは、この予約をとったのはジョーではなく私だと何度も念を押した。ジョーと私の年の差のせいか、それとも単なる性差別なのか、〈フォーシーズンズ〉に予約を取ったのは、彼じゃなくて私だと誰も信じてくれないのだ。

実際、正確には予約を取ったのは私じゃなくて、ニコロデオンだけど。この旅行は、キャスト・メンバーに対する第五シーズン終了のご褒美だった。キャスト・メンバーはゲスト一名とともに、ワイレアの〈フォーシーズンズ　リゾート　マウイ〉を訪れる四泊五日の旅をプレゼントされたのだ。

もちろん、私のゲストはジョー。彼とはこの時点で、付きあって一年ぐらいになっていた。私たちの関係は、いい感じに落ちついてきた。まあ、一緒に過ごす時間の半分ぐらいは、かなりめちゃくちゃで大変だったけど。ジョーは酔っ払い、私はヒステリーを起こす。私は独占欲が強すぎるとジョーは文句を言い、ジョーは借金を精算してあげた三週間後にまた借金をつくって私を呆れさせる。でも残りの半分は、彼と一緒にいてとても楽しかった。『サバイバー』の再放送を見たり、バカバカしいけど笑える内輪ネタのジョークを言い合ったり。私たちは一緒にたくさん笑った。まだセックスはしてないけど、フェラはかなり上達した。

この彼との関係は、パパとママの関係よりはるかに良好なものだ、と感じていた。パパとママも叫びあい、めちゃくちゃにいがみあうことがあったけど、楽しい時間を過ごしているところは一度も見たことがなかったから。ただ一つ問題があるとしたら、この関係のことをママにまったく知らせてないことだ。

二、三カ月前、ママは私のマンションを出なければならなくなった。オレンジ郡のガン専門医にほぼ毎日診てもらうようになり、その近くに引っ越す必要が出てきたのだ。私と一緒に暮らせなくなると知って、ママがどんな反応を見せるか怖くなったけど、引っ越しは驚くほどあっけなく済んだ。

物理的に同じ場所に暮らすことができなくなったあと、ママは一日に一〇回以上電話してきて、私の毎日に関する情報をアップデートする。ドラマのエピソードで私のキャラクターの出番がどれくらいあるか、最近ほかに何かオーディションを受けているか、いつカントリー・ミュージック界に戻るつもりか（ママのガンが再発したあと、私はレコード契約を終了していた）。だから、この〈フォーシーズンズ〉四泊五日の旅に誰と行くかをママに知られず乗り切るには、かなりの準備が必要だった。

ママには、この旅行はコルトンと行くということにした。コルトンはゲイだから、ママも付きあうのを認めている。彼のペニスが私のなかに入ることはありえないから。コルトンはママに嘘がばれないよう、ママを加えた三人での通話に参加してくれる予定だ。

ママに嘘をつくのは至難の業だ。ジョーとの関係を守るためにママに嘘をつくと、電話を切ったあといつも良心の呵責に耐えきれず、ジョーの腕に体をあずけて泣きじゃくることになる。泣きながら、ジョーに訴える。ママにぜんぶ正直に話したい、ママがあなたに会ってくれたらいいのに、ママがあんなに恐ろしくなかったらいいのに。ジョーは私の髪を優しくなでて、なぐさめてくれる。

ママと私のあいだにできた亀裂が、日に日に大きくなっていくのを感じる。一つ嘘をつくたびに、また一歩ママから離れていく。一キロ太るたび、ドカ食いするたびに、どんどんママとのつながりを失っていく。

私たちのあいだに生まれたこの亀裂に、どう対処すればいいのかまったくわからなかった。ママを親密に感じていたい。でもその親密さはママの求める親密さではなく、私の望む親密さであってほしかった。私が変化しつつあることを知ってほしい。私の成長を受けいれてほしい。私が私になることを、ママにも一緒に喜んでほしかった。

でも、少なくともいまのところは、それはほぼかないそうもない夢物語としか思えなかった。だからとりあえず、いまは嘘をつくしかない。

旅行も三日目になったけど、いまのところは万事計画どおりに進んでいた。毎日コルトンと私とママでグループ通話をし、シュノーケリングに挑戦したよ、とかジープでオフロードをドライブしたよ、とか白い砂のビーチを散歩したよ、という報告をする。コルトンが細かい情報を補足してくれて、「わかった？　あたしはいま、ぜったいにバーバンクの〈ターゲット・ストア〉のなかを歩いてたりしないんだからね！」と叫ぶと、ママは大笑いした。

だけどその三日目の午後遅く、ホテルの前のビーチでジョーとパドルボードをして遊んでいたとき、彼が「急に頭を下げろ！」と言った。なんで？と思ってあたりを見回すと、遠くのほうのバナナ色をした更衣室のそばに、しゃがんだパパラッチの小さな姿が見えた。私とジョーの写真を撮っている。

ヤバい。ヤバいヤバいヤバいヤバい。最悪だ！　私たちはあわててビーチに泳いで戻り、パドルボードを投げ捨て、バスタオルを巻くと、全速力でホテルの裏口に駆けこんだ。私たちはビーチで遊んでいる一部始終を、パパラッチに撮られていたのだ。

部屋に帰ってきたときには、私は完全にパニック状態だった。どうしよう、ママに罰される、勘当されちゃう、脅されるかも、としゃべりつづける。ジョーがなんとか落ちつかせようとしたけど、それどころじゃない。

そのうち、激しいヒステリー状態に消耗しきった私は、完全に電池切れになって、夕方六時ごろには眠ってしまった。

次の朝、目覚めたときに私が最初に目にしたのは、窓の外に揺れる美しいヤシの木でも、キラキラとターコイズ・ブルーに輝く海でも、遠くのほうでハンモックに乗っていちゃつく若い新婚カップルの幸せそうな姿でもなかった。それは私のiPhoneの冷たいスクリーン上にギラギラと表示された、血も凍るような通知だった。

ママからの着信が三七件、留守番電話が一六件、メールが四件（私たちはもう同じアカウントをシェアしてはいなかった——最近ジョーに勧められて、自分のアカウントを取得したのだ）。未読メールの一番上を開く。

ネットへ

あなたには本当にがっかりしました。前のあなたは完璧な天使だったのに、いまのあなたはただの**男たらし**の、**だらしない尻軽女**になってしまったのね。しかもお相手は、あんなブサイクな**ブタ野郎**だなんて。TMZ〔アメリカの芸能ニュースサイト〕というウェブサイトで写真を見ました。ハワイにはその男と行ってたのね。そいつのきたない毛むくじゃらの腹をなでていたわね。コルトンと行ったという話が嘘だってのも**わかってた**。**ずる賢い**、**極悪人**ていうあんたの呼び名のリストに、**嘘つき**も付け加えておかなくちゃね。あと、またデブったわね。**食い意地の罪**を犯していることがバレバレよ。
　あいつのいまいましいアレがあんたのなかに入ってるとこを想像すると、吐きそうになる。**吐きそう**。あんたをそんなふうに育てた覚えはない。私のかわいいおりこうさんに、いったい何があったの？　あの子はいったいどこへ行っちゃったの？　その代わりに現れたこの**怪物**は、いったい誰なの？　いまのあんたは**醜い怪物**。お兄ちゃんたちにあんたの話をしたら、みんなあんたとはもう縁を切るって。私もそうします。あんたとは今後一切、なんの関わりもありません。

愛をこめて
ママより（ていうかデビーより、私はもうあんたのママじゃないから）

追伸　新しい冷蔵庫を買うお金を送ってください。壊れたから。

私は両手に顔を埋めてうずくまり、わっと泣きはじめた。ジョーが背中をさすってくれて、「きみのママはどうかしてるよ」と言ってくれたけど、「そうじゃなくて私がどうかなりそう」と言い返した。本当に、おかしくなりそう。ひょっとして、ママの言っているとおりなのかもしれない。私は自分の道を見失ったのかも。私は邪悪な怪物なのかも。
「こんなひどいこと、言われるままにしといちゃダメだ」と彼は言った。

私は携帯を取りあげると、サーチバーに急いで「TMZ」と打ち込んだ。「写真を見るのはやめようって決めたよな」とジョーが注意してくれたけど(私の体型がヤバいことを彼は知っているのだ)、そんなこと気にしてられない。写真を見なくちゃ。ママの言うことが、本当なのかどうか。

本当だった。写真に写った私は、ひどかった。顔も体も、自分だと認めたくないくらい。たしかにデブってる。さすがにもうワンピースの水着は着ないけど、お尻を隠すためにショートパンツははいている。最近、私のお尻は丸みを帯びて女らしさを増し、自分で見るのも嫌になっていた。「ビキニを着たきみの胸はステキだよ」とジョーは言うけど、私にはそうは思えない。おっぱいなんてゾッとする。大嫌い。胸なんかペッタンコで何もなければいい。自分の体に性的にそそる部分なんてまったく必要ない、と私は本気で思っていた。

涙はひどい自己嫌悪へと変わった。私の様子が変わったのを見て、ジョーは私の手から電話を取り上げ、「ホテルの金庫に入れとくからな」と言った。あえて異議は唱えなかった。

それから二日間、私の携帯は金庫のなかにしまわれ、水着は最後に脱いだときのまま、バスルームのドアの取手にかけっぱなしになった。ジョーと私は、ハワイでの残りの日々をできるかぎり楽しい時間にしようと、ハイキングに行ったり、ドライブに行ったり、そのほか人前で服を脱ぐ必要のないアクティビティをしたりして過ごした。旅の最終日の朝には、嫌な記憶もだいぶ薄れ、携帯からも離れていたので、パパラッチの件もママからの悪意に満ちたメールのことも、ほとんど忘れかけていた。

だけど荷造りをしている最中に、ジョーが慎重に金庫の暗証番号を押しているのが、目の端にチラッと見えた。金庫を開けると、ジョーは私の電話を取りだし、自分のポケットに入れようとする。

「見せて」と声をかけた。「やめといたほうがいい、きみが見てもいいことなんか一つもない」とジョーは説得しようとしたけど、見ずに済ませることはできないと思った。見たい。見なくちゃ。

携帯を手にした瞬間、やっぱり見るべきじゃなかったと気づいたけど、もう遅かった。ママから着信が四五件。メールが二二件。取り憑かれたようにメッセージを読みはじめる。読み進むごとに、メールの内容は過激さを増していき、最後には私のことを「能なし」「負け犬」「ゲス女」「悪魔の子」とまで罵倒していた。「空港に遅れるよ」とジョーが言う。そんなこと、どうだっていい。

もう一件のメールに気づいた。「あなたのファンに向けた手紙」とタイトルがついている。開けてみると、とんでもないことが書かれていた。「ジェネット・マッカーディ・ファンクラブのインターネット・サイトに、あんたがファンから愛想をつかされるような投稿をしておいてあげたから」というのだ。「あんたのファンを全員盗んでやる、あんたなんかより私のほうがファンから愛されるのにふさわしい、神に誓ってバインに登録して人気者になってやる、世界中が私のコメディ・ビデオを気に入るはずよ」

まさか本当にそんなことしてないよね、と思って、ファンクラブのサイトをのぞいてみた。ハッタリじゃなかった。ファンクラブのサイトのトップページに、ママからのメッセージがでかでかと出ている。嘘。現実とはとても信じられなかった。

もう一度メールに目を戻すと、またママからの新しいメッセージが届いていた。開けてみた。

　ガンが再発したのはあんたのせい。それを知って、さぞ嬉しいでしょう。
　この事実を抱えて生きるがいい。あんたが私をガンにした。

私はママに書く返事の文面を考えた。一度会って、ちゃんと面と向かって話をしよう、と訴えるしかない。ママが会ってくれさえすれば、ちゃんと説明してわかってもらえるはず。私は必死だった。

大好きなママへ——

お願いだから、一度会って話をしてくれませんか？　お願い。ママと私だけで。落ちついてきちんと話をしましょう。どんな疑問にも答えます。ママ、お願い。ママをがっかりさせたくない。ママの信頼を回復するためなら、なんでもします。私の話をちゃんと聞いてくれたら、いま私に対してママが抱いているような失望はなくなると、自信をもって言えます。ママのことが大好き。もう一度、ママの親友に戻りたい。ママに会いたい。

愛をこめて、ネッティ

携帯の電源を切って、ジョーのポケットに入れた。「なんて書いてあったんだ？」とジョーに訊かれたけど、何も答えなかった。頭がマヒしたみたい。何も感じない。帰りの飛行機のなかでは、一言もしゃべらなかった。そのあいだずっと考えていたのは、ママと私のことだ。

ここ数年間、ママと私は、以前にはとても想像がつかなかったほど離れ離れになってしまった。

有名になったことやジョーとのことで、ママと私のあいだに生まれた緊張はもう耐えられないところまできていた。それに加えて、ママのガンからくるストレスもある。というか、いまあるもろもろのストレスはすべて、ママのガンのせいなのかもしれない。

なぜママは、自分の死が近いことを認められないんだろう？　私の名声にこだわるママが、私は嫌で仕方がない。なぜ私はママの死が近いことを認められないんだろう？　なぜ私はママの死が近いことを認めら……

なぜママは、自分の死が近いことを認められないんだろう？　私の名声にこだわるママが、私は嫌で仕方がない。なぜ私はママの死が近いことを認められないんだろう？　でもジョーにこだわる私が、ママは嫌で仕方がないのだ。いまママと私のあいだにあるのは、愛より憎しみのほうが大きい。でもひょっとしたら、私たち二人とも、怖いだけなのかもしれない。私たち二人とも、自分たちのあいだにできた亀裂が広がるにまかせているのは、たぶんどちらも心の奥底でわかっているせいなのだ。その亀裂はどうがんばっても、いずれどうにもしようがなくなると。

飛行機が着陸した。滑走路をゆっくり進んでいくあいだに、携帯をオンにしてママに書いたメールの下書きを見る。「送信」を押した。少しして、メールの着信があった音がした。ママからの返信だった。

そうね、一度会いましょう。追伸　冷蔵庫のお金を早く送ってください。ヨーグルトが酸っぱくなってしまいました。

45.

「ジェネット？　私のお葬式で、『愛は翼にのって』を歌ってくれる？」

ママと私はカフエンガ大通りの〈パンダエクスプレス〉にすわっている。今日はママのお誕生日のディナー。ママは蒸したブロッコリを口に入れ、私は蒸したキャベツを口に入れて、おたがい良好な関係を築いているようなふりをしている。最近の私たちは、いつもそんな感じだ。

この状態は、ハワイ旅行から帰ったあとに顔を合わせたときからはじまった。パパがママを車でうちのマンションまで送ってきて、車いすに乗せて移動してから、うちのカウチに抱き上げてすわらせてくれた。お茶が出るのを待つあいだ、私はママがジョーの話をもちだすのを待った。そもそも私たちがこんな形で会うことになったのは、それを話しあうためだと思ったからだ。でもママはジョーのことを一言も口に出さなかった。ただ仕事について、どうでもいい話をいくつか訊いてきただけ。私のほうも、『ＮＣＩＳ』の最新エピソードについて、どうでもいい話をいくつか訊いただけ。ママはマーク・ハーモンの大ファンなのだ。

「ママはあの話をいつもちだすつもりなんだろう？」と心のなかで考えた。そして、ずっとその疑問をもちつづけたまま、いつのまにか一緒に過ごす二時間が過ぎ、パパがまた戻ってきてママを家に連れて帰った。

そうして数カ月が経ち、今日カフエンガ大通りの〈パンダエクスプレス〉に来るまでには、私たちのこういうコミュニケーションのとり方はごくあたりまえのものになっていた。痛みと憎悪を心の奥底に隠したままの、うわべはごく礼儀正しいおしゃべり。それがふつうになって、とくに意識もしなくなっていた。だからママが急に、「お葬式で『愛は翼にのって』を歌ってくれる？」と言いだしたときには驚いた。

ママのガンは、私たちのあいだでは「ないもの」として扱われていた。話題にするのもつらいからだ。こんなことを訊いてくるのは、私たちのあいだにある不文律への重大な違反行為だ。だからそれにどう対処すればいいのか、この先どう会話を続ければいいのか、わからなかった。

「え……」

「でも、感情をこめて歌わないとだめよ。自分の歌う言葉を信じなきゃ。五〇パーセントしか信じてないなら、いいパフォーマンスにはならないわ」

私はまだ歌うと言ったわけじゃないのに、ママはもう歌い方の注文までつけてくる。「えっと……」

「ちょっと歌ってみて」

「ママ、ここ、〈パンダエクスプレス〉だよ。ここじゃちょっと――」

「いいから歌って」

「影のなかでは寒いはず……」歌声がひとりでに口からこぼれでた。まるでママの命令に自動的に従うようプログラムされたロボットみたいに。近くにいる店員が、モップがけしながら目の端でこっちを見ている。

「あなたの――」

「もっと感情を、悲しさをこめて。感じるのよ、天使ちゃん」

「顔に陽の光は当たらない……」ちょっとビブラートを効かせすぎだけど、ママはそういうのが大好きなのだ。

「いいわ、もうやめて。燃えつきちゃうといけないから。あなたは先にやりすぎる傾向があるものね。じゃ、歌ってくれるわね？」

断れるわけがない。これはママの死に際の願いなのだ。ただ問題は、私にはあの曲を歌えるほどの音域がないことだ。低音域で歌える部分はいい。でも盛りあがるサビの部分に入ると、私ではとても歌えない音域が要求されるのだ。

うちに戻ってから、ママはあの曲のビデオをユーチューブで探してと言ってきた。それを見ながら一緒に練習して、どうすれば最後のパフォーマンスをもっといいものにできるか考えたいというのだ。

「燃えつきちゃうといけないんじゃなかった？」

「ずっと前から練習しておけば問題ないわよ――本番はまだずっと先だといいけど」

ママの含みのある言い方には、少しばかりカチンときた。「ずっと先だといいけど」。無性に腹が立ったけど、すぐに腹を立てたことに罪悪感を覚えた。徐々に死に向かいつつある母親にそんなに腹を立てるなんて、私はなんてひどい娘なんだろう。

その罪悪感をエネルギーに変えて、なんとかママの願いに応えようとした。それで私の良心も多少は満たされる。私は「愛は翼にのって」のビデオをユーチューブで探し、歌詞も見つけてきた。

そうして歌いはじめる。歌詞は思ったとおり、だいたい覚えていた。だけど「私が前に〜」のところまでくると、やっぱり思ったとおりだった。声が出ない。

「今日は声のウォームアップをしてないからよ」とママは決めてかかった。「少しウォームアップをしてから、もう一回歌ってみて」

私は一〇分間ボイストレーニングをしてから、もう一度歌ってみた。だけど結果は同じ。さらにもう一度やってみたけど、結果は変わらなかった。

「私の声域じゃ歌えない」と、とうとう私は認めざるを得なかった。

「そんなこと言わないで」。ママがピシャリと言う。

「ごめんなさい」

「歌えるわよ。絶対歌えるわ。練習する時間はたっぷりあるし——あるといいけど」

死にゆく母親が、自分のお葬式で歌ってほしいと指定した歌なんて、練習したくなかった。ママのお葬式のことなんて考えたくない。話題にするのが気まずいことは、これまでどおり無視しておきたかった。直面するのが嫌なことは、いつまでも「ないふり」をしておきたかった。

「ねえ、あと何回か練習してみない？　ネッティ」。ママはそう言いながら、ＵＧＧの帽子をとって髪のない頭をかいた。それは一見悲しげな光景に見えるけど、ママは絶対私を操ろうと意識してやっているとわかった。

私はビデオを最初に戻した。キラキラな八〇年代っぽいイントロがはじまる。もう一度、私は歌いはじめた。

46.

「方角が違うよ」。窓からおじいちゃんを見ながら、私はスピーカーフォンでおじいちゃんに話しかけた。

「おっと」

おじいちゃんはママの車いすの向きを一八〇度変えると、逆方向へ進みはじめた。私はアパートの中庭に面した窓から、二人を見下ろしている。私がこのアパートを選んだのは、そこから見える景色のため――というより、そこからある景色が見えないからだ。このアパートで一番人気が高いのは、サンセット大通りに面した部屋。にぎやかなロサンゼルスのすべてが見渡せる。だけど、そういう部屋にはまったく興味がなかった。そこからはニコロデオン・スタジオが正面に見えるからだ。ニコロデオンの壁には『アイ・カーリー』の紫と黄色の看板がデカデカと掲げられ、嘘くさい笑顔を張りつけたケバケバしい髪型の私の顔がほほえみかけている。毎朝窓から外を見るたびに、自分の顔が目に入るなんて冗談じゃない。

何回か行く方向を間違え、エレベーターのボタンを何度か押したあと、おじいちゃんとママはようやく私の部屋にたどりついた。お茶を飲みながら少しおしゃべりして、そのあともう一度駐車場に戻り、おじいちゃんにお昼を食べるところまで送ってもらう。

「どこに行きたい？」と私が訊く。あそこはやめて、あそこはやめて、あそこは――

「〈ウェンディーズ〉は？」ママは無邪気に、そう提案する。

「いいよ」と言ったけど、私の笑顔はこわばっている。べつに〈ウェンディーズ〉が悪いわけじゃない。というか、逆に〈ウェンディーズ〉に行きたい気持ちは十分あった。あそこのフロスティはいつだっておいしいから。

私の笑顔がこわばるのは〈ウェンディーズ〉そのもののせいじゃなくて、ママが〈ウェンディーズ〉に行きたがる理由のせいだ。ママは私がお金をもっていて、どこでも行きたいところに連れていってあげられることを知っている。それでもママが〈ウェンディーズ〉を選ぶのは、本当に行きたいからじゃない。友だちや教会仲間に、自分がどれほど謙虚で質素な人間かを語りたいからだ。

「自分の誕生日のような特別な日にさえ、ファストフード・レストランでサイドメニューのサラダを食べただけなのよ」と言って。

ママのそういうところが死ぬほど嫌だった。いったいどこまで人から憐れんでもらったら気がすむんだろう。ステージⅣのガン患者として、もう十分すぎるくらい憐れんでもらってるじゃない。まだそこに〈ウェンディーズ〉の話を突っこむなんて。

おじいちゃんは駐車場から車を出し、最初の信号に差しかかった。あの巨大な『アイ・カーリー』の見たくもない看板の真ん前にある信号だ。私はなんだか落ちつかなくなって、おじいちゃんの車のぐちゃぐちゃな後部座席のポケットを整理しはじめた。紙切れ、くしゃくしゃになったレシート、汚れた紙ナプキン、ショーン・ハニティーの本『保守の勝利』。私が何をしているのか見ようと、おじいちゃんが肩越しに振り返った。

「貸してやろうか？　もう読み終えたからな。いい本だぞ。すごくいい本だ」。おじいちゃんはダッシュボードをコンコン叩きながら言う。

「そうだね」（いらない）

「ほら、ネットよ！」とママが言って、コダックの使い捨てカメラであの巨大看板の写真を撮りはじめる。あの看板の写真は、少なくとも一〇〇枚はもってるはずなのに。

その写真を撮っていたママの手から、カメラが落ちて床に転がった。私が手を伸ばしてカメラを拾い、体を起こしたときには、ママは痙攣を起こしていた。両手をぎゅっと握りしめ、片目が半分閉じて、口は完全に片側に寄っている。まるで精神病院で拘束されている人みたいだ。ゾッとした。

「大変！」とおじいちゃんに叫んだ。おじいちゃんは主の名を唱えたけど、なんの効果もない。ママは何も言わない。しゃべれないのだ。おじいちゃんは左右を見て人がいないのを確認すると、道を横切って赤信号を突っ切り、ニコロデオン・スタジオの駐車場に車を入れた。顔見知りの警備員のカールが、おじいちゃんに気づいた。たびたび私に会いにセットに来ていたのを、覚えていてくれたのだ。おじいちゃんがカールに、救急車を呼ぶよう頼んだ。

この時点で、ママは口から泡を吹いていた。死にかけてるんだ、と思った。ママを横にするようにおじいちゃんに言われ、シートベルトを外して私の膝の上にママの頭を乗せた。これまでの人生で一番恐ろしい瞬間だった。

救急車はびっくりするほど早く来た。救急隊員がママをストレッチャーに乗せ、ベルトを留めた。ママはまだ痙攣している。そのまま救急車に乗せられた。救急隊員の一人が私に気づき、一緒に救急車に乗っていくよう言ってくれた。人に顔を知られていてよかったと思ったのは、このときを含めて数えるほどしかない。

ママの手をとってぎゅっと握った。「大丈夫だからね」と話しかけたけど、大丈夫じゃないことはわかっていた。サイレンが鳴りはじめる。救急車のなかに乗っていると、サイレンの音は奇妙にゆがんで聞こえる。駐車場から右折して救急車は出発した。死にそうなママの手を握りしめ、口から泡を吹いたままの顔を見ながら、またあの看板の前を通りすぎた。死んだような目の笑顔と、時代遅れのバカみたいなヘアスタイル。人生が私を嘲笑っているような気がした。

47.

クリスマスイブの前日。ママは意識のないまま、集中治療室に入って一週間になる。「発作が起きたのは脳腫瘍のせいです、これは『非常によくあること』なんですよ」とお医者さんは言った。「よくあること」と言ったほうが、恐ろしい事態も多少はマシになる、とでもいうように。

マーカスとダスティン、スコッティと私は待合室に一列になってすわり、おばあちゃんとおじいちゃんが集中治療室内のママのそばについている。誰も何もしゃべらない。

だいぶ経ってから、「全員分の食事を買いに〈バーガーキング〉に行ってくる」と私が申しでた。ただ黙ってすわっているのに耐えられなくなったのだ。食べ物は気を紛らわすのに最高のチョイスだと思った。だけどお兄ちゃんたちは、何もいらないという。いまはとても「食べる気になれない」というのだ。それがうらやましかった。お兄ちゃんたちはみんな悲しみに打ちひしがれ、そのせいで空腹を感じなくなっている。私もそうなれたら、どんなにいいだろう。

通りの向かいの〈バーガーキング〉に行く。ワッパーとポテトと冷たいコーラ、それにタコスとチキンスティックまでつけた。注文してから食べるまでの流れはあっという間で、自分では制御できなかった。食べたあと、胃がいっぱいで苦しくなった。

そうだ、吐けばいいんだ、と思いついた。前にどこかで聞いたことがある。でも実際にやってみたことはない。いまこそ試してみる絶好の機会じゃない？〈バーガーキング〉の空袋をゴミであふれそうなゴミ箱に突っこむと、病院へ戻った。すごいことを思いついた興奮を抑えつつ、玄関を大急ぎで通り抜け、ロビーを突っ切って、エレベーターに飛び乗る。集中治療室のある階でエレベーターを降りた。待合室にはもうお兄ちゃんたちはいない。きっとママのところだ。個室が二つしかないトイレに向かい、ほかに誰も人が入っていないことを確認してから、病院の冷たくて硬いタイル張りの床に膝をついた。喉の奥に指を突っこむ。オエ。喉の奥を指で突いてしまった。痛いけど、何も出てこない。もう一回突っこむ。やっぱりダメ。もう一回。それでもダメ。

最低。あきらめて手を洗う。食べずに我慢することもできないし、食べたものを吐くこともできないなんて。

廊下を急いで戻り、ママのいる集中治療室につながる重いドアを開けた。マーカスとダスティンとスコッティがママのまわりに立っている。ママの小さな体は病院のシーツと毛布に埋もれ、どこにいるのかほとんど見分けがつかないくらいだ。

「気がついたんだよ」とダスティンが教えてくれた。

私はママのベッドの横に走っていって、その手をとった。ママの手の感触が大好き。かわいらしい指の小さな手。肌はツヤツヤとして温かい。

「ネット」。ママは頭をかすかに動かして、私を見た。涙がこぼれそうになる。よかった、ママは戻ってきたんだ。信じられない。ものすごく嬉しかった。

「お兄ちゃんたちから、あなたが〈バーガーキング〉へ行ったって聞いたわ。あんなもの食べちゃダメよ。ワッパーの脂肪の量って、ものすごいのよ」

私はニッコリ笑った。頰を涙がつたう。ママは死なない。とりあえずいまは、ママは死なないんだ。

「わかってるよ、ママ。わかってる。マヨ抜きにしたから……」

ママはため息をついた。「それでもだめよ」

48.

ミランダは泣いている。私も泣いている。二人とも泣いている。涙が止まらない。私の涙が止まらないのは、『アイ・カーリー』が終わってしまうからじゃない。今日が『アイ・カーリー』撮影最終日だからじゃない。『アイ・カーリー』が終わることに関しては、ぜんぜん悲しくないし、むしろ心待ちにしていたくらいだ。自分が主人公のスピンオフが始まることになっているとはいえ、少なくともこのプロジェクトに別れを告げられるのは嬉しかった。『アイ・カーリー』の登場人物として生きるのは、映画『恋はデジャ・ブ』の登場人物みたいに、同じ日を何度も何度も繰り返しているようなものだったから。

私の涙が止まらない本当の理由は、ミランダとの友情がこれからどうなってしまうのか、わからなかったからだ。私たちはとても親しくなった。姉妹のようだけど、本当の姉妹のあいだによくある受動的攻撃行動や奇妙な敵対意識は、私たちのあいだにはない。女どうしの友情には意地悪やせこい陰口や裏切りがつきものだと聞いているけど、私とミランダの関係はそういう悪意とはまったく縁がなかった。

ミランダと一緒にいるときは、いつもぜんぜん気を遣わずにいられた。私たちの友情は、本当に純粋なものだった。

助監督がミランダと私にティッシュを渡してくれた。二人ともすごい勢いで鼻をかみ、それから二人で一緒に撮る最終シーンのラストテイクの位置についた。ミランダも私も、悲しくてたまらなかった。最後に私たちは抱きあって大泣きした。

こういう最終回の悲しみは、ドラマのセットではごくふつうに繰り返される場面だ。共演者とはとても親密になる。家族と過ごすより多くの時間を、共演者と一緒に過ごすことになるからだ。一定期間のあいだは。だけどその期間を過ぎれば、親密ではなくなる。そうして少しずつ、あんなに親密だと思っていた人たちと話をしなくなったことに気づく。最後には、もうその人たちとまったく話すことはなくなる。そのころには、そもそも自分はあの人たちと本当に親密だったんだろうかと考えはじめる。あれは、ただのうわべだけの付きあいだったんじゃないか？　あの人たちとの関係は、ドラマのセットと同じように仮のものだったんじゃないか、と。

人を背景に頼って認識するのは好きじゃない。「ああ、一緒にトレーニングしている人ね」「読書クラブで一緒になる人ね」「あのドラマで共演した人ね」。だってその背景がなくなれば、その人との友情も終わってしまう。

大好きな人のことは、本当の意味で深く、親密に知りたい、と私は心の底から願っていた。なんの背景も、定義づけも関係なしに。そしてその相手にも、私のことを同じように知ってもらいたいと願っていた。だからミランダのことを深く、親密に知っていると思えば思うほど、『アイ・カーリー』という背景のなかでミランダを知っているのだと考えたくなかった。だって、『アイ・カーリー』は終わってしまうのだ。ミランダとの友情は、絶対に『アイ・カーリー』とともに終わらせたくなかった。

49.

「本気か？」

「本気よ」

「いま別れるっていうのか？　いまこそおれたちは一緒にいるべきなんじゃないのか？」

「そうは思えない。だって……これから何カ月かのあいだ、あなたといたら、あなたから離れられなくなる」

「なんでそれがいけないんだよ？　離れられなくなるって、いいことじゃないのか？　愛してるって、そういうことだろ？」

「そうじゃなくて、私があなたにばっかりくっついてていいのかってことよ。ママがその、こんなときに……」どんなときなのか、それ以上言えない。「そのとき」が現実に迫ってくるにつれ、私はますますそれを口にするのが怖くなった。ママの健康が急速に衰えているとお医者さんが言ってから、しばらく経つ。だからその「急速に」という言葉をどうとらえればいいのか、わからなくなってきた。とはいえ、ママが弱ってきているのはたしかだった。もう車いすなしではどこへも行けず、これまでに見たことがないほど弱り切っている。もうほとんど全身ガンだらけなのだ。終わりのときは迫っている。私は爪をかんだ。

「私、これまでママにずっとくっついてきたでしょう？　ママに向けてきたその気持ちを、そのまま全部ほかの人のところに向けてしまうんじゃないかって、それが心配なの」と私は言った。

「いや、おれは構わないよ。おれに向けてほしい。その気持ちを」

そういう返事を期待してたわけじゃない。前言撤回だ。

「ごめん、言い方が悪かった。つまり、あなたといると、私がいま集中しなきゃならないことの邪魔になると思うの。私は家族に集中したいのよ」

「おれは邪魔なのか？」

「そうじゃなくて、そうだけど、ごめん」

私は頭をかいた。もうここから逃げ出したくて仕方がなかった。バーバンクにあるジョーお気に入りのヴィーガン酒場、〈トニーズ・ダーツ・アウェイ〉から。

「なあ、もう愛してないなら、そう言ってくれ。おれは黙って受けいれるよ」。震え気味に発せられた最後の部分は、とても本心には聞こえない。

そこへ、彼の頼んだヴィーガン・ソーセージとビールが運ばれてきた。お店で頼んだものが出てくるタイミングは、必ず人に一番聞かれたくない言葉を口にしようとしているときなのはなぜだろう。もう一種の神の采配だ。ウェイターはその絶妙なタイミングを計っているとしか思えない。

「愛してるわ、本当よ」

「じゃあ、なんで別れなきゃならないんだ?」ジョーは頼んだソーセージに大口をあけてかぶりつく。なんなのよ、その大口。唇のまわりにヴィーガン・マヨネーズがべっとりとついた。ああ、嫌だ。

理由はこれかもしれない。ママの病気とかは、じつはぜんぜん関係ないのかも。ただ、彼のことが嫌になったのだ。あのいつもクチャクチャと音をたてる食べ方が嫌い。しょっちゅう使う赤ちゃん言葉にもゾッとする。ジョークだって、一つも面白くない。将来の展望もない。大酒飲み。怒りを抑えられない。私たちの年の差も、いまではまったくいい方向に働かず、どちらも気まずい思いをすることのほうが多い。

じゃあ、彼のほうは私に対してどんな不満をあげつらうだろう? と考えてみた。自己中。独占欲が強すぎ。人づきあいがヘタ。彼の友だちを嫌がる。他人に厳しい。彼のことを大事にしない。

ジョーはさっき口に入れたソーセージをまだかんでいる。もう一分も経つのに、クチャクチャクチャクチャ。一口分をもっと少なくすればいいのに。これを一瞬にして解決する方法は、一つしかないのよ、ジョー。

「聞いてるか？」と彼がたずねた。「まだおれのことを愛してるなら、なんで別れなきゃならないんだよ？」

ヴィーガン・マヨネーズまみれの彼の口を見つめる私のなかで、何かのスイッチが入った。もうがまんの限界だ。ヴィーガン向けの安酒場。飲みたくもないビールの匂い。なんの興味もないバスケやアメフトの試合が、ずらりと並んだテレビの画面から大音量で流れている。がたつくバー・スツールの上にすわって、もう愛していない男と向かいあう私。もう何も感じない。これでおしまい。

「だって、別れたいから」

50.

ミランダのポルシェ、カイエン。運転するのはミランダで、私は助手席。最近は、一緒に過ごす時間の半分をこのポルシェに乗って飛ばしている。しかもここのところ、一緒に過ごす時間はかなり多くなった。もうお互いの背景を気にしなくていい。『アイ・カーリー』が終わってから、私たちの友情の絆はずっと強くなった。

週に三、四回は会っている。たいていそのうちの一日は、お泊まり会だ。昨日もそうだった。お泊まりは基本的にミランダの家になることが多いけど、昨日の夜は〈セント・レジス・ラグーナ・

ビーチ〉に泊まった。そこでの一泊が、最終シーズン打ち上げのご褒美だったのだ。

別にいつものようにミランダのところに泊まってもよかった。〈セント・レジス〉に泊まったからといって、とくに〈セント・レジス〉っぽいことも何もしなかったし。二人で部屋のなかに陣取って、映画を観た。「Amanda Seyfried」という俳優が主演の、ポルノ産業を描いた映画。内容はごく平凡だったし、二人ともアマンダの苗字を正しくはどう読むのか知らないけど、彼女は本当に天使みたいにきれい、という点で意見が一致した。私もミランダも、自分たちの境遇がみじめでわびしいと感じているけど、そんなふうに感じることに罪悪感も覚えている。私たちがものすごく恵まれた状況にあることも事実だから。寝る前には『ダンス・マムズ』〔ダンサーを目指す親子をとりあげたリアリティー・ショー〕を観た。アビー・リー・ミラーの虐待スレスレの指導法と母親たちの期待の激しさには、二人ともすごく身につまされるところがあった。

ホテルを出たのは少し前だ。ミランダは一番近くの高速入り口を目指す。ケイティ・ペリーの「ロアー」を流しながら、どうでもいいことに文句を言って笑いあった（二人でザ・ローリング・ストーンズを見に行ったことがあるけど、マジつまんなかった。そりゃ二一歳の女子二人にとって、ミック・ジャガーよりケイティ・ペリーのほうがはるかに刺さるのは当たり前よね）。そのとき、電話が鳴った。ママだ。

「もしもし」

「ネット！　ネット！　助けて！」

「ちょっと待って、落ちついてよ、どうしたの？」

「助けて！　怖い」

「怖いって、何が？」

「また手術するって言うの」

少し前から、ママはこの手術を受ける予定になっていた。乳房切除のあとに入れた乳房インプラントから最近液が漏れはじめたので、その部分を切開して漏れた液を処理し、インプラントを補修するのだ。ごく簡単な手術のはずだった。

「大丈夫よ。本当に簡単な手術だから」

「嫌な予感がするのよ、ネット。何か嫌な予感が」

背後で看護師の声がした。「ここは電話禁止ですよ」

「お願い、ネット！　なんとかして！」

「何をすればいいの？」

「わからないわ！　でもあなたに来てほしいの！」

パニックを起こしているようだ。これまでに聞いたことないほど、声が震えている。ゾッとした。

パパが電話を取りあげた。

「ジェネットか？」

「ええ」

「ママはちょっと感情がたかぶってるんだ。ベッドに乗せられて、手術室へ向かうところだよ。パパがついてる。心配するな」

「行ったほうがいい？」

ママが叫ぶのが聞こえる。「来て！」でもパパが言う。「来なくていいよ」

もう一度念を押した。「行かなくていい？」

「いや、大丈夫」とパパは言った。「おまえがここに着くころには、手術は終わってるさ。すぐに終わるよ——危険も何もない手術だから。腕のいい先生ばかりだしな。またあとで電話するよ」

よかった。私は「ロアー」のボリュームを上げた。ミランダはずっと走りつづけている。

「大丈夫？」

「うん。何も問題なし」

ミランダはそれ以上何も訊かなかった。二人とも二、三分黙っていたけど、そのあとまたどうでもいいことを話しはじめた。私のなかで、何かのスイッチが切れた気がした。途中、サンドイッチを買いに店に寄った。自分のを選んで、車に戻る。と、また電話が鳴った。パパだ。

「どうだった？」

「ダメだ、ママが危ない」

「え？」

「もう体が手術に耐えられなかったらしい」

「待って、どういうこと？　危険も何もないって——」

「昏睡状態だ」

「腕のいい先生ばかりだって言ったじゃない——」

「目覚めないんだ。いますぐ病院に来てくれ」

私は呆然としたまま電話を切った。ミランダに状況を話す。ミランダは病院まで送ってくれると言った。「わかった」と返す。窓の外を見た。車は赤信号で止まった。

「サイフリッドって読むんだって」とミランダが唐突に言った。「調べたの」

51.

「ママ、聞こえる？　私ね、すごく痩せたのよ。ついに四〇キロになったの」

組んでいた脚をほどいた。ママのほうに身を乗りだして、必死に訴える。

「四〇キロよ！」

ビーッ、ビーッ、ビーッ。

病院の機械音が鳴りつづけるなか、私はこんなビッグニュースを披露しても、ママは目覚めないという事実をしだいにのみこみはじめていた。涙をぬぐっていると、お兄ちゃんたちがカフェテリアから戻ってきた。誰も何も言わない。その必要はなかった。お兄ちゃんたちはママを囲むようにすわり、私たちは全員で、ただママをじっと見つめた。

時計に目をやると、二時半だった。「もってあと四八時間でしょう」と言われてから、もう二時間が経ったことになる。ママはあとどれくらい生きられるんだろう。この四八時間のうちのどこで、ママの生涯は終わりを告げるんだろう。あと四四時間？　一〇時間？　二時間？　一秒一秒が、恐ろしく重くゆっくりと進んでいくようだった。その一秒一秒を留めておきたかったけど、時は決して止まらない。こんなひどい気分は初めてだった。

「シン・シャア・エェェェ」

全員が頭をハッと上げてママを見た。嘘でしょ？　しゃべった。ものすごくかすかな、ほとんど聞きとれないような声だけど、たしかにいましゃべったよね。

「シン・シャアアア・エェェェ」。もう一度、同じことを言った。

マーカスが身を乗りだした。「ダメだよ、そんなこと言わないで。ママは死んだりしない」

「シン・シャア・エェ」。ママの声には怒りがこもっている。いかにもママらしい。

ダスティンが指をパチンと鳴らした。「ジンジャーエール！」

確認するように、ママの目が大きく開いた。私たちは全員ママのまわりで大笑いした。死にそうな人のまわりでこんなに笑うなんて、不謹慎かもしれない。だけど、ママの生死の瀬戸際で、私たちみんな、耐えがたい緊張を少しでもやわらげたかった。そうでもしないと、つらくてとてもやってられない。

マーカスが廊下を走って、自販機にジンジャーエールを買いに行った。戻ってくるなり、缶を開けてママの口に流し込む。全員の顔に、笑みが浮かんでいた。すごいよね。これって、いい兆しでしょ？　ママはとにかく言葉をしゃべって、ジンジャーエールをすすっている。もう大丈夫だよね？　ママはまだ死なないってことだよね？

自分が必死だって、わかっている。無理やり希望にしがみついているのも、わかっている。でも、無理やりだろうと、希望を捨てるわけにはいかなかった。まだママを死なせたりしない。

一〇日ほど前、ママは集中治療室のある病棟から、一般病棟へと移された。あと四八時間って話はなんだったの？　ねえ、ウィースマン先生。私はときどき先生にひとこと言ってやりたい気分になる。でも先生は私とお兄ちゃんたちに向かって、「これは奇跡的な回復の兆しというわけではありません」と明言した（先生は何度もそうやって明言してきたのだけど）。私たちが無駄な希望をもってしまわないように、と考えてのことだと思う。反論したいと本気で思ったけど、それが無理なのはわかっていた。だって一目瞭然だ。ママは袋のなかに排便し、機械につながれて呼吸をしてる。これがそのうち好転するなんてありえない。

　ママが入院して最初の一週間、お兄ちゃんたちと私は近くのホテルに泊まってママの死に備えた。だけど、ママは死ななかった。だから一週間後、私たちはホテルを出た。それまでとまったく同じ、ふつうの日常が戻ってきた。ダスティンは傷病休暇をとるのをやめ、仕事に戻った。マーカスはジャージーの家に飛行機で帰った。おじいちゃんとパパは、夜にどちらかがママのそばについていられるよう仕事のシフトを調整し、日中はスコッティが番をした。私はそのころ始まったスピンオフ・ドラマの撮影が終わると、毎日ママのもとにかけつけた。『サム&キャット』のド派手なカラーに彩られた、ギラギラと照明の照りつけるスタジオでバターヌンチャクを振りまわし、陳腐なセリフをまくしたてたあと、病院のベッド脇の古臭い柄のついた椅子にすわって、消毒薬の匂いと死の予感にさいなまれるのだ。

　今日もそんな感じだった。今日撮影したのは、学校で意地悪ないじめっ子と対決し、ハムサンドイッチで相手を殴る場面。そしていまは病院で、看護師がママの糞尿袋を交換するのを見ている。看護師が横目でチラッと私を見た。まずい。次に何を言われるか、だいたい想像はつく。

「あなたって……？」看護師がたずねてきた。この病院でも、もう二五回は同じことを言われたけど、よくそんなこと訊けるな、と毎回思う。死にゆく母親のそばにすわる娘に、「あなたってひょっとしてサム・パケット？」って訊くなんて。

私は反応しない。目を細めて不機嫌そうな顔をし、いまここでそんな話をもちだすのがどれほど不適切か、気づいてくれるよう願った。でもぜんぜん気づく様子はない。

「あなた、サマンサ・パケットに似てる。サムよね。そうでしょ？」

看護師がママの糞尿を捨てるのを見ながら、人間の尊厳なんて誰も気にしてやしないのね、と絶望的な思いにとらわれていた。

「いいえ」。ぶっきらぼうに、私は答えた。

「でも本当にそっくり。瓜二つよ。写真撮ってもいいかしら？　姪っ子に見せたいの。こんなにサムにそっくりな人がいるなんて、きっと信じてくれないわ」

私は椅子の背にもたれかかった。椅子がきしんで音をたてる。「いいえ、写真はやめてください」

私はママに目を向けた。ガンのせいで、ママの容姿はすっかり変わっていた。一五〇センチの小さな体だったけど、以前のママは女らしい曲線美の持ち主だった。太ももはしっかり張り、お尻も少しだけボリュームがあって、おっぱいも魅力的だった（といっても、片方は乳房切除手術のあと、インプラントに置き換わっていたけど）。腰はキュッとくびれて、肩幅はスリム。スタイル抜群だったのだ。でもいまのママは、胃は膨張し、おっぱいはしぼみ、脚は枯枝のよう。体の両側にだらりと伸びた腕は、サルみたいに長く見える。いまのママは、もうあまり人間のようには見えなかった。

「アイイエウ！」ママが虚空に向かって呼びかける。これがママの頭に残された最後の言葉だった。

腫瘍が脳全体にひろがって、ほとんど脳死に近い状態だ。それでもなお、ママの脳には「愛してる」という言葉を発する記憶が残されているのだ。それを思うと、私の胸は張り裂けそうだった。「アイイエウ！」もう一度、ママはそう言った。頭が左右にゆらゆらと動くが、何かが見えているとは思えない。私は唇を血がにじむほどぎゅっとかみしめた。

病院でママのそばについているあいだ、私はママをしっかり目に焼きつけようとした。ママのすべてを、一つももらさず覚えておくために。だけど同時に、こんな状態のママを覚えておくのは嫌だった。だからママに目をやるたび、しばらくすると見ていられなくなって目をそむけてしまう。ときには無理やりママの手をとって、「愛してるよ、私はここにいるよ」と話しかけてみることもあった。でもたいていの場合、とてもそんなことをする勇気は出なかった。その代わり、隅っこにある椅子にすわって、ママのことをときどきチラッと見ては、窓の外を眺め、取り乱さないようじっと気持ちを落ちつけていた。

携帯にメールの着信があった。コルトンからだ。二、三日サンフランシスコにでもドライブに行かない？　と誘ってくれた。私の苦しみを知っていて、少し気晴らしをしたほうがいいと考えてのことだ。おじいちゃんに、あと二、三日ぐらいはママの「安定した」状態は変わらないよね、と確認を入れると、おじいちゃんは「大丈夫だろう」と言った。

私はママをチラッと見た。ママは何かうわごとをつぶやいている。この場所からはなかなか立ち去る気になれない。でもなんとか立ち上がって、ママの額にキスをすると、私は病室をあとにした。

52.

いま私はコルトンのダッジ・チャージャーの助手席にいる。運転席にはコルトン。私たちは、初めて会ったときのことを思いだしていた。もう一〇年近くも前、ユタで映画を撮影したときだ。サンフランシスコまであと二五キロぐらいのところで、「ホテルで飲むためのアルコールを少し仕入れていこうよ」と彼が言いだした。私はいまだに、お酒を飲んだことがない。それはモルモンの価値観にしがみついているから、というよりは、お酒に飲まれるジョーの様子を見て怖くなったからだと思う。法的にお酒を飲める年齢になって、もう何カ月か経つのに、いまだに飲んでいないのは微妙に恥ずかしかった。だからコルトンには、「自分でも飲みたいのかどうかわからないけど、ちょっと興味はあるのよね」と正直に話した。コルトンは「大丈夫だよ」と言った。「あたしはたまに飲む程度だけど、そんなに怖がることないって。なんかすごく楽しくなって、気持ちが解放されるだけだから」

一緒に飲みたい人がいるとしたら、一番に思い浮かぶのはコルトンだ。コルトンはあたたかくて、エネルギッシュで、彼のそばにいるとみんな、全部受けいれてもらえるような気分になれる。一緒にいると、自分がつまらない人間なんじゃないか、なんて考えずにすむ。それにゲイだから、彼と性的に危うい関係になる心配もない。

ホテルの部屋に着いた瞬間、私たちはボトルを開け、バスルームからもってきたプラスチックのコップ二つにお酒をなみなみとついだ。〈サワーパッチキッズ〉の袋を開けて、お酒をあおったらすぐにグミを口に放りこめるよう準備する。

「準備いい？」コルトンが興奮気味にきく。私がうなずくと、カウントを始めた。「ワン、ツー、スリー」

鼻をつまんでお酒をあおり、〈サワーパッチキッズ〉を放りこむ。「何も感じない」。私はちょっと戸惑って言った。

コルトンも「そうだね」と言って、二人ともう一杯あおる。

「うーん、それほどでもないけど、いまはなんか、軽くクラクラする感じ」。コルトンも「そうだね」と言い、さらにもう一杯。

「よーし、きたわよ、いい感じ」

コルトンも「そうだね」と言い、念のため二人ともう一杯あおった。四杯目がどんな感じか結論を出す前に、私たちはベッドにダイブしてから、ホテルの廊下でかくれんぼを始め、もう閉まっているプールに忍び込んで泳いだ。お互いの手を一週間手錠でつないで、それをショートフィルムにしようという計画も立てた。手錠がないか探したけど、幸い手近には見つからなかった。

次の朝目覚めたときは、気分爽快だった。マスカラがとれて目の下がアライグマみたいに真っ黒になり、服は昨日のままだったけど。

「人生で最高の夜だった！」と私は高らかに宣言した。

コルトンも「そうだね」と言い、いまからもう一杯飲むかどうか、二人で検討した。でも結局、それはお楽しみのために夜までとっておくことにした。

ああ神様、私、本当にこれを待ってたんだ。よくいままで飲まずにいられたよね、と自分でも信じられなかった。酔っ払うって、ほかのどんな経験とも違う、唯一の感覚。酔っ払えば、心配ごとは全部消えてなくなる——自分の体への嫌悪感、食べるのをやめられない罪悪感、死にゆくママへの思い、出るのが恥ずかしいとさえ感じるドラマに主演しなきゃならない現実——そういうものがきれいさっぱり、消しとんでしまうのだ。酔っ払った私は、不安も感じず、何にも縛られず、「ママはどうしてほしいだろう」とか「ママが知ったらどう思うだろう」とかいちいち気にかけることもない——実際、酔っ払ったときには、私をあれこれ批判するママの声はまったく聞こえないのだ。

ああ、夜が待ちどおしくて仕方がない。


コンコンコン。

ドアを叩く音に気づいて、飛び起きた。うっ。頭がズキズキする。こめかみを押さえた。これがいわゆる、二日酔いってやつね。二日酔いになるとどんな感じか、話には聞いていたけど、実際に体験するのは初めてだった。サンフランシスコでコルトンと一緒に、ジャックダニエルの〈テネシーハニー〉を初めて飲んでから三週間、ほとんど毎日のようにお酒を飲みつづけてたのに。これまでは、何をどれだけ飲もうと、次の朝はなんの問題もなく起きられた。だけど今朝はなぜか様子が違う。何が原因？　テキーラ？　ウィスキー？　ラム？　ワイン？　全部チャンポンで飲んだから？　わからない。

コンコンコン。

もう。何時なの？　携帯を見た。午前八時五分。しまった。アラームをかけ忘れてた。飛行機に乗るには、五分前に出なくちゃいけなかったのに。きっとニコロデオンの運転手が来たんだ。

「いま行きます！」絶対いま起きたばっかりじゃありません的な声を装って返事をしたけど、たぶんバレてるに違いない。

勢いよく玄関のドアを開けた。スーツにネクタイの運転手の姿はどこにも見えない。代わりにいたのはビリーだった。ビリーは陽気な建築請負業者だ。咳止めドロップをなめながら、三人の職人を引き連れてそこに立っていた。

「よう、こんちは！」ビリーは元気にあいさつをすると、どうぞと言われるのも待たずにずかずかと踏みこんできた。三人の職人もあとにつづく。

ビリーが今日来る予定だったのをすっかり忘れてた。これを忘れるなんてかなりヤバい。最近、ほとんど毎日のように来てるのに。

三カ月前、私は家を買った。すごくいい投資になるよ、と誰もが言ったし、私自身にとってもワクワクするアイディアだった。私が自分で買う、初めての家。カビともゴミの山とも縁のない家。私自身が成しとげたことを示してくれる場所。

私が手に入れたのは、丘の中腹に建つ三階建てのきれいな家だ。すぐに引っ越しできて、改装の必要のない、即入居可の物件を探した。部屋の装飾もあれこれ考えずにすむように、内覧用に置いてあった家具をそのまま買うことにした。この家について私が決めた方針は、自分で何も考えなくてすむこと。装飾やら何やらは誰かに決めてもらって、私はただそこで楽しく暮らせればいい、そう思っていた。

ところが引っ越して数週間のうちに、この家は基礎設備全部を掘りおこして総替えする必要があることがわかった。パイプが壊れてシャワーの水が階下に漏れ、リビングの家具が全部水浸しになった。キッチンのシンクと、トイレの一つが詰まって流れない。デッキは欠けて、階段は壊れる。即入居可なんて、嘘っぱちだった。見かけはよかったけど、中身は崩壊寸前だったのだ。

ビリーと職人の一団が階段を上がっていくのを見送ってから、私は玄関ポーチに出て首を伸ばし、運転手が下に来ているかどうか確認した。いる。当然もう着いていた。しかも手袋をつけたまま腕を組んでいる。車のエンジンはアイドリング状態、トランクは開いていた。迎えにくる運転手たちは全員、腹立たしいほど用意周到で、時間に厳しい。

「もう二、三分だけ待って！」と運転手に向かって呼びかけた。

「了解です！　でももう本当に出ないと――！」彼はまだしゃべっていたけど、ドアを閉めた。私は最近、誰に対しても広い心のもてない、怒りっぽい人間になってきた気がする。自分でもその変化に気づいていたけど、変えるつもりはない。むしろ、積極的にそういう人間になりたいと思った。それは自分を守る鎧なのだ。怒りの下にある痛みに傷つくより、怒っているほうが気が楽だから。

私は二階へ駆けあがって、クローゼットからスーツケースを引っぱり出し、床の上に広げて置いた。職人たちがシャワーを修理するため、バスルームでバンバンガンガン音を立てるなか、私はスーツケースの上にかがんで、靴下や下着やパジャマ、ジーンズ、シャツなどを手当たり次第に突っこんだ。

ジャケットを手に取り、この旅行に必要かどうかしばらく考える。ニューヨークはいま、寒いんだっけ？　ジャケットを脇に放り投げると、代わりにパーカを選んだ。それをスーツケースに詰めこみ、フタをして、なんとかファスナーを上げようとスーツケースの上にすわる。しまった。化粧品を忘れた。

　大慌てで立ち上がると、とにかく思いついた化粧品を全部もっていくことにした。もうめちゃくちゃだ。バスルームの棚を開けて、メイクアップ用品や、旅行用歯ブラシ、ミニフロス、マウスウォッシュやらをかき集め、スーツケース前面のポケットに入れた。そのとき、電話が振動しはじめた。スワイプして答える。

「はい、パパ？」

　バンバンバン。ガーガーガー。「いますぐ来てくれ」

「いますぐ？」

　バンバンバン。ガーガーガー。

「ああ……」

　スーツケースの上にもう一度乗っかった。なんで閉まらないの？　ファスナーをもっと強く引っぱる。金具が壊れて、手のなかに残った。取れた金具を投げ捨てる。

「本当に行かなきゃダメ？　もう出ないと飛行機に間にあわないの。車が下で待ってて……」

　パパが電話の向こうで息をついたのが聞こえた。なんだか苦しそうだ。

「どこに行くんだ？」

「ニューヨークよ、言ったでしょ？」

「なんの用で？」

ガガガガガガ――いままで聞いたなかで一番うるさいドリルの音が鳴り響く。

「〈ニコロデオン・ワールドワイド・デー〉のイベントで――」途中まで言いかけて、こんな情報を伝えてもなんの意味もないことに気づいた。「とにかく、私がホストを務めることになってるの。それでも、行くのはやめたほうがいい？」

今日がヤマだって言われたんだ」

私は一瞬ショックを受けて固まったけど、すぐ立ち直った。これまでにもこんな経験は何度もあったから。もうダメかも……と言われても、やっぱりママは死なない。私はもう一度、スーツケースのファスナーを引っぱり上げにかかった。

「うん、でも……」私は言葉を濁した。何を言いたいのか、パパはきっと気づいてくれる。

「でも、なんだ？」

ダメだ。忘れてた。パパは私が何を言いたいのか、ぜんぜん気づいてくれない人だった。

「でも、これまでに何度もそういうことあったよね。今回もまたそうだったら、私、ヤバいことになるよ。今回のホストをすっぽかしたら、ニコロデオンはすごく怒ると思う」

一瞬の間があった。また玄関のドアを叩く音がする。たぶん、運転手がしびれを切らしたんだろう。パパはごくりと唾をのんだ。

「やっぱり来てくれ」

「わかった」

電話を切った瞬間、ようやくファスナーが閉まった。もうこの時点で汗まみれだ。私は立ち上がって、ベッドのところまで歩いていき、端っこにすわった。そして、一瞬だけ気持ちを落ちつかせてから、部屋をあとにした。これがたぶん、ママと会う最後の機会になる。このつらい現実を自分のなかでなんとか処理しようとしたけど、周囲の騒音のせいでぜんぜん集中できなかった。バンバンバン。ガーガーガー。ドンドンドン。

53.

ガービッジ・グローブの懐かしいゴミため屋敷のリビングで、カウチにすわった私は、部屋のなかに設置された看護ベッドに横たわるママを見つめている。カウチはベッドを入れるために移動されていた。ここ三週間、ママはホスピスケアを受けているので、この光景はとくに珍しいわけでもない。それでも、これまでママは起きあがっていることのほうが多かったから、こんなふうに横たわっている姿には慣れなかった。呼吸もこれまでになく浅いように思えた。

スコッティとダスティンがそばにすわっている。全員黙ったままだ。長年のうちに、感情を消耗しつくしてしまった気がした。誰も泣いていないのはちょっと驚きだったけど、もう流す涙も残っていないのかもしれない。母親の死の最終リハーサルを、少なくとも一二回はやってきたのだ。私たちは、例のガン告知のビデオテープのことを思いだしていた。

携帯にメールの着信を知らせる音がした。「〈ワールドワイド・デー〉のことは心配しなくて大丈夫」というニコロデオンからの連絡だった。「ありがとうございます」とメールを返した。

もう一通メールが来た。いま付きあっている彼からのメールだ。この「今カレ」と出会ったのは、ツイッターを通してだった。最初に実際に会うことにしたときには、ほかの友だちも一緒に来てもらって、殺されたりしないよう予防線を張った。そんな危ない人じゃないことがわかると、私は彼とちょっと豪華なディナーに行ったり、レーザーサバイバルゲームやミニゴルフに出かけて遊んだりした。ディズニーランドに行って、二人で花火も見た（わざわざＶＩＰ専用のガイドを頼むというぜいたくもした。パレードをストップさせて、グーフィーの機嫌を損ねることがないように）。

今カレは申し分なく優しくて、思いやりがあって、ロマンチック。だけど、愛してはいない。それはたぶん、ママが死にかけているいま、ほかの誰かを愛する余裕が私の心には残されていないから。それか、私は自分が人と本当のつながりをもてないのを、悲しみのせいにしているだけなのかもしれない。悲しみは都合のいい言い訳だ。なんにせよ、誰かのことを愛せない理由として、悲しみは超強力な道具になりうることに私は気づいた。

誰かを愛するのは、ものすごく繊細な行為だ。ちょっとしたことで痛みを感じ、傷ついてしまう。そして、痛みのあまり自分を見失う。誰かを愛すると、「自分」が消えていくのだ。だから、二、三カ月のあいだ誰かのことをうっとりと見つめ、楽しい思い出をつくり、内輪のジョークを言って楽しんだら、次の相手に乗り換えて、また同じことを繰り返す。そのほうがずっと楽。

この今カレとの関係も、そんな感じだった。彼との気晴らしは楽しかったけど、もうそろそろ次の相手を探すときだ。

携帯を出して、彼からのメールを見た。

「どう、元気？」

あんまり細かいことを言いたくないけど、いま元気？　って訊くタイミングなわけ？　ありえない。もう無理。返事を書いた。

「悪いけど、いまメールする気分じゃありません。ママが死にかけていて、一人になる時間が必要です。わかってください」

送信。おしまい。簡単だった。死にゆくママのほうに視線を戻す。またメールがきた。

「そんなこと言わないで。きみのママは死なないよ」

私のメールはほとんど読んでないらしい。あきれた。ママがガンで死にかけていることはもう一二回も伝えたはずなのに、彼にとっては足首を捻挫した程度の認識なのだ。彼には「喪失感」というものが理解できないようだった。どうやら世界には、二種類の人間がいるらしい。「喪失感」を知っている人と、知らない人。知らない人に出くわした場合、私はその人を無視するしかない。

ここのところ、私はつねにイライラしていた。これ以上他人と関わりあいたくない。カウチの肘かけに、携帯を下向きに置いた。ダスティン、スコッティ、そしてママを見る。ママの呼吸はすごく苦しそうだ。まるで必死に生にしがみつこうとしているみたい。こんなの見たくない。

ママは激しく息を吸いこんで、吐きだした。ホスピスケアの看護師がパパと目を合わせ、小さくうなずいた。パパが私たちを見る。ママは逝ってしまった。

全員が感覚を失くしたようだった。誰も泣いていない。私たちはただ黙って、すわっていた。しばらくして、私は携帯をとりあげた。大量のメールが入ってきていた。みんながママの死を知っている。E!ニュースが速報を伝えていた。いったいどうやって知ったのか、見当もつかない。メールのタブから、今カレのスレッドを探し、最後にくれたメールの文面を見つめる。「そんなこと言わないで。きみのママは死なないよ」

返信を打った。「いま亡くなりました」

after

54.

私たちは一人一人、さよならを言った。といっても、みんなママの亡骸をぼんやりと見つめるだけだった。看護師がママの亡骸の乗ったベッドを部屋から運びだし、病院の車に乗せた。

「これからどうしようか」とパパが言い、「とにかく家を出て、どこかへ出かけよう」と提案した。誰も答えを返さないので、パパはサウス・コースト・プラザへ向かうことに決めた。車で二〇分ぐらい行ったところにある大きなショッピングモールだ。全員、車に乗りこんだ。

iPhoneのケースが欲しかったので、まずアップルストアに向かった。小柄で陽気な店員が近づいてくる。白い歯と後退しつつある生え際が特徴的だ。

「やあ、みなさん、楽しい日をお過ごしですか?」そう言って店員はにこやかに笑った。誰も答えない。雰囲気を読んで、アップルの店員は笑顔を消すと対応を変えた。この判断は見事だった。

「何かお探しでしょうか?」

私はiPhoneケースを買い、五分もたたないうちに店を出た。同じ階の小さなカフェに行って、昼食をとる。私はサラダを頼み、ママに敬意を払ってドレッシングは別にしてもらった。でも、一口も食べなかった。ママの死のショックのせいで、ついに食欲がなくなったことをラッキーと感じ、嬉しいとさえ思った。たしかにママは死んじゃったけど、少なくとも私のドカ食いはなくなった。少なくとも、私は痩せていて価値ある人間だと感じることができ、自分の体の小ささを誇りに思える。私の見かけはまた子どもっぽくなった。このままこの状態をキープしよう。ママに敬意を払うために。

その夜、私は大きな家に一人きりで戻った。ビリーと職人たちは、明日もまた来るので、修理用の資材を全部置いたままだ。リビングの家具には防水シートがかけてある。私は防水シートの上にすわり、あたりを見回した。こんな家、大嫌い。

体をモゾモゾと動かす。防水シートにしわが寄って、妙に大きな音がした。いったいどうすればいいのかわからない。ウィスキーのボトルを開け、二口三口、じかにがぶ飲みしてから、コルトンとほかの友だち数人にメールして、これからちょっと付きあってくれない？　と頼んだ。

全員でリトル・トーキョーの寿司レストランに行き、夕食をとった。日本酒をボトルからじか飲みする。メニューを全員で回しながら見た。どの料理もおいしそう。ぜんぶ食べたい。メニューに載っているもの、一つ残らず。

私はめちゃくちゃ混乱していた。ここ一カ月くらいは、食べ物のことなんか考えている余裕はなかった。五キロも痩せた。口にするものといったら、ウィスキーにコーク・ゼロ、〈レイズ〉のバーベキュー味チップスの小袋二つだけという毎日だった。なのにいま、私の体のなかで何かが起っている。お腹ペコペコ。猛烈に何か食べたい。

みんなは一〇分も話しつづけているのに、私は一秒たりとも会話に加わっていない。私が黙っているのは、悲しみのせいだろうとみんなたぶん思っている。だけど、悲しいからじゃない。みんなは知らないけど、とにかく食べたくてたまらないだけ。

ウェイトレスが注文をとりにきても、まだ何を頼むか決められない。だけど酔っ払っていたので、とりあえずメニューで一番先に目についたものを頼んだ——テリヤキ丼。つけあわせの蒸しキャベツと、あとはご飯を二口三口食べるだけにしておこう。でも熱々の丼が私の前に置かれた瞬間、もう我慢できなかった。ものすごい速さで、丼を一口も残さずかきこんだ。それから日本酒のボトルをもう一本と、ご飯と春巻を追加し、デザートにアイスクリームも頼んだ。日本酒をまた丸ごと一本空け、料理も全部きれいに平らげた。

家に戻ったときには、アルコールのせいで頭がクラクラしていた。ボードゲームをしたり音楽を聴いたりしたけど、私はぜんぜん上の空だった。私が気にしているのはただ一つ——今日食べた半端ない量の食べ物と、それを一体どうすればいいのか、という恐ろしい現実だった。

私はできるかぎり早くみんなに帰ってもらおうとしたけど、これがなかなか至難の業だった。そもそもママが死んだ日に、「一人になりたくないから付きあって」と言ってみんなを呼んだのは、ほかならぬこの私だ。どの友人も帰る前に、「本当に一人で大丈夫？　泊まって行こうか？」と何度もたしかめてくれた。

みんなが帰ると、大急ぎで二階のマスター・バスルームに走った。ビリーの置いていった資材があちこちに散らばっているので、爪先立ちでよけながらトイレに向かう。トイレのふたを上げ、膝をつくと、喉の奥に指を突っこんだ。

何も出ない。クソ。もっと奥まで指を突っこむ。オエ。指が喉に当たって、少し血の味がした。ひっかいて傷がついたんだ。ちょっと待って。落ちつこう。私は息を整えると、指をさらに喉の奥深く、行けるところまで思いきり突っこんだ。ついに、胃のなかのものが喉を通って口から噴き出し、便器のなかにこぼれおちた。たったいま吐き戻したゲロを見る。細かくなったご飯とチキンのかたまりと、溶けて泡状になったアイスクリーム。やった、と勝ち誇った気分になった。

食欲に負けて食べたからって何？　自分に負けたからって何よ？　だからどうだっていうの？　喉の奥に指を突っこんで、過ちをなかったことにすればいいだけじゃない。これはすごくいいことの始まりのような気がした。

55.

ママのお葬式に備えて髪を整え、お化粧をしながら、鏡に映った自分の姿を見つめる。ママが一番好きだった私の姿は、私が一番嫌いな自分の姿。ホットカーラーで髪を巻き、真っ赤な口紅をはみだし気味に塗り、目頭ギリギリにアイライナーを引く。できあがった顔は思ったほど上出来じゃなかったけど、やりなおしている時間はない。これでよしとするしかない。

何も考えずに黒いドレスを引っぱりだし、ファスナーを上げ、ハイヒールを履く。今週泊まりにきてくれているマーカスが、車に乗せて行ってくれる。奥さんのエリザベスが助手席で、私はうしろ。教会に着くまでの一時間半を使って、決断を下すことにした。大きな決断だから、じっくり考える必要がある。

道中は地獄だった。車は数珠つなぎだし、いまラジオで一番のヒット曲、サラ・バレリスの「ブレイヴ」が三曲ごとに流れる。ふつうの日ならぜんぜん問題ないけど、ママのお葬式の日に、サラ・バレリスに「さあ、勇敢なあなたを見せて」とあおられるのは勘弁してほしかった。なんとか無視しようと目を閉じる。集中して、答えを出そうと必死に考えた。

ママのお葬式で、私は「愛は翼にのって」を歌うべきか。

人生最後の数カ月間、ママが私に求めたその願いは、私をずっと苦しめつづけた。何をしていても、その件が頭から離れない。先月なんて、あんまり毎晩練習するので、隣の人がうちのドアに「ベット・ミドラー禁止」の貼り紙を貼りつけたほどだ。

まだ私のなかに根強く残っているモルモン教の教えによると、ママはいまこの瞬間も天なる王国の玉座から、私のことをがっかりしつつ見下ろしているはずだ。ママがいるのはもちろん、モルモン教で一番尊い最高位の天なる王国で、まかり間違ってもママが地上の王国や、一番下位のどうでもいい王国にいるなんてありえない。マジで。

とりとめもなく考えていると、サラが「ブレイヴ」の最後のコーラス部分を全力で歌いだしたので、ハッと我に返った。そういうことか。たしかにサラの言うとおりかも。私は勇気を出すべきなんだ。ママのお葬式で、「愛は翼にのって」を歌えということなんだ。これこそまさに、神の思し召し。私の死後の地位は、これで決まるんだ。

マーカスは末日聖徒イエス・キリスト教会ガーデングローブ第六ワード教会の駐車場に車を入れた。私たちが子どものころから通った教会だ。正面の階段を上がり、通用口をくぐる。もうずいぶん長いこと来ていないけど、その様子も匂いもすべて私が覚えているとおりだった。タイルクリーナーと黄麻布の匂い。入口の白いタイル、廊下の青いカーペット、さまざまな場面に描きこまれたキリストと使徒たちの絵（男性の長髪にはなんの魅力も感じないけど、その長髪の人のあごのラインはなかなか魅力的だった）。

マーカスとエリザベスは会葬者を出迎えにいき、私は一人残された。家族用の待合室に向かい、うつろな目をしたダスティンとスコッティとおばあちゃんの横にすわる。バッグのなかから、念のため昨日の夜プリントアウトしておいた「愛は翼にのって」の楽譜を引っぱりだした。楽譜をいじりながら、歌詞をちゃんと覚えているかどうかチェックする。心のなかで歌っているだけなのに、コーラスの部分にくるとやっぱり緊張で固まってしまう。最悪。私にはこの歌は歌えないと、心の底ではわかっていたけど、どうしても歌わなきゃいけないような気がする。死を前にした母親との約束を、破るわけにはいかないのだ。

ピアニストが歩いてくるのが見えたので、楽譜を渡そうと立ち上がりかけた。ちょうどそのとき、棺を担ぐ人たちがママの棺桶を担いでしずしずと部屋に入ってきた。あの人たちはとてもゆっくり歩く。注目を浴びるのが嬉しいのだ。お兄ちゃんたちは泣き出した。おばあちゃんは泣きながら訴えている。「オードブルの盛り合わせが足りないわ！　会葬者がこんなにいるとは思わなかった！」

私は弔辞のトリを務めることになっていたので、すべての弔辞を聞きながら、どうにかして歌を歌うチャンスがつくれないかとあれこれ考えを巡らせた。キーを一つか二つ下げて歌ってみようか？　でもそうすると、導入部分のキーが低くなりすぎる。コーラスのメロディーをちょっといじってごまかしてみたら？　いや、実際ムリだ。ベット・ミドラーの曲のメロディーを「いじる」ことなんてできない。ベットの曲はベットのとおりに歌うしかないのだ。

私の弔辞の番がきた。

壇上に上がった。震えている。ピアニストに楽譜を渡している暇はなかったから、「愛は翼にのって」をママのお葬式で歌うには、もうアカペラでやるしかない。咳払いをし、大きく息を吸いこんだ私は……わっと泣きだした。そのしゃくりあげる嗚咽の声は、『ハリウッド的殺人事件』のオーディションの大泣きさえかすんでしまうような激しさだった。涙が止まらない。とめどなく続く嗚咽の声。とうとう司教さまが、私の肩をなだめるように叩いた。

「礼拝堂はあと一五分しか使えないんだ。次はジョン・トレーダーの洗礼が控えているのでね」

私はステージを降りた。ベット・ミドラーの出番はなかった。

56.

「きみがいい人で本当に助かるよ」。助監督が感謝しつつも、気の毒そうな目つきで私を見た。

「うん」。私は感情をこめずに答える。二人の子役が飛びついてきた。この子たちがちゃんと出番をこなせるよう、このシーンのリハーサルをするのはもう七回目だ。これまでに、クリエイターが些細な理由で子役をクビにするのを何度も見てきた。セリフを飛ばしたとか、出番をミスったとか。だから今日みたいなリハーサルの日には、監督は子役たちにしっかりと芝居をたたきこんで、クリエイターにクビにされないよう備えておくのだ。

最近、このフレーズをよく言われるようになった。「きみがいい人で本当に助かるよ」。ほとんど毎日、言われない日はないくらい。助監督だけじゃなく、マネージャーには電話で話をするたびに言われるし、ライターやプロデューサーからも週に一回は言われる。テレビ局のお偉がたが私にくれた〈バーニーズ〉の五〇〇ドルのギフトカードには、そのフレーズを書いたカードが添えられていた。

どうしてそう言われるのか、理由はわかっている。共演者は人気急上昇中のポップスターで、何かの授賞式で歌うとか、新曲のレコーディングだとか、ニューアルバムの宣伝をするとかで、しょっちゅう撮影を休むのだ。私はそのあいだムッとしながらも、一人で留守を守る。彼女が仕事を休まないといけない理由は、一応理解している。だけど同時に、なぜ彼女にだけそれが許されるのか、そこが理解できなかった。私も『アイ・カーリー』に出演していたとき、劇場用映画の仕事をとったことが二回ある。でも、『アイ・カーリー』のチームが、私のいないエピソードを書くことはできないと言ったので、映画出演はご破算になった。

現状をよく整理してみて、気持ちを落ちつけようとした。つまり、こういうことね。私がほかの映画に出ることを許可してもらえなかったのは、それをすると私がまったく登場しないエピソードを書かなくちゃならなかったから。でも共演者の場合、せいぜいリハーサルとか撮影を数日休む程度。何週間もまるまるいなくなるわけじゃないから、音楽活動を許してもらえる。

ところが今週は事情が違った。アリアナは今週一度もセットに来られず、ドラマのチームは彼女の不在を説明するために、「キャットは箱のなかに閉じこめられた」という設定で今回のエピソードを乗り切るというのだ。

何それ。ふざけてんの？

私は映画の出演を断ったのに、アリアナは一週間ずっと「箱のなかに閉じ込められた」ことにしてもらって、〈ビルボード・ミュージック・アワード〉であの高音域のボーカルを披露できるわけ？

ったく。バカにしてる。

「きみがいい人で本当に助かるよ」という言葉を、本当のほめ言葉と受けとっていた時期もあった。そう言われることを、誇りに思っていた。ママはつねに、「上を目指しつづけなさい」と言った。「一つでも多くの役を取って、役者としてのキャリアをもっともっと成長させていくためにいい評判を積みあげていくのよ」と。だから、「いい人」と言われると、私は正しいことをしてるんだ、と確信することができた。「そうですとも、私はいい人。信頼に足る人間。私は扱いにくい問題児とは正反対の、いい子で先生のお気に入り」

だけどもう、そうは思えなくなった。つねにニコニコしつづけるなんてできないし、その事実を変えようとも思わない。だって、人は自分の置かれた状況を変えることはできないのだ。自分を取り巻く状況のせいでこんな人間になったのなら、なぜその自分を変えなきゃいけない？「いい人」でいるのはもうおしまい。「いい人」でいたって、ムカつくだけ。そもそも最初から「いい人」でなければ、こんな悲惨な状況に陥らずにすんだのだ。こんなクソつまらないドラマに出て、クソつまらないセットで、クソつまらない髪型にされて、クソつまらないセリフを言うこともなかった。いまごろ私の人生は、ぜんぜん違うものになっていたかもしれない。いったいどんな人生になっていただろうか、と想像してみることもあった。

でも、そんな人生にはなっていない。私にあるのは、いま、この人生だけ。アリアナは音楽界でのキャリアを追求するためドラマの仕事を休み、私はムカつきながらその穴を埋める。こんな状況には、もううんざりだった。アリアナにもムカついた。うらやましくて仕方がなかった。その理由はいくつかある。

第一に、彼女は私よりずっと恵まれた環境で育ってきた。私が育ったのは、ガービッジ・グローブにある最悪のゴミため屋敷。ガンに蝕まれたママが、家賃や光熱費が払えないと絶えず泣き言を言っていた。アリアナが育ったのは、フロリダ州ボカ・ラトン。信じられないほど豊かでのどかな町。元気なママが、望むものはなんでもすぐに買い与えてくれた。グッチのバッグにシャネルの服、ぜいたくな旅行。別にシャネルの服なんて欲しいとも思わない——あの生地の感じが好きじゃないし——けど、それを買ってもらえる彼女がうらやましかった。

第二に、数年前、スピンオフ・ドラマの話をニコロデオンから最初にもらったとき、主役は私一人のはずだった。最初の構想では、タイトルは『ジャスト・パケット』で、素行が悪くて派手な非行少女だった主人公がスクール・カウンセラーになり、悲惨な物語が展開されていく予定だったのだ。ところが、いつのまにかドラマは中途半端なダブル主演の『サム&キャット』に変わり、素行が悪くて派手な非行少女だった主人公が「ちょっと天然な親友」と一緒にベビーシッター会社を立ちあげる話になっていた。その会社の名前は〈サムとキャットのスーパー・ロッキン・ファンタイム・ベビーシッター・サービス〉。ぜんぜん悲惨そうじゃない。

第三に、アリアナはいま、「三〇歳未満のすぐれた三〇人リスト」に必ず名前のあがる存在として脚光を浴びている最中だ。対して私はといえば、〈レベッカボンボン〉の専属キャラに決まったといってマネジメントは大喜び。そんな状況だった。〈レベッカボンボン〉とは、舌をペロッと出した猫の絵がトレードマークになっているローティーン向けの服のブランドで、〈ウォルマート〉で独占販売されている。そんな私が、自分のキャリアをアリアナと比べるという大きな間違いをつい犯してしまうのも、仕方ないと思う。だって私はつねに彼女と同じ環境で過ごしていたし、彼女は自分の成功を隠そうともしなかったから。

最初は私も、自分の嫉妬心をうまくコントロールできていた。彼女がルンルンしながらセットにやってきて、「今度〈ビルボード・アワード〉で歌うの」と言っても、別に気にもならなかった。だから何？　彼女は音楽界でのキャリアを追求してるだけで、私はやりたくなかったから音楽をやめただけ。そして、その音楽界でのキャリアのワンステップとして、彼女はステージに上がって安っぽいポップソングを歌うだけ。私はそんなの、聞いただけでゾッとする。そういう話を聞かされても、私はぜんぜん平気だった。

ところが次に、彼女はまたもやスキップしながらセットにやってきて、「私『ＥＬＬＥ』の表紙になるの」と言ったのだ。これにはちょっとカチンときた。まあでもそれは、私の気持ちが不安定だったせいもある。私は雑誌の表紙になれるほどきれいじゃないんだろうか？　このドラマがダブル主演じゃなかったら、私も表紙になれたのかも。彼女は、私が手にしていたはずの機会をぜんぶ横取りしているのかもしれない。私は嫉妬する気持ちをのみこんで、そのまま平気な顔を続けた。

最後に私の我慢の限界が来たのは、またアリアナが高音で鼻歌を歌いながらセットにやってきて、興奮しながらこう言ったときだ。「聞いて、昨日の夜ね、トム・ハンクスの家でジェスチャーゲームをしたの、すごくない？」　それで私の気持ちは、プツンと切れた。もうたくさん。〈ビルボード・アワード〉に『ＥＬＬＥ』の表紙……そんなのはどうでもいい。だけど、あの国宝級の大スター、アカデミー賞に六回ノミネートされ、二回も受賞したトム・ハンクスの家で、ジェスチャーゲームをしたって？　なんなのよ、それ？

その瞬間から、私は彼女が大嫌いになった。彼女のことを好きになるなんて無理。ポップスターとしての成功なら、どれだけ自慢されてもかまわない。でも、『トイ・ストーリー』のウッディや、フォレスト・ガンプと一緒に遊ぶなんて。なんであなたにそんなことが許されるの？

だからいまは、彼女が仕事を休むたび、私は自分が攻撃されているような気になるのだ。彼女が夢みたいな経験をするたびに、その経験は私からかすめとったもののように思えるのだ。そして、誰かに「いい人」と言われるたびに、私が感じるのは「いい人」になんかなりたくないという苦々しい思いだけ。「いい人」なんてクソくらえ。それより私はトム・ハンクスとジェスチャーゲームがしたかった。

57.

コルトンと私は、リアムの運転する2009年式トヨタ・カローラのバックシートで、テキーラをポケットボトルからガブ飲みしていた。ポケットボトルは最悪だ。一口飲むごとに吐きそうになるけど、それでもかまわず飲みつづける。目的地に着くころには、すっかり出来上がっているはず。

「どう、いい感じ？」赤信号で止まったとき、リアムが振り返っておずおずとたずねた。もうそんなふうに訊かれるのは五回目か六回目だ。そのたびに、リアムは私の目をまっすぐ見る。私の答えだけを気にしているのが丸わかりだ。

リアムと私が出会ったのは二、三カ月前、コルトンの友だちのシンコ・デ・マヨ〔五月五日メキシコがフランス軍に勝ったことを祝う戦勝記念日〕のパーティーのとき。彼はビュッフェ・テーブルで、自分用のファヒータ〔肉をトルティーヤで巻いたメキシコ料理〕をつくっていた。一八八センチの長身に、シャギーなヘアカット。大きな瞳をもつ彼に、私は吸い寄せられるように近づいた。マルガリータを飲みながら私たちは意気投合し、強く惹かれあうものを感じた。お互い、なんとなくビビっとくる部分があったのだ。

「もうこれ以上ないってくらい、サイコー！」ポケットボトルをもう一本、コルトンと回し飲みしつつ、ろれつの回らない舌で答える。神様、めっちゃ楽しい！

「よかった」とリアムは言って、ウィンクした。ウィンクしてもキモくない男性って、それだけで貴重な存在。彼は運転を続ける。

まだセックスは経験していないけど、そろそろそのときがきたかも、と感じはじめていた。もう怖いとは思わない。いまは何も怖くない。ママは死んだんだから、何一つ気にする必要はない。

リアムは私のバージンを捧げるのにピッタリな人、って気がした。彼のことは好きだけど、そこまで深く彼のことを思っているわけじゃない。だから体の関係をもった瞬間、彼に執着しすぎてしまう、といった心配はなさそうだ。私が何よりも恐れていたのは、そういう事態だった。女はそういうふうになりがち、という話をうんざりするほど聞いてきたから。そういう女になることだけは、なんとしても避けたかった。男なしでは生きられない、か弱い女にはなりたくない。一度肉体関係をもっただけで、その相手にすべてを捧げるなんてありえない。私はもっと強い女になりたい。

リアムと私はもうすぐそういう関係になる。私にはわかっていた。ひょっとしたら今夜にも初めてキスをする。それから一週間か二週間経って、二人のあいだに充分な緊張感が高まり、それ以上こらえきれなくなったとき、ついにセックスへと進むのだ。そのときのことを空想すると、ドキドキした。もう一口、ポケットボトルをあおった。

二〇分後、私たちは目的地のダンスクラブに到着した。友だちのエミーの二一歳のバースデイ・パーティーが開かれる場所だ。

コルトンとリアムが、よろめく私を支えてなかへ連れていってくれた。しこたま飲んだうえ、かなりのハイヒールをはいているので、まっすぐ歩けない。なかに入ると、バーに直行した。ドリンクを三人分注文して、早速あおる。

パーティー自体は、まあそこそこで、かなり酔っ払っていてもちょっと退屈だった。エミーが目の端でリアムをちらちら見ているのがわかった。女が好きな男に対して、好意を寄せていることを露骨に示すのは大嫌い。そういう態度を見せていると、ほかの女が寄ってきて、その男を横からさらっていくかもしれない。自分はその男のことが好きでもないのに、人から男を奪って楽しみたがるビッチがいるのだ。私はそういう事実を、ママから聞かされて学んだ。ママからは、男より女のほうがずっと信用できないという話を、しょっちゅう長々と聞かされた。「男が相手を傷つけるのはね、相手のことをよく知らないから。だけど女は……女はね、相手のことを深く、誰よりも親しく知っておいて、そのうえで相手を傷つけるのよ。どっちのほうがひどいと思う？」

だから、私は女を信用しない。ただ、黙って観察する。女たちが必死なふりをしたり、弱くてかわいそうな自分を演じたりするのをじっと見る。私は女である自分が心底うとましかった。エミーのような女を研究して、そういう女にならないよう細心の注意を払っていた。絶対にああいう女にはなりたくない。

ドリンクをもう一杯、チビチビすすりながら、エミーが大げさなリアクションでリアムに言い寄る様子を見ている。長いことリアムにまとわりつき過ぎ。それに、あざとく上目づかいでまばたきしたり、髪をクルクル指先でいじったり、「うっかり」彼の腕に触ったり。そんなの全部逆効果。ご愁傷さま。私はエミーの真逆をいき、パーティーのあいだずっとリアムを完全に無視しつづけた。楽勝よ。

二時間後、私の家に戻ってきた。コルトンは途中で降ろしたので、今は私とリアムの二人きりだ。リアムは私をベッドに押し倒して、赤銅色のドレスを脱がせにかかった。めまいがする。部屋が回っている。酔っ払って、何がなんだかよくわからない。私、いったいどこにいるの?

「何してるの?」ようやく言葉が口に出た。

「きみといまからヤるんでしゅよ」。そのリアムの言い方に、吐きそうになった。赤ちゃんみたいなしゃべり方だけど、声だけが妙に低くて気持ち悪い。

やめて、と言いたかった。こんなの、私が思ってたバージンの失い方とぜんぜん違う。だいたい、今夜だなんて考えていなかった。今日は魔法のようなファーストキスで終わって、バージンを失うのは一週間か二週間あとのはず。そうすれば精神的にも感情的にも、もっと準備ができるから。

でも、このまま行っちゃえ、という気持ちもあった。儀式じゃあるまいし、準備なんて必要ある? これでバージンなんてさっさと捨てちゃえる。

もうどうでもいいや。何も言わなかった。とにかく目を細め、状況をしっかり見ておこうと頭を上げる。やっと見えた。リアムは私の腰をつかんで、自分のモノを繰り返し私のなかに送りこんでくる。玉のような汗が彼の額を伝っていた。キモい。

しばらくして、リアムは私のなかから出ていった。イッたのだ。私はイッてない。

次の朝、ぐっしょりと汗で濡れたシーツの上で、私は目覚めた。息が詰まるかと思った。身動きが取れない。拘束衣を着せられているみたい。目を開けた。リアムが後ろから私を抱きしめていた。私のかいている汗の量から考えて、リアムは一晩中私に抱きついていたに違いない。そこから逃れようとしたけど、できなかった。でかい男が上から覆いかぶさっているのだ。私みたいな小柄な女にとって、男はみんな巨人みたいなものだ。もがいてみたけど、ぜんぜん脱けだせない。最後に、私は彼を激しくつついて起こした。彼が目覚めると、私はつついたりしてないけど、何か感じたの？　みたいな感じでしらばっくれた。

彼は私の目をまっすぐ見て、にっこりとほほえんだ。そして、「昨日の夜は最高だったよ」と言った。私も「そうね」と嘘の答えを返した。あとで一人になってから、彼と別れる理由を考えよう。

彼はもっと抱きあいたいみたいだったけど、「おしっこしたい」と言ってベッドを離れた。立ちあがった瞬間、アソコがめちゃくちゃヒリヒリするのに気づいた。痛くてふつうに歩けないので、ソロソロと進む。トイレに入って、おしっこしようと下着をおろすと、血がついていた。生理の血じゃないことはたしかだ――摂食障害のせいで、もう何年も生理は止まったままなのだ。これはたぶん、初めてセックスしたせいに違いない。

おしっこするのも痛いので、チョロチョロと出すようにした。少しずつ出せば、痛みも減るかと思って。そんなわけない。痛みが長引いただけだった。

一〇分もかけて手を洗った。石鹸をつけ、洗い流しては、また石鹸をつけて洗い流す。トイレにいる時間を、いつまでも引き延ばしていた。リアムのいるベッドに戻りたくなかったのだ。

彼の存在自体が、嫌で嫌でたまらなかった。コンコンコン。

「大丈夫？」

「気分が悪いの」と言うと、リアムは帰っていった。

朝食をフードデリバリーで頼んだ。卵とベーコンとトーストとポテト、ホイップクリーム入りのラテ。ほとんどヤケになって、ガツガツ食べる。半分まできた。「ここでやめてもいい。もうお腹一杯なんだから、これ以上食べる必要ない。悪循環を断ち切らなくちゃ」。テイクアウトの箱をゴミ箱に突っこんだ。どうにかしないと、という思いが身体中を駆けめぐっている。トイレに駆けこむと、便器の蓋を上げ、朝食をぜんぶ戻した。それから顔と手を洗った。

ふつうならこの時点でもう消耗しきっているけど、今日は違っていた。私のなかには抑えこまれた不安が渦巻いている。この満たされない思いをどうにかしないと。

ゴミ箱のところに戻って、テイクアウトの箱をなかから取りだした。卵を口に詰めこんで、クチャクチャとかむ。「待って、私いったい何してるの？　こんなことやめなきゃ、もうやめなきゃ」。半分かんだ卵をゴミ箱に吐きだす。トイレに行って、香水を持ってくると、残りの食べ物にふりかけた。もうこれ以上食べられないように。だけどそれでもまた私は食べつづけた。香水のせいで気持ちが悪くなる。また戻した。

58.

「これ以上行っちゃうと、痩せすぎに見えるから」

「今日は一段とステキ。でも、これくらいにしといてね。これ以上行っちゃうと、痩せすぎに見えるから」

「まさに花開きつつあるね」

「すごくきれいだよ」

「きみのスタイル、抜群だね」

　これはぜんぶ、ここ数週間のあいだに私に向かって投げかけられた言葉だ。一緒に仕事をするプロデューサーやエージェント、撮影スタッフ。この数週間のうちに、これまでにないくらい私の体型について好意的な――そして虫唾の走るような――言葉をかけられるようになった。

　この時点で、私の摂食障害はすでにはじまって一〇年を超えていた。最初は拒食症、次にドカ食い期、そしていまの過食症。摂食障害の経験が増えるにつれ、見かけは体のなかで起こっていることをまったく反映しないと気づいた。この一〇年のうちに、私の体型は激しい変動をひんぱんに繰り返している。体重が多いときも少ないときも、服のサイズがキッズサイズの一〇スリムだろうと大人サイズの六だろうと、私はつねに食べることに問題を抱えていた。

　たぶん摂食障害を経験した人でなければ、そのつらさはわからない。みんな、痩せているのは

「いいこと」、太っているのは「悪いこと」と考え、痩せすぎもやっぱり「悪いこと」になる。「いいこと」の範囲はすごく狭いのだ。私はいまのところ、その「いいこと」の範疇に収まっていたけど、食習慣は最悪だった。毎日毎日、自分の体を痛めつける。みじめで、消耗しきっていた。なのに、みんなは私のことをほめつづけるのだ。

「はっきり言って、きみがリハーサル中にドアから出てくるシーンがあると、きみのお尻から目が離せないんだよね。こんなこと言って、キモいと思わないでほしい。これは最大限の賛辞のつもりなんだよ」

59.

今日は月曜日。私が一週間のなかで月曜日が一番好きな理由は、二つある。一つは、リハーサルが一番早く終わる日だから。もう一つは、毎週月曜日、台本の読みあわせに集まるとき、テーブルの上に最新版のスケジュール表が置かれることになっているから。そこにはこれから撮影するエピソードのタイトルと、監督と、撮影予定日が書いてある。そして、毎回最新版のスケジュール表が自分の前に置かれるたび、私は撮影予定のエピソードの一つに、監督として自分の名前が書いてあるのを見ることができるのだ。

私がこのスピンオフ・シリーズを引きうけることにしたのは、おもにママを喜ばせるためだった。

でも、じつは理由はもう一つあって、それはクリエイターがエピソードの一つで私に監督を任せると約束してくれたからだった。まあ実際、あのクリエイターが製作を指揮するドラマで監督をするのは、自分のクリエイティヴな能力を鍛えるのに役立つとはあまり言えない。撮影のあいだ、クリエイターはずっと現場に立ちあうし、自分の考えを頑として変えず、他人の意見もほとんど聞かないのだ。それでも、ドラマのエピソードを監督することは、私のことを単なる子ども向けテレビ俳優以上の存在として、業界全体にアピールするいい機会になる。私には自分がはめこまれた型を打ち破れるような力があると、世間に見せつけるチャンスなのだ。だから私は、どうしても監督という役目を経験したかった。

私の監督業デビューの日程は、何度か遅らされたけど、そのたびに「これはほかの監督とのスケジュール調整のせいだから安心して」と言われた。そして、私の監督予定の最新版スケジュール——それは最終エピソードの日だった——は「もう絶対動かないから」とも言われた。私の心の準備はすっかり整っていた。

コーヒーを手にした私は椅子にすわり、製作助手が最新のスケジュール表を各メンバーの前のテーブルに置いていくのを見つめる。早く、ブラッドリー、さっさとこっちにも渡してよ。

「どうぞ」と彼は言って、私の前にサーモンピンクの紙を置いた。

私は紙を手にとり、ページの一番下、最終エピソードの詳細が書かれた部分に目をやった。そこには「監督」と書かれた小さな欄に、私の名前が書かれているはず。

撮影日の日程は、前に聞かされていたとおりだった。その最終エピソードの小さな「監督」欄には、私の名前が書かれているはずだったのだ。だけど、そこに書いてあったのは、「未定」の二文

字だった。え、印刷ミスじゃない？　誰かほかの人と目を合わせようとしたけど、まだスタッフは

二、三人しか来てないし、つねに縫い物をしている衣装係にこんな話をしても、なんのことやらさっぱりだろう。

呼吸が乱れて速くなる。パニック発作寸前だ。プロデューサーなら何か知っているかもしれないと思ってあたりを見回してみたけど、今日はまだ一人も来ていない。信じられない。胸に一発くらって息ができなくなったみたい。

お偉がたやプロデューサーたちが部屋に入ってきた。そのうちの一人をじっと見つめる。信用できないここの人たちのなかで、私が一番信用している人だ。

「あとで話そう」とプロデューサーは声に出さずに口の形だけで私に言った。

嫌だ。あとでなんか話したくない。いまここでちゃんと説明してほしい。いったいどうなってるの？　私に黙ってここにプロの役者らしくすわって、読みあわせをやれっていうわけ？　私がこのドラマの撮影で唯一実現したかった夢を奪っておいて？

自分のバカさ加減に気づいた私は、涙を必死にこらえた。ここの人たちが、やると約束したことを本当にやってくれると信じてたなんて。彼らが約束したものを、本当に与えてくれると思ってたなんて。私は毎日ここへやってきて、プロとしてふるまい、怒りをのみこみ、四〇エピソード近くにわたってこのドラマを続けてきた。彼らが求めるものは全部、与えてきたのだ。そのあげくが、この仕打ちだ。私がこのドラマの撮影に耐え忍んできた唯一の理由を、とりあげようというのだ。ものすごく裏切られた思いだった。

読みあわせのあと、私はエージェントとマネージャーに電話した。彼らはみんな、事を荒立てず、

これまでどおり「いい人」としてふるまうようにアドバイスしてきた。でも、もう「いい人」でいるのにはうんざり。いったいいつまで「いい人」でいつづけられるのか、自分でもまったく自信がなかった。

その週の金曜日。撮影日だ。メイクアップ担当のパティ——ここのスタッフのなかで親しい友人の一人でもある——は、私のメイクを仕上げるのに一時間半もかかった。私がずっと泣きっぱなしだったからだ。もう感情がぐちゃぐちゃだった。ほとんど錯乱状態。だまされたことに気づいた私は、傷ついて怒り狂っていた。パティには起こったことを話し、プロデューサーたちのオフィスに行って直談判を試みたときにも、彼女は何度かつきそってくれた。でもプロデューサーたちは一人も会ってくれなかった。話をしようともしてくれない。みんなだんまりだ。全員が結束していることは明らかだった。それも、『ハイスクール・ミュージカル』みたいな、全員でハイタッチしてイエーイ！　ってタイプの結束じゃない。

のろのろと衣装を着ると、セットに向かう。セリフも覚えていない。もうどうでもいい。いっそのことクビにしてよ、と思う。すでにかなりのダメージを受けている私の精神衛生上、このスタジオは害悪でしかない。とにかくここを出たかった。

ボクシングのリングが設置されたセットに来た（共演者の一人がボクサー役で、その子のマネージャーは一〇歳という設定だ）。黙って自分のセリフにざっと目を通す。パティが私の肩を優しく叩いて、「大丈夫？」と訊いてくれた。それに返事をすることさえできなかった。何か言ったら、ワッと泣き出しそうだったから。

カメラが回りはじめた。一テイク目、なんとかやりおおせた。二テイク目、どうにかこうにかやりおおせた。三テイク目、ぜんぜんダメ。二行目のセリフの途中で、息ができなくなり呼吸が速くなった。パニック発作だ。ヤバい。目の前がキラキラする。意識がなくなりそう。私は床に崩れおちた。胸が大きく上下する。口からはよだれが垂れ、全身をふりしぼるような恐ろしい叫び声が漏れた。キャストとスタッフとエキストラ全員の前で。

最後に共演者の一人（ボクサー役の子）がとうとう私を助け起こして、セットから連れだしてくれた。私を楽屋まで連れ帰り、そばについていてくれた。パティもやってきた。二人とも私をなだめて、「わかるよ」と言ってくれた。私のことを本当に心配してくれたのだ。

と、誰かが楽屋のドアをノックした。その瞬間、私は恐怖で固まった。「すぐに行きます」とパティが大声で返事をした。ドアの向こうから、「なかに入れてくれないか」とよく響く声が求めてきた。プロデューサーの一人の声だ。

あの人とは話したくない。また涙が流れはじめた。

「いまはダメです」。ドアの向こうにいるプロデューサーに向かって、パティがビシッと言い放った。すごくありがたかった。パティのことがいっそう好きになった。上の立場の人にも、立ちむかう度胸があるのだ。

「少しだけ話せないかな？　ジェネットのことが心配で」とプロデューサーが言う。

私のなかには、プロデューサーのことを信じている部分もあった。というか、少なくとも信じたいという気持ちはあった。だけど同時に、疑う部分もある。とりあえずプロデューサーを信じることにして、なかに入ってもらった。プロデューサーは私と二人だけで話がしたいと言い、あとの二人は部屋を出ていった。

私の向かい側にあるカウチに、プロデューサーは腰をおろす。

「この楽屋のインテリア、趣味がいいね」とジョークを言った。私はこの寒々とした楽屋になんの飾りつけもしていないのだ。

私は笑わなかった。プロデューサーは咳払いをする。

「これはきみがエピソードの監督から外されたせいだよね」

「理由はほかにもたくさんあります」

短い間。プロデューサーは話をつづけた。

「わかってほしいんだけど、私はきみの力を買ってるんだよ。ぜひとも監督もやってもらいたかった。ただ、どうしてもきみに監督をやらせたくない人がいるんだ。それも、半端なく嫌がってる。きみに監督をやらせるなら、自分はこのドラマを降りると脅すほどにね。それはなんとしても避けねばならない。だから、きみに監督をあきらめてもらうしかなかった。とにかく、きみのせいじゃないんだよ。それだけはわかっておいてほしい」

大ショックだった。言葉が出てこなかった。プロデューサーは立ちあがると部屋を出ていき、静かにドアを閉めた。

私にどうしても監督をやらせたくない人がいる？　それも、私に監督をやらせるなら、自分はこのドラマを降りると脅すほど？　そんなことが本当にあるなんて、とても信じられなかった。私は何度も何度も嘔吐を繰り返した。自分のまわりで起こっていることに対処するのに、ほかにどうすればいいのかわからなかったのだ。私の人生には、なんでこんな自分ではどうしようもないことばかり起きるんだろう。私は部屋の真っ白い壁を見回した。やっぱり何か飾ったほうがいいんだろうか。小道具係がドアをノックして、次のシーンで使うバターヌンチャクを置いていった。

60.

〈ホールフーズ・マーケット〉のなかを歩き回って、今週の食料を買いこんでいる。野菜や冷凍食品に大枚のお金をはたけば、あとからそれを吐いて無駄にすることへのうしろめたい気持ちを多少なりとも抑えられるのでは、と考えてのことだ。

この時点で、過食を続けるのが私には難しいことがわかりはじめていた。喉からは毎日のように出血するし、歯はだんだんガタついてきて、頬は腫れぼったい。胃は食べ物をなかなか消化できなくなり、虫歯もたくさんできていた。なんとかして自分を変えたいと思ってはいたけど、いまのところ、意志の力は負けっぱなしだった。毎朝起きるたび、今日こそは吐かないと自分に誓う。だけど朝の一〇時半には、もう吐いている。まったく役に立たない意志の力に見切りをつけ、次に試みたのがこの〈ホールフーズ〉高額お買い物作戦だった。

棚から冷凍ミートローフ・ミールを引っぱりだして、成分表示ラベルのカロリーと脂肪の数字を調べる。四四〇カロリー、脂質一五グラム。だめだめ。棚に戻した。

次に選んだメニューは、子どものときに食べていたみたいな、カロリー摂取量を減らしてくれる食品だった。カロリーを低く抑えれば、吐きたいという欲求はなくなって、食べ物をちゃんと消化できるようになるかも。少なくとも、表面上はそう自分に言い聞かせていた。でも心の奥底では、それは真実じゃないとわかっていた。

真実はこうだ。私は過食症じゃなくて、拒食症に戻りたいのだ。拒食症になりたくてたまらない。過食症の自分が恥ずかしかった。かつては、過食症こそ最高と考えていた時期もあった。食べたいだけ食べて、吐いてしまえば、痩せたままでいられる。だけどいまは、とてもそうは思えない。それどころか、最悪だと思った。

食べてしまったあとは、毎回ものすごい恥と不安にさいなまれる。本当にどうしていいかわからなくて、戻すしかないのだ。こんな感情をどう処理していいか見当もつかず、吐くと少しだけ楽になるから吐く。でも実際に吐いたあとは、半分しか楽にならない。私の体の半分は、へとへとに疲れきって、自分のなかに何一つ残っていない気がする。そこまではいい。残り半分の私は、割れるような頭痛とイガイガの喉にさいなまれる。戻したゲロが腕を伝って流れ落ち、髪にからみつく。恥の上にさらに恥の上塗りをした自分が情けない。食べ過ぎただけでなく、吐いてしまった自分が。私の求める答えは、過食症じゃない。

拒食症だ。

拒食症の人はみずからをコントロールでき、強大な力にあふれた堂々たる存在。過食症の人間はみずからをコントロールできず、混沌にとらわれた惨めな存在。過食症は拒食症の劣化版なのだ。私には拒食症の友だちがいるけど、その子たちが私をあわれんでいるのがわかる。その子たちは私の状態を見抜いている。摂食障害をもつ人は、同じ障害をもつ人を見るとわかるのだ。まるでその人の顔には、同類の人間にしかわからない秘密の印が刻まれているかのように。

〈ホールフーズ〉お買い物作戦と拒食症獲得ミッションを決行することにした私は、ママが死んでからしばらく忘れていた強いやる気が自分のなかに湧き起こるのを感じていた。たしかに、私の人生はどうにもできないことばかり。愛する人を失い、出たくもないドラマに出て、そもそも自分が望んだわけでもない仕事につき、やりたかった監督の仕事はとりあげられる――でも、食べることなら？　私にもコントロールできるんじゃない？

カートを押して通路をもう少し歩き、ブラックビーン・ハンバーガーのパテを手に取った。パテ一枚あたり一八〇カロリー、脂質五グラム。これは私の味方をしてくれる繊細な天使の食べ物。うやうやしくカートに入れた。私の使命を達成してくれるのは、こういう食べ物なのだ。

カートをさらに押しつづける。と、電話が鳴った。おばあちゃんだ。

私はおばあちゃんのことがあまり好きじゃない。ずっと小さいころから、おばあちゃんはなんていうか……私の神経を逆なでしてばかり。しかも言葉だけじゃなく、物理的にも。私がまだよちよち歩きのころ、おばあちゃんが私の背中をなでたり、髪に指を這わせたりするのが嫌でたまらなかった。おばあちゃんは、優しくなだめるような触り方を知らず、人を誘惑するような触り方しかできないみたい。それが本当にゾッとした。おばあちゃんがその小さなシワだらけの関節炎になった指を、私に触れようと伸ばしてくるたび、鳥肌が立った。

触り方の不愉快さに加えて、おばあちゃんの生き方自体が心底嫌いだった。私の子ども時代、おばあちゃんの趣味といったら、電話で噂話をすることと、パーマをかけること、そして文句を言うこと。とにかく何に対しても、いちいち文句を言う。足が痛い、シャツがきつい、パーマが気に入らない、ルイーズは一度も電話をかけ直してこない、おじいちゃんが仕事から帰ってくるのが遅い、ガス代が高い、〈スープランテーション〉〔食べ放題ビュッフェ形式のレストラン〕のメニューからコーンブレッドがなくなった、などなど。

そういった日々繰り返される文句に加えて、おばあちゃんの存在そのものが人生に対する泣き言みたいに思えた。おばあちゃんはただ、タバコをくわえて皮肉っぽく不平を並べたてるだけの不機嫌な年寄りじゃない。そんな年寄りなら、少なくとも笑いとばすことができる。だけどおばあちゃんのつねに涙目に彩られた泣き言は、自分の問題をほかの家族全員の問題にしてしまえるような力があった。

そういったさまざまな理由で、私はおばあちゃんのことが好きじゃないし、尊敬もしていない。おばあちゃんのほうも、私のことが好きじゃないと思う。でも自分ではそんなこと絶対に認めない。おばあちゃんはいつも、孫が自分のことを嫌っていると泣き言を言うのに忙しいから。

ママが死んでから、私はおばあちゃんとの関係を修復しようと努力している。毎日送られてくる一二通もの携帯メッセージに一回は返信をし、二、三日おきに電話をし、週に一度はEメールを送る。この関係の修復には思いのほか手間がかかるけど、どれだけ努力してもおばあちゃんにはぜんぜん十分じゃないらしい。実際に会って話すたびに、そう言われるのだ。

感情的にはかなり消耗するけど、とにかく私はおばあちゃんとの関係をなんとかしようとしつづけた。だって、娘を亡くしたおばあちゃんを切り捨てるような、ひどい人間にはなりたくなかったから。

私は電話をポケットに戻した。スーパーの通路を歩き、冷凍野菜を見つけると、一袋取ってカートに入れる。また電話が鳴りだした。

おばあちゃんだ。

メールを打った。「すぐに電話する」

今度は少しイラッとしながら、もう一度電話をポケットにしまい、農産物売り場に向かう。ピンクレディーりんごを一袋と、ニンジンを何本か、それとココナッツを一個カートに入れた。ココナッツなんかどうやって食べればいいのか見当もつかないけど、なんか見た目が良さげだったから。

また電話がかかってきた。電話を投げ捨てたくなった。でもそうはせずに電話をとる。少し不機嫌な声で電話に出た。私がうっとうしがっていることを、おばあちゃんにわからせたかったから。

「おばあちゃん、家に帰ってからじゃだめ？　いま食料の買い出しで忙しいの」

また泣き言だ。何かしゃべってるけど、泣き声にまぎれてよくわからない。ちょっと心配になった。「大丈夫？」とたずねる。おばあちゃんはまだ泣きつづけている。もう一度たずねた。

「だって……あなた……ぜんぜん電話してくれないじゃないのぉぉぉぉぉ！」ようやく聞きとれる声で訴えてきた。

信じられない。あきれた。おばあちゃんが泣きながら電話をかけてくるたびに、ひょっとしておじいちゃんが死んだんじゃないか、と考えてしまう。おじいちゃんの健康は急激に衰えていた。おばあちゃんは、私がそういう心配をしていることを知っているはずなのだ。前にその話をしたことがあったから。泣いたり叫んだりするのを、少し抑えてくれない？　と頼んだこともある。そのたびに、おばあちゃんは「わかった、もうしないから」と約束する。でも次にはまた、同じことを繰り返すのだ。

「家に帰ったらかけ直すから」とビシッと言って電話を切った。また電話が鳴りはじめる。こう何度も電話が鳴ると、イライラするのは私だけじゃなくて、私の前で買い物をしている麻のチュニックを着たノーメイクのヨガトレーナーまでイラつきはじめた。その人が振り返ったので、私は「すみません」とあやまった。「いいのよ」と言ってくれたけど、まったく本心ではなさそうだ。言葉とは裏腹に、それはほとんど電話をやめろという脅しに近かった。

またおばあちゃんが電話をかけてきた。もうダメだ。私は食料品を入れたカートをその場に置いて店を出た。麻チュニック女は嬉しそうだった。

駐車場を横切って歩いていく。店で買い物をしているあいだに、嵐のような雷雨が降りはじめていた。ロスではこんな雷雨は珍しい。ふだんは、雨のなかを運転したりはしない。そもそも運転自体が好きじゃないし、雨が降っていたらなおさらだ。ミニクーパーに乗りこんで、エンジンをかけ、ワイパーをオンにした瞬間、また電話が鳴りはじめた。ブルートゥースで車のスピーカーにつながっているので、おばあちゃんのうっとうしい声がスピーカーから大音量でがなりたてる。まだ泣いていた。

「おばあちゃん」。私はできるだけ冷静な声で、なだめるように言った。おばあちゃんはヒステリー状態だ。「よくも話の途中で電話を切ったわね」とかなんとか、ぎゃあぎゃあわめきたてている。私は駐車場を出て右に曲がり、家のほうへと続くメインストリートに出た。

「おばあちゃん」。もう一度、できるかぎり冷静に言った。でも私の顔は怒りでカッカしはじめていた。「買い出ししてたのよ。電話ならいましてるじゃない。一体なんの用？」

涙声は瞬時に毒づく声に変わった。

「なんでそんな意地悪ばっかり言うのよ、このビッチ」

　おばあちゃんはしょっちゅう私のことを「ビッチ」と呼ぶ。しかも、いつも効果を高めるために、その言葉をわざわざ強調して言うのだ。

「おばあちゃん、前にも言ったけど、私のことそういう呼び方をして、電話に出るたびに責めたてるつもりなら、ブロックするからね」

「脅すのはやめてちょうだい、かわいこちゃん」

「脅しじゃないわ。事実を言ってるだけ」

「事実を言ってるだけ」。おばあちゃんは私の声をマネして、同じ言葉を繰り返した。

「ほかの孫たちはみんな、あなたよりずっと何度も電話をくれるのよ」。おばあちゃんは文句を言いつづける。

「調子はどうなの？」

「どうだと思うわけ？　私が言ったこと、ちゃんと聞いてた？　あんたの態度は最低よ。ママはきっとお墓のなかで身悶えしているわ」

　この最後のセリフには、本当にあきれ返った。こんなクソババアもう知るか、とその場で電話を切ろうかと思った。なんで孫を怒らせることにしか興味のないババアに、いつまでも付きあってなきゃならないのよ！　だけど、できなかった。ただ、ママの話は私が一番触れられたくない弱点なのだ。ママを引きあいに出すのは反則だ。私を非難するのに、ママを利用するのは許せない。そういうことをするなら、私も最終手段を取るしかない。

「わかった、おばあちゃん。もう電話切るね。ブロックするから」

「ああ、やってみなさいよ！　ママは天国で涙にくれるわよ」

いつもこんな調子だ。私がどんな言葉に深く傷つくか、それが私にとってどれほどつらいことか知ったうえで、おばあちゃんはその傷をさらに深くえぐってくる。その悪意は恐ろしいほどだ。祖母が孫娘に痛みを与えたいと思うなんて、そんなことある？　おばあちゃんの人生がつらいものだったことは知ってるし、寂しくて人の注意をひきたくて仕方ないこともわかる。私の態度が冷たくて傷ついたのも事実かもしれない。それにしたって。そんなひどい態度を私に対してとれる理由が、ほかに何かあるんだろうか。

「じゃあね！」電話を切った。そのあとも電話は何度もかかってくる。私は車を止め、電話の画面を開いて、おばあちゃんからの着信をブロックした。せいせいした。これでいい。たまりにたまったストレスが、体から抜けていくのを感じる。これでまたふつうに息をすることができるようになった。

家に着き、玄関の階段をゆっくりと上がる。雨が降っているせいだ。家のなかに入った。腹立ちまぎれに〈ホールフーズ・マーケット〉を飛びだしてきたので、荷物は何ももっていない。今夜から低カロリーの拒食症食事プランを始めるつもりだったけど、もう精神的にクタクタだ。もう少しあとからにしよう。デリバリーを頼んだ——近所のお気に入りのレストランのベーコン入りロースト芽キャベツ、フライドポテト、牛肉の串焼き。グラスになみなみとテキーラを注いだ。

デリバリーが届く前に、テキーラを一気に飲み干す。食事が届いたころには、お腹がすいて死にそうだった。ものすごい速さで食事にがっついた。食べてすぐに、全部吐く。もうどうでもよかった。

ムカつく。でもいまの私にはこれしかない。過食症が私の支え。私にはそれが必要なのだ。

61.

仕事場では何週間も、形だけ仕事をしているふりを続けている。朝、一応セリフにはざっと目を通すけど、リハーサルに向けて暗記するような努力は一切しない。テイクとテイクのあいだは誰とも話をせず、マスコミもシャットアウト――いつもならランチ休憩の後半は、ティーン向け雑誌のインタビューがぎゅうぎゅうに詰めこまれていたけど。監督の一件があってから、私はこのドラマの撮影が終わる日を指折り数えて待っていた。

今日が終われば、残りあと二〇日。四エピソードを残すのみ。それでさえ、最後まで確実にやり通せるかどうか、自信はなかった。

そのうち過食症のせいで、心臓発作でも起きないかとさえ期待していた。認めたくはないけど、私のなかには本気でそれを願っている自分がいる。そうなれば、もうここに来なくてすむ。ここ数週間、そういう芝居がかった暗い思いにとらわれていた。最初は単なる気持ちの揺らぎだと思って、そんなふうに考える自分を心配していたけど、だんだんそれは揺らぎじゃなくて、その暗い自分こそが本当の自分のように思えてきた。

思うようにいかない人生のあれこれが積み重なり、失望が一つ増えるごとに惨めな思いが増していく。ママの死だけでも充分精神的にこたえたのに、そのあとも失望の山はどんどん高くなっていくばかり。

過食症も制御できなくなっている。自分ではどうしようもなくて、戦う気もなくしていた。だって、戦ってどうなる？　過食への欲望は恐ろしく強い。戦ったって無駄。受けいれて身を任せてしまったほうが、ずっと楽なのだ。

演技が好きじゃないという気持ちとも、なんとか自分のなかで折り合いをつけた。監督を任せてもらえるかも、という期待を頼りに今シーズンを乗り越えようとしてきたけど、その機会が奪われてしまったいま、自分は結局、役者としてやっていくしかないんだ、というあきらめの境地に達していた。といっても、まともな役者とさえ言えないけど。だって、ニコロデオンだけで一〇年近くを過ごしてきた私を、いったい誰が雇ってくれる？　この奇妙な偽りの業界のなかで、どうやって「本物」の役者としての仕事を手に入れればいいんだろう？　大学にも行ってないし、実生活のスキルも何一つ身につけていない。だからたとえエンターテインメント業界の外で仕事をしたいと思っても、現実的な選択肢としてまったくありえない。

男も私にとって、なんの助けにもならなかった。ただちょっとした気晴らしになっただけ。気晴らしなら、お酒のほうがよっぽどマシだ。一晩にワインをボトル一本とか、ウィスキーをストレートでグラス一杯とか、とりあえず手近にあるものならなんでもいい。ウォッカを飲むことさえある。さすがにウォッカは最近体が拒否反応を起こし、飲むたびにじんましんが出るようになった。だけどあんまり気にしていない。たとえじんましんが出ようと、飲むだけの価値はある。

私は絶望のきわみにあった。そして、どうやってもその絶望から逃れられない。肩を丸めてのろのろと歩く。まぶたはつねに半分閉じたまま。お芝居以外で最後に笑ったのはいつだったかも、思い出せない。

詳しい事情を知らなければ、最近私の周囲にいる人たちがなんだか落ちこんでいて、セット全体が暗い雰囲気なのは、私の悪いエネルギーがみんなに乗り移ったせいじゃないかと思ったかもしれない。だけど、私は詳しい事情を知っていた。それは私のせいじゃない。

クリエイターが現場でのハラスメントを告発され、テレビ局側がそれを問題視する事態に発展していたのだ。ようやくこの問題が公になったんだ、という気がした。本当はもっと早く告発されるべきだったのだ。

クリエイターが糾弾されている問題の深刻さに、私は感謝したい気持ちだった。ちょっとした警告程度で済む話ではぜんぜんない。それどころか、クリエイターは俳優と一緒にセットに入ることは一切禁じられ、スタジオでの意思疎通もかなり面倒な手続きを踏まなければならなくなった。

クリエイターは防音スタジオの隣にある小さな巣穴みたいな部屋にこもって、山盛りのオードブルや大好物のスナックに囲まれ、彼の人生で一番の栄誉だった〈キッズ・チョイス・アワード〉のトロフィーを眺めながら過ごす。その巣穴のなかには、スタジオ内の四つのカメラに対応するモニターが設置されていて、そのモニターを通して私たちの演技を見る。私たちに何か伝えたいことがあればその内容は助監督に伝えられ、助監督は広いスタジオのなかを走って私たちにそれを伝えにくる。おかげで撮影にかかる時間は、これまでの一三時間あまりから一七時間あまりに増えた。最近のセット全体を支配する雰囲気を説明するなら、「停滞」プラス「神様、どうかこの苦行をさっさと終わらせてください」という以外にない。

今日の最後のシーンは、メインセットの一つで撮ることになっていた——ロボットがテーマのレストランで、簡単に想像がつくとおり、そこのウェイターは全員ロボットだ。私のキャラはテーブルの上に飛び乗り、誰か……それか何かと取っ組みあうらしい。どうでもいいけど。そのシーンも、アクションも、セリフも、その時点でぜんぜん頭に入っていなかった。

そのスタントを何度か繰り返した。スタントと寝不足と過食症で、もうヘトヘトだ。とにかく一刻も早く家に帰って、ウィスキーをあおりたい。

午前一時過ぎになって、ようやく撮影が終わった。家に帰ると、グラスになみなみとウィスキーを注ぎ、その半分を一気に流しこむ。それからシャワーを浴びて、ゴテゴテのアイメイクとバリバリになったファンデーションと髪を固めたヘアスプレーを洗い流した。シャワーから出てきたときには、ウィスキーが回っていた。かすむ目をショボショボさせながらEメールをチェックする。メッセージが山のように届いていた。その半分は開きもしない。ここのところ、人生のほかのことがらを無視することに決めたのと同じように、メールの受信フォルダーにも真面目に対処するのをやめていた。ウィンドウを閉じようとしたとき、未読メールの下のほうに、なんだか不吉なタイトルのメッセージが届いているのに気づいた。私のマネージメント会社からで、明日の朝一で話がしたい、という内容だった。

Eメールのフォルダーを閉じ、グラスを空けると、とりあえず眠ることにした。

62.

次の朝。エージェント一号から三号、マネージャー一号と二号、弁護士一号と二号と電話会議。いつから自分のマネージメント会社がこんな大所帯になったのかぜんぜん覚えてないし、いまだに理由もよくわからない――このメンバーの誰かが何かいい提案をした記憶もないし、だいたい電話会議の時間の半分は、誰かがしゃべったことをそのまま別の誰かが繰り返し、あとは延々と笑いつづけるだけなのだ――まあ、ショービズ界で成功すると、誰でもこんな感じになるんだろう。

「待って、ドラマが打ち切りになるの?」こみあげる喜びを抑えきれない声で、私は言った。

「ええ、きっと喜ぶだろうと思ってましたよ」とエージェント一号。

「それが、すごいのはですね……」エージェント二号がもったいをつけて、少し間をおく(エージェントってほんと、芝居がうまい)。「……三〇万ドル支払うと言ってきたんですよ」

一瞬考えた。なんか嫌な予感がする。「なんで?」

マネージャー二号が割りこんできた。彼はほかのメンバーに少し気後れを感じているようで、割って入るのにかなり勇気を奮いたたせる必要があるらしい。だからようやくしゃべるチャンスがくると、ものすごい速さでまくしたてるのだ。ほかのメンバーがしゃべっているあいだ、ずっと準備して待っていたみたいに。

「だからそれは『お疲れさまギフト』のようなものだと思えばいいんですよ」と彼は一息にベラベラしゃべった。言い終えると、これで自分の役目はおしまいとでもいうように、ほっと安堵のため息をつく。もうこれで電話会議が終わるまで、しゃべらなくてもいいと考えているようだ。

「お疲れさまギフト」？　そんなのニコロデオンらしくない。ますます疑念が高まる。

「そうですよ、『お疲れさまギフト』」とマネージャー一号が繰り返す。「彼らは三〇万ドルを提示してきて、それと引き換えに求めるのは、ニコロデオンでの経験を公の場ではしゃべらないことだけなんです」。とくにクリエイターに関わることは、という意味だ。

「嫌よ」。私は即答した。本能的に。

長い間があった。

「い……嫌って？」エージェント三号がやっと声を出した。

「ぜっったい、嫌」

「だって、無条件でくれるんですよ？」マネージャー一号が主張する。

「違う。無条件じゃない。これは口止め料よ」

張りつめた沈黙。誰かが咳払いをした。

長年エンターテインメント業界で過ごしてきた私は、そこは事実が噂と同じであることはめったにない世界だということを徐々に学んできた。私にはそういう業界の流儀が理解できないだけでなく、それになじむことがどうしてもできない。ほかの人はみな状況に慎重に対応して、自分の発言を巧みに演出し、しゃべったことの真意を微妙にぼかす技術を身につけている。だけど私はたいていその微妙にぼかされた真意がつかめなくて、ズバッと本音を訊いてしまうのだ。

だけどときには、実際に何が起きているのか、私にも正確に把握できている場合もある。今回のこの状況がまさにそうだ。そしてそういう場合には、何が起きているのかずけずけ人に訊く代わりに、私がはっきりその真実を暴露してしまう。結果はさまざまだ。笑いが起きるときもあれば、気まずい沈黙を招くときもある。今回は、気まずい沈黙だ。

「いや、わ……私ならそんなふうには考えませんけどね」とマネージャー一号が、ぎこちない笑いを交えて言った。

「でも、どう考えても口止め料でしょ。私はそんなお金、受け取らないからね」

「えっと、あの、そうですか。そうおっしゃるなら……」と、エージェント一号か二号が言った（どっちの声か特定不能）。

それを最後に、全員電話を切った。プツ。プツ。プツ。最後に私一人が電話会議の場に残された。私も電話を切って、ベッドの端にすわる。

なんなのよ、いったい？　ニコロデオンは口止め料として私に三〇万ドル払って、あのドラマで経験したことを公の場でしゃべるなと言うわけ？　クリエイターが私にしてきた虐待のことを？　ニコロデオンは子ども向けの番組をつくっているテレビ局なのよ。もっとちゃんとした道徳的指針みたいなものがあってしかるべきじゃない？　少なくとも、ある程度の倫理基準をもっていることを、世間に対して示すべきなんじゃないの？

私はベッドのヘッドボードにもたれかかり、脚を組んだ。両腕を上げて頭の後ろで組み、誇りを示すように胸をそらしてみる。私みたいに高潔な精神の持ち主ってほかにいる？　三〇万ドルの申し出をはねつけてやったのよ。

待って……

三〇万ドルの申し出をはねつけてやったのよね。考えてみれば、かなりの金額だ。たしかに『サム&キャット』でそこそこのお金を稼いだけど、それだって三〇万ドルがはした金だといえるほどの額じゃない。しまった。やっぱり受け取っておけばよかった。

63.

ドラマが終わって三週間半。マスコミがシリーズ終了の理由として書きたてたのは、共演者が自分よりギャラが多いのに私が腹を立てたから、というものだった。デマもいいところだ。ムカついた。マネージャーが教えてくれたけど、シリーズがキャンセルになった理由は、プロデューサーの一人に対するセクハラの告発だったのだ。

まあでも、どうでもいい。マスコミは誰かに責任を負わせたくて、たまたま私が生贄に選ばれただけ。とりあえず私はそれに関して、どうすることもできない。

私にできるのは、真実を語ることだけ。でもいろんな機会に、実際そうしようかと考えたけど、結局実現はしていない。だって、あのドラマでの体験やニコロデオンでの私の過去を暴露したところで、私とドラマやニコロデオンとのつながりが一層強くみんなの印象に残ってしまうだけ。語れば語るほど、私は「ニコロデオンのドラマの子」「サム」としてみんなの記憶に刻まれてしまうのだ。

　サムとして記憶されるのは、絶対に嫌だった。もう二度とサムと言われたくない。なんとか自分のなかで折りあいをつけようとしたけど、ムリだった。人から「あなた、『アイ・カーリー』の子に似てるわね」と言われると、即座に「いいえ、違います」と返す。毎日毎日、ひどいときには一日に何度も、「サム！」とか「フライドチキン！」とか「『アイ・カーリー』の子だ！」と声をかけられ、写真を撮っていいかと訊かれる。「ダメです」と言って、さっさとその場を去る。「何よ、感じ悪い」と罵声を浴びせられることもある。それでも黙って歩きつづける。

　でも、ちゃんと私の本名を知っている人となら、喜んで写真を撮る。礼儀を知っている人には、心から感謝を返したいから。ただ礼儀を知らない人とは、一切関わりたくないだけ。

　自分がキツくて怒りっぽい人間になったことは、よくわかっている。だけどべつにそれでかまわない。あのドラマのせいで、私はごくふつうの青春時代を過ごす機会を奪われてしまった。ほんのちょっと何かしただけで、批判され、大げさに噂され、バカにされる日々しか送れなかったのだ。

　一六歳になるころには、もう有名になることに完全に嫌気がさしていたけど、二一歳になったいま、名声と聞いただけで吐き気がする。

　子どものころに始めたことで有名になっても、何一ついいことはない。自分が一三歳のころにしていたことで有名になったら、どう思う？　中学生のときのバンドとか、七年生の時の科学プロジェクトとか、八年生のときの舞台劇とか。ふつう、中学時代なんて恥ずかしい失敗の連続で、中学を出たらそんなの全部なかったことにしたいはず。だって一五歳になるころには、もっと成長して、恥ずかしい過去の自分なんて見たくないからだ。

だけど私にはそれができない。私は子どものころの姿のまま、みんなの記憶に刻まれつづける。実際の私は、もうそんな子どもじゃないのに。世間は私が成長するのを許してくれない。私はほかの誰にもなれない。世間が私に求めるのは、サム・パケットでありつづけることだけなのだ。

こんなこと言ったって、有名人のうっとうしい泣き言にしか聞こえないことは重々わかっている。有名になりたくて仕方がない人は世間に何百万人もいるのに、名声を手に入れた私が「名声なんて最低」と文句を言うのは、たしかにぜいたくな悩みと思われても仕方がない。だけど、少なくとも私には「名声なんていらない」と言う資格はあると思う。だってそもそも私が望んで有名になったわけじゃない。望んだのはママなのだ。ママが私を有名にしたがった。ほかにどうしようもなかったにしても、私には他人の夢を憎む権利はあるんじゃないだろうか。

64.

コルトンと一緒にウーバーの後部座席にすわっている。ピチピチの黒のミニドレスに、超かかとの高いハイヒール。私の計算では、ヒールは高ければ高いほど、私の不安を取り去ってくれる確率が高くなるはず。いまのところ、そういう機会には恵まれてないけど。

過食症のおかげで、私の体重は減りつづけた。でも最初の数カ月だけ。その数カ月が過ぎると、過食症は私を裏切りはじめた。私の体は、食べたものがどんなにわずかでも、栄養を体内にとどめようとするらしい。これ以上痩せることを頑として拒み、それどころか私は太りはじめていた。

過食症が始まった最初の数カ月、ママが設定した理想体重だったころから、四・五キロは太っている。この四・五キロは朝目覚めた瞬間、最初に私の頭に浮かぶ数字であり、夜眠りに落ちる最後の瞬間まで頭に残っている数字だった。もちろん一日を過ごすうちにも、つねに頭に浮かんでくる。私はこの四・五キロという数字にとりつかれていた。いつも、何をしていても、この数字が私を責めたててくる。

わけがわからなかった。どうして私の体は、私の言うことをきいてくれないの？　どうしてもう過食症は私を救ってくれないの？　過食症は私の友だちだと思ってたのに。私を支えてくれる存在だったはずなのに。どうやらそうじゃないらしい。私は完全にカン違いしていたようだ。なのにそこから抜けられない。私は過食症にハマってその虜になり、共依存の関係に陥っていた。

頭のなかであれこれ自分の体について考えるうちに、車は目的地のバーに着き、私たちは車から降ろされた。コルトンと私は通りに降り立つと、バーのなかに駆けこむ。そこでは友人たちが何人か、すでにドリンクをひっかけて待っていた。

「誕生日おめでとう！」全員が同時に叫んだ。誰かがテキーラのショットを手渡してくれる。一気にあおった。もう一杯。さらにもう一杯。

一時間もたたないうちに、私はベロベロに酔っぱらっていた。そのころには五〇人ぐらいの友だちが集まって、そこそこ楽しい時間を過ごしていた。そのときだ。友だちの一人ベサニーがこっちに向かって歩いてくる姿を見て、私は凍りついた。ベサニーはロウソクの立ったケーキをその手に抱えている。

うわ。ロウソクつきのケーキは勘弁して。それだけはお願いだからもってこないで。

ベサニーは自由になるほうの腕を伸ばして、私をぎゅっと抱きしめた。片腕だけでも、痛いくらいだった。ベサニーは女だけど、かなりパワフルなのだ。

「あなたって、なんか、ハグが下手ねえ」。サンフェルナンド・バレー出身の子特有の、底抜けに明るいいつもの口調でベサニーは言った。

「うん、そうかも……」

「ケーキ買ってきたわよ。あなたの大好物のバニラクリーム。ほら見て、めっちゃクールなバニラ・バタークリームのトッピング。どう？　イケてるでしょ」

「そうだね」。私は嘘をついた。

「でしょ？　いまケーキいっちゃう？　ケーキとロウソク、いっちゃおうよ」

「みんな！」ベサニーは指をパチンと鳴らして、店にいるみんなに呼びかけた。全員が歌いだす。かなりベロベロに酔っぱらっていたので、私の前に立ってさまざまなキーで「ハッピーバースデイ」を歌っているのが誰なのか、ぼんやりしてよくわからなかった。なぜ「ハッピーバースデイ」は世界で一番歌うのが難しい歌なんだろう？　たぶん、世界で一番人気のある歌なのに。これってどんな悪質な冗談なの？　歌が終わって、みんなが私をじっと見つめる。小さなロウソクにともった小さな炎を、私が吹き消すのを期待して。

これだ。だからケーキとロウソクは嫌だったのだ。誕生日の願いごとはしたくない。二二歳になるいま、私は初めて何を願ったらいいのかわからない誕生日を迎えようとしている。だって、これまでずっと願いつづけてきたことは、かなわなかったのだ。終了。おしまい。ひょっとしたらどうにかなるかも、とずっとひそかに願いつづけてきたことは、やっぱりどうにもならなかった。そもそも、どうにかなるわけもなかったのだ。

私がこれまでの人生で願いつづけてきたこと、ママに幸せに生きていてほしいという願いは、まったくの無駄だった。これまでずっと、私はママだけに注意を向け、ママを喜ばせることだけを目標に考えたり行動したりしてきたけど、そんなのなんの意味もなかった。だって、ママは死んじゃったのだ。

私は必死にママを理解し、そのすべてを知ろうとした——ママを悲しませるのは何か、ママを喜ばせるのは何か、などなど——その代償として、私は自分自身を知る機会をまったくもてなかった。ママがそばにいないと、自分が何を求めているかもわからない。何を必要としているのかも、自分が何者かということさえ、わからない。当然、何を願ったらいいか、まったく見当もつかない。

私は身を乗りだして、ロウソクを吹き消した。何も願わなかった。

「食べてみてよ！　ほら、このバタークリームのデコレーション、すごすぎ！」ベサニーはそう叫びながら、もうケーキを切り分けてみんなに配りはじめている。最初の一切れを私にくれた。

私は一口食べると、ベサニーを喜ばせようと、「んー、最高！」って感じのまんまるい目をしてみせた。ベサニーは喜んでくれたらしい。何度も手を叩き、ぴょんぴょん飛び跳ねている。私はトイレに走り、ケーキを全部吐き戻した。

65.

希望が見えた。希望が見えたのなんて、何年ぶりだろう？　ネットフリックスの新ドラマ・シリーズの主役をオファーされたのだ――**ネットフリックス！**（はい、ここで紙吹雪！）――しかもダブル主演とかじゃない、私一人が主演のドラマ。っていうか、主演級は何人かいるけど、それでも私が中心だし、何せネットワークの規模が段違いだ。私はこの仕事を受けることにした。

とはいえ、「受ける」と決めるのは、それほど簡単じゃなかった。パイロット版の脚本には、最初あまり魅力を感じなかった。役者として失礼のないように言うと、「この企画はあんまりピンとこないかな」という感じ。もっとはっきり言うと、「これってクソつまんないんじゃない⁉」ってことだ。だけど、エージェントたちは絶対に受けたほうがいいと説得してきた。何せギャラはかなりの額だし、ほかに入っているオファーといえば、くだらないシットコムの役か、リアリティーショーの出演ぐらい。ここでネットフリックスのようないまをときめく勢いのある会社とつながりを持っておいて損はない、というのだ。たしかに言われてみればそうかもしれない。それで契約書にサインした。

トロントに飛行機で飛んだのは一〇月一日だった。ニューヨークをもっと清潔で親しみやすくした感じのこの街で、私はこの先三カ月を過ごすのだ。ホテルの部屋に着いたときには、自分の未来にワクワクして頭も冴えわたっていた。私の人生はいい方向に向かっている、この新しい仕事は新しい私を軌道に乗せるのにまさにピッタリなきっかけになるはず、そう確信していた。

この時点で、摂食障害とアルコール依存をこのまま続けていてはいけない、とわかっていた。体のためにも心のためにも、私は変わる必要があると気づいていた。アルコールや過食症で気をまぎらわすのも、もう効かなくなってきている。問題は、認識と実行とのあいだに、大きなへだたりがあることだ。

変わらなければならないとわかってはいたけど、本当に自分がそうしたいのか、確信がもてなかった。というより、本当に自分にできるのかどうか、自信がない。アルコール依存と摂食障害のことを考えると、恥ずかしさと後悔でいっぱいになるのは事実だけど、それは同時に私にとって不可欠な対処法でもあったのだ。クソだらけの人生をなんとか乗り切るために、私はその二つに頼りきっていた。それをいま本当に手放してしまって、私はやっていけるんだろうか。

でも、だからこそいまの私は、外からの刺激が自分をいい方向に導いてくれることを期待している。私が出演するのは本物のドラマ。子ども向けのドラマじゃない。子ども番組のスターなんて、何もかもが適当。だけど本物のドラマのスターは——それもネットフリックスの主演なら——ぜんぜん違う。本物のドラマの出演者は、すべてにおいてきちんとオーガナイズされているのだ。

だから、泊まっているトロント近郊に位置するヨークヴィル入りした日、本物のドラマに出演する役者のたしなみとして、本屋に行って自己啓発本を一山買いこんできた。それを一週間かかって読みこみ、自己肯定タイプの意識改造スローガンをあみだした。一週間の読書によって獲得した、自己啓発の全知識の要点を一フレーズにまとめあげたスローガンだ。

「自分に集中する」。このフレーズを日記に書き、それに五回触れる（これは、いまだに残っている強迫性障害の儀式のなごりだ。トイレに入る前にも毎回爪先立ちで回るけど、とりあえずそれはかわいいからいいか、と思うことにしている）。

自分に集中するのが簡単でないことは、よくわかっている。それにはつねに努力をし、時間をかけ、意識を向ける必要がある。つまり、自分の問題にきちんと向きあうことが大事なのだ。真正面から問題に対峙し、問題を気晴らしとして利用したり、たいしたことじゃないとごまかしたりしない。そのためには、本当の意味での「ワーク」が必要だ。自分の悪い癖や不安や自己破壊パターンがどこからどうして生まれたのかを理解するには、魂を削るような内省が必要であり、さらにたとえその悪癖や不安や自己破壊パターンがさまざまな人生のできごとをきっかけに何度よみがえってこようとしても、それを果敢に退け、必ず変わってみせるという強い意志をもちつづけることが重要なのだ。

必要なら、いま私の人生にあるすべてのもの、すべての人を捨て去る覚悟もできている。いま私にとって必要なのは、ただ自分だけに集中すること。

そう私は決心していた。スティーヴンに会うまでは。


撮影の初日。トレーラーのなかにすわって、第二話から第六話までの台本をパラパラとめくっていた私は、はたと気づいてしまった。

私はひょっとしたら、ネットフリックスで最初の失敗作に出演することになるのかも。パイロット版の脚本にピンとこなかった以上に、この本編の脚本もまったくピンとこなかった。予算も思っていたよりずっと少ない——別に低予算だから文句があるわけじゃないけど、壮大な設定の世界終末もののドラマにしては、この予算の規模は解せなかった。ドラマの舞台はある小さな町で、そこではウイルス感染により、二一歳より上の人間がバタバタと死んでいく、という話だ。撮影開始前に何度か開かれたキャストとスタッフのためのウェルカム・パーティーには、ネットフリックスの関係者は誰一人来ておらず、それも変だなと思った。そういうパーティーには、ネットワーク側の人間が顔を出すのがふつうだからだ。

私は携帯を取りだして、エージェントに電話をかけた。エージェントの一人が出たので、疑問に思っていることを伝えると、彼はこう説明してくれた。「ネットフリックスの関係者がセットに来ていないのは、そのドラマがネットフリックスとカナダのネットワーク局シティーTVとの共同製作だからです。製作会社はシティーTVで、ネットフリックスがそれを世界中に配信するんです」

ああぁぁぁ！　そうなの！　そういうこと！

じゃあこれはネットフリックス（はい、ここで紙吹雪）製作のドラマじゃないんだ。シティーTV（紙吹雪……ほどじゃないな）製作のドラマなんだ。

聞かなければよかった、と考えている自分がいた。そうすれば私はいまも、ネットフリックスのドラマに出られるんだってウキウキしたままますわっていられた。だけど、もっと早く聞いておけばよかった、と考えている自分もいた。そうすればネットフリックスのドラマじゃないとわかった時点で、さっさと離脱できていたから。

電話を切って、トレーラーのなかにすわったまま、鏡に映った自分の顔を見つめた。私は自分が恥ずかしかった。自分のこれまでのキャリアがうとましかった。もちろん世のなかには、過去に恥ずかしいテレビドラマに主演していたことより、ずっと恥ずかしい経験がたくさんあることはわかっている。でも、わかっていたところで、何も変わらない。私にとって、過去は恥でしかない。その事実は変えようがないのだ。

私はいい仕事がしたい。自分が誇れるような仕事がしたい。これは私の心のなかの深い部分から、自然に湧きでてくる望みだった。私は世間に変化をもたらしたかった。というか、少なくとも自分の仕事を通して、世間に変化をもたらしていると感じたかった。そういった実感やつながりがなければ、この仕事は無意味でつまらないものでしかない。私自身が無意味でつまらない存在に思えてしまう。

いまここで吐いたら、頬はむくんで目は涙目になるだろう。それは、カメラを通してもきっとわかってしまう。だけどもう無理。吐かなくちゃ。こんな恥ずかしい思いには耐えられない。いまの私には、対処法が必要だ。思いきり吐いたあとに得られる、あの空っぽの感覚が。カウチから立ちあがりかけたそのとき、ドアをノックする音がした。製作助手が、セットへ呼びにきたのだ。だめだ、吐いてる時間はない。私はトレーラーのステップを降り、助手のあとについていった。今日の最初の撮影は、雪嵐が吹き荒れるなかでの屋外の場面だ。

激しい風にあおられて舞い散る雪の向こうに、彼が立っていた。赤っぽい褐色の髪、悲しげな緑の瞳。ちょっと姿勢が悪いのが魅力的で、チノパンにダウンジャケット、てっぺんにポンポンのついたニット帽をかぶっている。スターワゴンのトレーラーにもたれかかり、片足をタイヤにかけて、タバコを吸う姿が、めちゃくちゃカッコよかった。iPhoneを耳に当てて、カタコトのイタリア語と英語でしゃべっている。

「はーい、はーい。わかった。アイシテルヨ。ジャアネ、ママ」

休憩中にママと電話？　嘘でしょ？　本当にそんな人がいるの?!　その人は電話を切ると、ダウンのポケットにしまった。新しいタバコを一本出して、火をつける。

「スティーヴン！　もう準備を始めるぞ」。さっきの製作助手が、私の新しい「彼」に呼びかけた。じゃ、スティーヴンはこの現場の助監督なのね。胸がときめいた。つまり、これから三カ月、仕事のある日は毎日彼に会えるんだ。

「了解」とスティーヴンは短く答えて、セットへ向かった。

私の頭のなかでは、スティーヴンとこれからどうやって仲良くなろうか、すでにあれこれ空想が始まっていた。自己啓発本によると、目標を設定する際には柔軟性が大事だという。状況に応じて、いつでも適切に微調整していくのが成功のカギだと。それなら神様、私は喜んで微調整させていただきます。「自分に集中する」という目標は、ここでお蔵入り。自分の恥や屈辱や悲しみや過食症やアルコール依存を乗り越えることなんて、もうどうでもよくなった。

このシティーTVのドラマに出るのも、そう悪くない話かも。紙吹雪をちょっぴり散らしてみるくらいの価値はあるかもしれない。


二週間半にわたって「偶然」話をする機会を慎重に積みかさねた結果、ついにスティーヴンは私をデートに誘ってくれることになった。

まず、私が滞在しているホテルのすぐそばにある〈ササフラス〉という名のバーで飲み物を頼んだ。スティーヴンはライ&ジンジャー、私はメスカル・ミュール。最初はそんなに話が弾んだわけじゃないけど、私たちがお互いに相手のことを知ろうとするやり方には、どこか通じる部分があることをはっきりと感じた。

スティーヴンにはなんともいえない魅力があった。それはそのへんによくいる、いわゆるモテ男の（はっきり言って）超退屈な魅力とは天と地ほどの差がある。とにかく、ステキとしか言いようがない。そう感じるのは、彼の声のせいかもしれない。ああ神様、彼の声といったら！　彼のなかで一番好きなのは、あの声だ――静かで深いその声は、たぶん一日二箱は吸うタバコのせいだけど、そんなことも気にならなかった。肺ガンのことは、もうちょっと歳を取ってから考えればいい。

スティーヴンには少し短気なところがあったけど、彼の控えめな性質がそれを完璧に補っていた。あんなに短気でありながら、同時に控えめな人を見たことがないし、その逆も同じ。彼は何から何まで例外だらけ。私は彼に夢中になった。

二回目のデートは、〈ジャック・アスターズ〉――カナダのレストラン・チェーンで、アメリカの〈TGIフライデーズ〉みたいなものだと思えばいい――に行き、ナチョスとスープを分けあった。食べたあと両方ともトイレで吐き、〈リステリン・ストリップ〉で口のなかをきれいにしてから、席に戻った。スティーヴンが手を振ってくれている。つい数週間前、過食症を克服しようと考えていたなんて、信じられない。過食症はもう私自身の一部であり、なくてはならないものになっていた。いまだに過食症という頼れる存在があることは、私にとって大きな安心だった。

何杯かお酒を飲み、私のホテルの部屋へ戻ってもう何杯か飲みながら、パソコンでスタンダップ・コメディのスペシャル番組を見た。二人でいると、とても安心して心地よかった。人生で望むこと、望まないことについて、いろいろ話をした。二人ともまだ二〇代初めなんておかしいよね、という話から、過去の恋愛関係、過去の傷ついた経験、将来の希望、夢について。すっごく楽しかった！　朝の一時まで話しつづけ、カウチで一時間ほどいちゃつき、それからまた四時までしゃべりつづけた。

三回目のデートでは、ダンスに出かけた（スティーヴンのアイディアだ）。踊り疲れて、完全に羽目が外れてしまった。スティーヴンも一緒に踊りつづけた。ありえないほどダサいはずのことも、スティーヴンのせいで、ありえないほど夢のように感じられる。男性に対して、こんな気持ちになったのは生まれて初めてだった。ジョーに対する気持ちも――いままでは、あれが私の初恋だったと思っていたけど――いまの気持ちに比べたら、まったく子どもっぽい恋愛ごっこのように思える。いまの気持ちは本物だ。純粋で深い、本物の愛。私と彼とのあいだには、なんの駆け引きもない。スティーヴンは私を完全に理解してくれていると感じたし、彼のほうも同じように感じてくれていたと思う。

四回目のデートは、スティーヴンの家で『ザ・ヴォイス』を見た。彼のテレビ番組の趣味は……イマイチだったけど、とりあえずスティーヴンと一緒にいられるなら、クリスティーナ・アギレラが出場者に適当なほめ言葉を投げかけるのを見るのは、けっこう楽しかった。二人でテキーラのボトルを一本空け、最後の数滴を飲み干すと、カウチの上でいちゃつきはじめた。彼が私のシャツを脱がせ、自分のズボンを脱ぐ。それから彼はコンドームをつけた。すごい、この人、責任感もあるんだ?!

彼との初めてのセックスは、信じられないほどよかった。セックスの最中にふつう私の頭のなかを駆けめぐる状況説明も、一度も出てこなかった。

それまでセックスという行為はいつも、私が頭のなかで考えていることの背景で起きているだけのような気がしていた。醒めてることがバレないように、ときどき声を出してみたりもした。でもいまは違う。いまは、何も考えられなかった。スティーヴンとのセックスのあいだ、私は我を忘れていた。それがものすごく嬉しかった。

私は思わず泣きはじめた。スティーヴンは「大丈夫？」と訊いてくれた。私は彼に、本当のことを言った。私が泣いているのは、セックスってこういうものだったんだ、ということが初めてわかったから。彼はもっと激しくキスをしてきた。それからもう何回か、私たちは愛しあった。「泊まっていけよ」と彼が言った。「これから先は、ずっときみの隣で眠ることにしたから」。クリスティーナ・アギレラが、ホイットニー・ヒューストンの曲を歌い上げる若い挑戦者をほめたたえている。すべてが幸せに満ちていた。

66.

自宅のリビングで布張りのカウチにすわる私の耳に、階上からビリーがドリルで何かを壊す音が聞こえてくる。カリフォルニアに戻ってからもう三週間。トロントで過ごした魔法のような時間の記憶も、少し落ちついてきたところだ。

トロントでは、スティーヴンに恋する気持ちが、ドラマの出来や私自身の状態に対する不安をかき消してくれていたけど、スティーヴンがそばにいないいま、不安がまたぞろ戻ってきていた。

あのドラマは私のキャリアに終止符を打つんだろうか。それか、それよりもっと怖いのは、なぜか爆発的な人気が出て社会現象化するほど話題のドラマになり、参加したことを後悔するような事態になることだ。あのドラマがまた私のアイデンティティを脅かすような存在になったら？

だけどそもそも、私のアイデンティティって何？　そんなもの、私にあるの？　あるかどうか、どうして私にわかる？　これまでの人生ではずっと、私はほかの人間になろうとしてきた。子ども時代も、十代も、大人になってからも。ふつうの人が自分を見つけようと努力する年頃に、私がしていたのは「ほかの人間になること」だけ。自分自身の性格を築きあげるのに使うべき時間を、私は他人の性格を築きあげるのに使っていたのだ。

これまでにないほど強く、演技をやめたいと思っていた。役者をしていては、私の精神と感情を健康に保つことはできない。それどころか、どちらも破壊されてしまう。あとほかに何が、私の精神と感情を壊してきただろう？　と考えてみる……もちろん摂食障害、そしてアルコール依存だ。

そのとき、私は理解した。演技も、過食症も、アルコールも、やめるべきだとはっきり確信している。だけどその確信と同じくらいはっきりと、私にはわかっていた。どれもやめることはできないと。そのどれに対してもムカついているのに、ある意味その三つは私という人間を定義するものなのだ。それが私のアイデンティティ。だからこそ、私はその三つにムカつくのかもしれない。

その事実に気づいたストレスのせいで、トイレに行きたくなった。ストレスを感じたときは、いつもそうだ。そしてトイレで吐いた。カウチに戻ってくると、スティーヴンからの不在着信が入っていた。

私がトロントを離れる日、スティーヴンと私は正式に「恋人どうし」になった。彼とそうなれて、本当に心からホッとした。私は二人の付きあいが、一時の気の迷いで終わってしまうのが、怖くてたまらなかった。ほんのお遊び。出張先での退屈を紛らわせるための、ちょっとした気晴らし。この関係がそんなふうに終わってしまったら、私は盛大な誤解をしていた大バカ者ってことになる。だって私と彼とのあいだには、たしかに本物の何かがあると確信していたから。その「本物だという感覚」を支えてくれる証が欲しかったのだ。

帰りの飛行機に乗る朝、スティーヴンは私を起こすと、ぼくの「大事なひと」になって、と書いた手紙を渡してくれた。彼をそこに残して帰るのは、本当につらかった。タクシーに乗りこんで彼にさよならを言ったとき、それまでの人生で一度も感じたことのないような激しい感情が私のなかに渦巻いていた——不安で、怖くて、恋しくて、でも自分は無力だというどうにもしようのない気持ち。この先二人の未来がどうなるのか、まったく想像もつかなかった。だって私たちは遠く離れてしまう。この数カ月のことは、ひょっとしたらただの夢か妄想に過ぎなかったのかもしれない。スティーヴンと私はそれぞれもとの場所に戻り、それまでどおりの暮らしをつづけて、しだいにお互いのことを忘れていくんじゃないだろうか。たとえ「恋人どうし」の誓いをたてたとしても。

だからこそ、今日スティーヴンが電話をくれて、私は心底ホッとした。この電話の意味が、私にはわかっている。昨日の夜、いつものように三時間あまりもフェイスタイムで話していたとき、彼は「これからロス行きの飛行機の時間を調べて、なんとか乗れたら朝電話するよ」と言ったのだ。「もうこれ以上、離れ離れでいるのは耐えられないから」って。電話がかかってきたということは、彼は飛行機に乗れたのだ。つまり、スティーヴンは私に会いにきてくれる……いま、これから。私たちの関係は、つかのまのお遊びじゃなかったのだ。

スティーヴンの飛行機は無事着陸した。とりあえず数日の滞在予定なので、荷物は機内持ち込み一つだけ。ウーバーもすぐに手配でき、うちに着くまでのあいだ、何度もメッセージをやりとりした。ああもう待ちきれない。ビリーを追い出した。まだ工事用の機材があちこちに散らばっている(だいたい、この改修工事はいったいいつになったら終わるんだろう? もう一年は経ってるんだけど)。

ドアをノックする音がした。スティーヴンを迎え入れる。三週間ものあいだ、ずっと電話でしか顔を見ていなかったので、こうして面と向かって会えるのは夢みたいにうれしい。だけど会った瞬間、二人とも目をそらした。なんだか気まずい。会話も弾まない。ちょっと怖くなった。これって、ロスのせい? トロントでの二人は魔法のカップルだったけど、ロスではこんな感じになっちゃうの?

そんなこれまでの人生で一番長い、ぎこちない三分間が過ぎたあと、スティーヴンは私を抱きよせ、私たちは激しく求めあった。お互いに服を脱がせあい、彼はポケットからコンドームを取りだすと(もちろんいつもどおり)それをつけ、私のなかに入ってきた。ああ、もう何も考えられない。カウチの上で三回愛を交わし、それからおしゃべりを始めた。すべてがもとどおり。安心で、心地よい。ぎこちない雰囲気は、性的興奮が最高に高まっていたせいだった。イェイ。

二時間ぐらいイチャイチャしながらおしゃべりしたあと、スティーヴンはおしっこをしにトイレへ行った。ゆっくりと戻ってきた彼の顔に、暗い表情が浮かんでいる。リビングに通じるアーチ型の入口のところで止まり、私から少し距離をおいた。何かを警戒しているようだけど、何も言わない。

「何？」沈黙の緊張感に耐えられなくなった私がたずねた。

「ジェニー……」心配そうに、スティーヴンは口を開いた。

「何よ？」もう一度たずねた。不安が増す。「なんか変よ。どうかしたの？」

「あのね……」スティーヴンは目線を下げて、硬いチェリーウッドの床に靴下をこすりつける。スティーヴンが何を言おうとしているのか、まったく想像もつかなかった。何をそんなに言いよどんでるの？　わからなくてイライラする。なんでもいいからハッキリ言ってよ。

「きみ、問題を抱えてるよね？」ついに彼が訊いてきた。

「問題？」私がたずねる。

「そう。問題」

「わからないわ。なんのこと……？」

「トイレの便座に、何か吐いたあとが残ってた」

「あぁー、あれね」。わざと軽い感じで流そうとした。「問題っていうほどのことじゃないし。ただちょっと……習慣になってるっていうか」

彼はあんまり軽くは受けとめられないようだ。

「だって、あなただってタバコ吸うでしょ？」なんとか彼を納得させようと必死に訴える。「あなたのタバコと同じようなものよ、私が吐くのは。ただの習慣」

「いや、違う」。スティーヴンははっきりと言った。「過食症は命にかかわるよ」

「タバコだってそうじゃない」

「そうだね、じゃあやめるよ」

「わかった。私もやめる」

スティーヴンはため息をついた。

「きみには本当に、健康で幸せでいてもらいたいんだ、ジェニー」

「だいたい、健康で幸せよ」

「違うね」

「違わないわ、だいたい」

彼は私を長いこと、真剣に見つめた。前にこんなふうに見つめられたことは、一度もない。そのまなざしには、哀れみと親のような心配がこめられていた。そんなふうに見つめられるのは嫌だったけど、その視線の真剣さから、彼は絶対に意見を変えるつもりはないんだということがうかがえた。どんなに言いつくろっても、彼をごまかすことはできそうにない。

「いいかい、ジェニー、専門家に助けを求めるんだ。でなきゃ……ぼくはきみと一緒にはいられない。自分にそんな仕打ちをするきみを見ていられない」

あっけにとられた。本気？　彼の目は私の疑問に答えを返してきた。本気だよ。

嘘、こんなのあり？

67.

センチュリー・シティにあるローラのオフィスの待合室にすわっている。セラピストのオフィスに来るのは初めてだけど、想像していたのとはぜんぜん違う。もっと病院みたいなところだと思ってたけど、それっぽいところは一つもない。入りやすくて、居ごこちがいい。まあ、ローラはセラピスト兼ライフ・コーチってことだから、「兼〇〇」とつくセラピストのオフィスはみんなこんな感じなのかも。よくわからないけど。

部屋の片隅にターコイズのかぎ針編みのカバーがかかった足のせ台があり、その隣の本棚には自己啓発本が何段も並んでいる。私がすわっているオレンジ色の椅子の背には、クリーム色のニットのブランケットがきれいにたたんでかけてある。いわゆる「ボヘミアン・シック・スタイル」ってやつだ。イェルプのレビューをちゃんと読んでいれば、こういうことも書いてあったのかもしれないけど、私はローラのサイトに五つ星がついているのを見て、即予約を入れてページを閉じてしまった。だいたい、わざわざレビューを書きたがる人の書いたものを読む人なんている？　そんな暇なことをする人の意見なんて、まったく信用できない。

私は柔らかなブランケットをふわっとまとって、そっとなでながら、どうやって話を切りだそうかと考えた。できれば出だしは軽い感じでいきたい。セラピストの前の椅子にどっかりとすわりこみ、自分の悩みをクドクドと並べたてて、セラピストをうんざりさせるような情けない患者にはなりたくない。そこへローラが出てきて声をかけた。

「ジェネットね？」と彼女は確認した。この時間に予約を入れて、待合室にすわっているのは私だけなんだけど。

私も調子を合わせてみた。「ローラね？」

ローラはにっこりとほほえんだ。私がこれまでに見たなかでも、抜群に魅力的な笑顔だ。ローラも〈ホワイトストリップス〉を使っているに違いない。

「こんにちは！」ローラはまるで「浮いている」としか表現しようのない動きで、私のほうに近づいてきた。その花柄のロング・スカートが一歩進むごとに床に流れるように動くせいで浮いているように見えるのか、はたまた本当に浮いているのか、よくわからなかったけど、私は彼女にとても興味をそそられた。

彼女は私を引き寄せてハグした。ふだん私はあまりハグはしないほうだけど、ローラの温かくて瞬時に人の信頼を勝ちとる魅力のせいで、素直にハグされるがままになった。彼女は洗ったばかりの洗濯物の匂いがする。私は気づかれないように、その香りを吸いこんだ。ああ、この柔軟剤の香り、私にも分けて、ローラ。

ローラは体を離すと、私の両腕をつかんで、まっすぐに、でも優しく私の目を見た。ここまでのローラとのやりとりで、ふだんの私なら、間違いなく防御体勢に入っているところだ。だけどローラはほかの人とは違っていた。ふだんのルールは、ここでは通用しない。

「じゃあ、始めましょうか」とローラがたずねる。その目には、神様に誓ってもいいけど、キラキラ輝く星が宿っていた。ええ、始めましょう、ローラ。よろこんで。

ローラの小さなオフィスに入り、彼女の向かい側にすわった。オフィスの装飾は、基本的に待合室と同じだ。ローラにすっかり防御体制を解かれた私は、最初に何を話そうと思っていたのか、ぜんぶ忘れてしまっていた。

まず、「どうしてここに来ようと思ったの?」と訊かれて、スティーヴンに突きつけられた最後通告の話をした。私が彼のことをすごく愛していて、お互いの関係をいいものにしたい、だからここに来ることに決めたのだ、ということも。

「わかった。そういうことね。でも、セラピーというのは、あなたがするかどうかを決めるものなの。ほかの誰かのためでなく、あなた自身が、あなた自身のために変わりたいと思わなければならないのよ」。そう言って、ローラはお茶を一口すすった。「それでジェネット、あなたは変わりたいと思う?」

「ええ」と私は答えた。私のなかには、もう少し別の微妙なニュアンスがあることには気づいていたけど、とりあえずいまはこう言うしかないと思ったのだ。まるでローラはキャスティング担当者で、私は子役に戻った気分だった。オーディションに受かるため、相手の望むことを答えていたころみたいに。はい、私泳げます。ホッピングできます。はい、私変わりたいんです。

「よかった」とローラは言った。

ローラから、私がいま生きていくうえで悩んでいることは何か、なぜスティーヴンは私にここに来るように勧めたのかを訊かれたので、私は正直に打ち明けた――ママの死、過食症、アルコール依存、仕事のこと。できるだけ簡潔に、要点をかいつまんだバージョンを話した。もっと細かいことは、これから何度かセッションがあるのだろうから、そのときに話せばいい。

バターのようにとろける声で、ローラはこれからの予定をざっと説明してくれた。

「私は回復を目指すために、心身一体的アプローチを用います。ですので、今後のセッションには、バラエティに富んだ方法をとりいれていこうと思います。今日はまず、『人生の輪』に注意を向けてみましょう。これは最初にあなたの出発点を測定し、そこを基準として、時間とともにあなたがどれほど進歩したかをたどれるようにするためです」

私はうなずいた。「人生の輪」なんて聞いたこともないけど、いいわ、ローラ。回してみることにする。

「これから四カ月間、私たちは一緒に食品を買いに行き、料理をします。実験をしながらあなたが情熱を傾けられる趣味や対象を探し、摂食障害を扱った本をたくさん読んで、あなたが共感できたこと、できなかったことのメモをとります。さらに、バランスのとれた無茶でない程度の運動をします」(摂食障害のせいで、私は無茶な運動をするようになっていた。週に二回はハーフマラソンを走り、一日おきに八キロから一六キロは走っていた)。

ローラの計画はすべて、すごくよさそうに思えた。とくに、ローラがずっとそばについていてくれるのが心強い。それに、これを乗り越えなければ、スティーヴンを失うことになるのだ。わかった。名前を書く欄はどこ？　いつでもサインするわ。私は変わる気満々よ。

68.

焼けたトーストと犬のおしっこの匂いがする――間違いなく、私のタンニング・スプレーの匂いだ。ウィル・スミスもこの匂いに気づいているだろうか？　でも、たとえ気づいていたとしても、彼はそんなこと口に出さない。優しいウィル。そのかわりに、彼は出番までの三〇秒間、あたりさわりのないおしゃべりをしてくれた。いまはCM休憩中で、もうすぐ私たちのコーナーがはじまる。

私たちは〈ティーン・チョイス・アワード〉のカラフルなステージ上に立っている。照明は暗くなっている。はいている超高価なハイヒールのストラップがくるぶしに食いこんで痛い。身につけている衣装はターコイズ・カラーの花柄のツーピース。花柄は嫌いだけど、しょうがない。ニコロデオンが私に着せたいのはそういう服なんだから、黙ってそれに従うだけ。

ネットフリックスのドラマはまだ放映されていない。だから私は、まだ「ニコロデオンの子」としてしか世間に認識されていない。『サム&キャット』はいまだに新しいエピソードを放映中だ。十代向けの雑誌の表紙には、腰に手を当てて生意気なポーズをとり、にこやかにほほえんだわたしの顔が躍っている。世界は私のもの、とでも言いたげな、幸せそのもののティーン・スターの顔。笑っちゃう。

ローラとのセッションを始めて一カ月になるけど、初めてローラのオフィスのふかふかした椅子にすわったときより、状況は悪化しているような気がする。第一に、そもそも私がローラのオフィスのふかふかした椅子にすわることになった原因のスティーヴンが、そばにいない。彼はアトランタでドラマ撮影の仕事があって、いま彼に支えてもらうことは不可能なのだ。第二に、私は自分がいかに絶望的な状態にあるか、はっきり認識しはじめていた。自分がアルコール依存の問題を抱えている（それもかなりひどい）ことを否定することはできなくなったし、過食症（もっとひどい）からも目をそらすことができなくなった。さらに、ママの死に対する悲しみの大きさ（ほとんど克服不能）も重くのしかかってきた。

ローラとのプログラムの最初の三週間は、さまざまな情報を集めることにより、自分のいまの立ち位置を正確に把握するところから始まった。これまでのところ、集めた情報は私が知りたくなかったものばかりだ。

一日五回から一〇回はドカ食いと嘔吐を繰り返し、一晩に強い酒を少なくとも八杯から九杯ある。ローラとの最初の三週間、私は自分のいまの状況がどれほどひどいか、自分がどんな情けない人間になってしまったのか、まざまざと見せつけられた。

だけどいまは、週五回セッションを行うスケジュールの四週目に入っている。四週目は、私の悲惨な日常を評価するだけのこれまでの三週間とは違い、初めてローラが変化に向けて私に直接助けの手を差しのべてくれる。私のドカ食い・嘔吐・アルコールの主な誘因について、私たちはすでにいくつかのことがらを確認していたけど、そのリストのトップに太字ででかでかと書かれているのが**レッド・カーペット・イベント**だった——それはイベントそのものの性質とそれによるストレスが大きいからというだけでなく、そういうイベントには大量の……ものすごく大量の……食べ物がつきものだからだ。そして、ものすごく大量の食べ物が出れば、ドカ食いと嘔吐の機会も爆発的に増える。だから、これからの数カ月間、ローラには私の同伴者としてすべてのイベントに付き添ってもらい、私の行動を監視しつつ感情的・精神的サポートをしてもらうことになった。

照明はまだ暗いままだ。客席の人たちが見える。ローラは最前列だ。アイコンタクトを交わす。ローラがにっこりほほえみ、「あなたは大丈夫」と口の形で伝えようとしたけど、大丈夫の「だ」を言おうとしたところで、小さい子どもたちを引きつれた母親が急ぎ足で目の前を横切った。ローラは「ちょっと、何この人」という顔をしかけたけど、その母親がアンジェリーナ・ジョリーだと気づくと、「あら、どうぞ横切ってくださいな、天使のアンジー様」みたいな顔に変わった。

私は照明がまた明るくなる前に、ほんの一瞬だけでもいい、ローラと目を合わせたかった。彼女の支えがどうしても必要なのだ。私の必死さは彼女の魂の奥深くまで届いているはず、という確信が私にはあったけど、それはどうでもいい。とにかくいまはアンジェリーナが彼女の注意を奪ってしまった。でもそれでローラを責められない。相手はアンジー様だもの。

カメラマンのチップが――本当は名前を知らないけど、どこかにチップって名前のカメラマンがいる可能性は九〇パーセントはある――五本指を立ててカウントダウンを始めた。緊張をぐっと飲みこむ。

照明がついた。めちゃくちゃまぶしい。ティーン・アワードとかキッズ・アワードとかのイベントにいくつ出席したか数えきれないくらいだけど、この照明にはいつまで経っても慣れない。私は目がくらみそうなのに、ステージ上でどうでもいいなんとか賞をあげたりもらったりする人たちが、誰一人としてまぶしそうな顔をしないのが不思議で仕方がない。

私はにっこりとほほえみ、「陽気な」声で、プロンプターに映し出されるセリフをしゃべりはじめた。両手で大きなジェスチャーを交えながらしゃべっていることに気づいたけど、自分でそうしようと思ってるわけじゃない。体が勝手にやっているだけだ。

ウィル・スミスがセリフを言って、ニック・ジョナスがワルツを踊り、賞を受けとると、また会場が暗くなった。水のなかで長いこと息を止めていたみたいに、私は空気を求めてあえいだ。両手を見ようと目線を下げる。暗くなった周囲にまだ目が慣れていないので手は見えなかったけど、見なくても震えていることはわかった。

警備員が近づいてきた。自分が強い男だと証明するためだけに、激辛チキンウィングを食べそうなタイプの人だ。彼が楽屋へと連れていってくれるあいだに、温かいものが頬を流れおちるのを感じた。嘘。涙だ。

やっと蛍光灯に照らされた薄汚いトンネルのような楽屋に続く通路に着くと、自分の両手がはっきりと見えた。ぎゅっと握りしめたまま、ぶるぶる震えている。これ以上わかりやすい証拠はない。パニック発作だ。理由は考えなくてもわかっている。

今日は一度も吐いていないのだ。ローラが私の同伴者になる条件として、イベントの前に待ちあわせをし、一緒にランチを食べるという約束をした。ローラは、私が本能的にイベントの前には何も食べずに済ますと知っていたのだ。その状態だと、必ずあとからドカ食いして吐きたくなる。

彼女はヘルシーなランチを注文し、気の乗らない三歳の子どもみたいに料理をつつく私を見ながら、辛抱強く待っていた。

「食べたくないのはわかるけど、食べないと。今日みたいな大きなイベントの前に、胃のなかが空っぽなのはよくないわ」

私が料理に手をつけないまま一時間近くが経ったころ、イベント会場へと私たちを乗せていく車が迎えにきた。私は椅子を引いて席を立とうとしたけど、ローラが「だめよ」という目で私を見た。私が約束したことを守るまで、彼女は迎えのキャデラック・エスカレードに乗るつもりはなさそうだ。私が二、三口分をむりやり口に押しこむと、ローラは「もうあと二、三口食べなさい」と言い、そのあとようやく車に乗りこんだ。

会場に向かう車のなかは地獄だった。どれだけ食べたんだろう、食べたぶんのカロリーはどれくらいだろう、なんで食べちゃったんだろう、そんな自分を恥じる気持ちにばかりとりつかれて、何も考えることができない。いま私が求めているのはトイレに行って吐くことだけなのに、代わりに四五分もロスの渋滞に巻き込まれながら、ラジオから流れるアダルト・コンテンポラリーのゆるい音楽を聴かされつづけている（ローラの音楽の趣味はイマイチだ）。

イベント会場に着くころには、時間ギリギリだったので、大急ぎでステージに駆けこんだ。硬いフロアにヒールが当たるカンカンという音を聞きつつ、ランチに食べたもののカロリー数を口のなかで何度も何度も呪文のように唱えた。でもいったんステージに上がって、生放送で伝説のカリスマ・スター、ウィル・スミスの隣に立つという緊張感にとらわれると、そこからの二分間は頭が真っ白になり、摂食障害のことはすっかり意識から飛んでしまった。

それなのに仕事が終わったいま、飛んでいた意識がぜんぶ頭のなかに戻ってきた。食べ物を口に入れてしまった自分、それを止められなかった自分が、どうしようもなく情けなかった。私って最低のダメ人間。食べずにおこうと思ったのに食べちゃうなんて、**ほんっと最低**。あとからあとから涙があふれてくる。
「あの、大丈夫ですか？」
だめ、いまは声をかけないで、ミスター・激辛チキン。私はいま、誰にも知られないように機能停止中なの。適当な返事をつぶやくと、私は涙をぬぐって、楽屋に通じるドアを開けた。最初に目に飛びこんできたのは、当然ながら、ビュッフェのテーブルだった。楽屋には必ず、食べ物が山盛りになったビュッフェのテーブルがある。サラダ、オリーブ、ミニ・ソーセージ、シュリンプ・カクテル、ミニサイズのグリルドチーズ・サンドイッチ、ポップコーン・チキン、ミニ・チーズバーガー。

だめだめだめ。ミニ・チーズバーガーだ。あのお肉とチーズたっぷりのミニ・バーガーをいっぱい口に詰めこんで、それからトイレで吐いてしまいたい！　吐くという行為は、私のなかに大量のアドレナリンを放出させると同時に、肉体的にものすごく疲れるので、吐いたあとしばらくは不安を感じる余裕がなくなるのだ。いまの私にはその対処法が必要だ。

そんなことしちゃいけないと、わかっている。だからローラに一緒に来てもらったのに。ローラ！　そうだ、いま私に必要なのはローラだ。ローラはどこ？　どこ行っちゃったの？

私は必死になって部屋のなかを見回した。『モダン・ファミリー』のリコが『ビッグバン★セオリー』のシェルドンとしゃべっている。隅っこに立って爪をかむクリステン・スチュワートに、ファーギーが話しかけている。部屋の向こうの隅に、ローラがいた。アダム・サンドラーに声をかけるその顔には、嬉しそうな笑みが浮かんでいる。ローラが彼のことが好きなのは誰の目にも明らかだ。だって、彼のこと好きじゃない人なんている？　『アダム・サンドラーはビリー・マジソン／

一日一善』の「シャンプーvsコンディショナー」シーンに出てくる裸のアダム・サンドラーは、子どものころの私にはまさにポルノ級のセクシーさだったもの。

私はどうしようか迷った。ローラがアメリカ最高のコメディアン兼ときどきインディー映画のスター、アダム・サンドラーと楽しそうな会話を交わすのを邪魔して、パニック発作が起きちゃった、って訴えるべき？　それかビュッフェ・テーブルに駆けよって、食べ物をいっぱいに口に詰めこみ、トイレで吐いちゃおうか？　どっちの対処法をとる？

私はまっすぐビュッフェ・テーブルに向かった。お皿も取らずに、ミニ・チーズバーガーを両手につかむと、口のなかに押しこみはじめた。誰にも見られないように、背中を向ける。一口、もう一口。一つ目を食べ終えて、二つ目を詰めこみはじめたところで、聴き慣れた声が聞こえてきた……。

「食べてくれてよかったわ。でも、もうちょっとスピードを落としてね。食べたら少し二人きりになれる場所に行って、吐かずに気持ちを落ちつけましょう。それでいい？」

心がズーンと重くなった。ミニ・チーズバーガーも、急に重みを増した。胃に入ったバーガーが石みたいに感じられる。ローラが私のためを思って言ってくれているのはわかるけど、いまこの瞬間は彼女のことがうとましかった。私の吐くという行為を認めようとしない彼女を、憎いとさえ思った。

「じゃあ、もう行きましょうか」とローラが言った。私の頬に乾いた涙のあとがあるのに、彼女は気づいたのかもしれない。両手もまだ握りしめたままだった。それか、私のことなんか何もかもお見通しで、ミニ・バーガーを吐き戻せないことに私が絶望を覚えているのを、敏感に感じとったのかもしれない。

車に乗りこむと、私はすすり泣きはじめた。パニック発作全開だ。死にそうに苦しい。

「ダメよぉぉ！　ミニ・バーガーなんか!!　なんであんなミニ・バーガー食べちゃったのよぉぉぉ!!!」私は泣き叫んだ。

「わかってるわ、ジェネット」。ローラは優しく声をかけ、髪をなでてくれた。「あなたはがんばってる。よくやってるわよ」

ほんとに？　「よくやってる」なんてぜんぜん思えない。プロンプターつきのセリフをどうにかこうにか三行言っただけで、そのあと我慢できずにちょっと高級なミニ・チーズバーガーを二つも食べてしまい、ただいま絶賛ぶっ壊れ中だっていうのに!?　「吐かずにいたあと、こういう反応が出るのはごくふつうのことなのよ」とローラはなぐさめるように言う。「あなたの体は吐く習慣に長いこと慣れきっていたし、吐くという行為はあなたにとって感情を抑えこむ拠り所になっていたのだから」。でも、ふつうのことだなんて、まったく思えなかった。こんな反応をするのはバカみたいで恥ずかしいのに、自分ではどうにもできない。

私はずっとしゃくりあげつづけた。運転手は何事もないかのように前を向いたままだ。私みたいなヒステリックな過食症女が、ピカピカに磨きあげた革張りのシートにオレンジ色のタンニングスプレーをこすりつけたところでたいして気にもならないとしたら、この運転手はこのキャデラック・エスカレードの後部座席で、いったいどんな修羅場が繰りひろげられるのを見てきたんだろう？　考えるのも恐ろしかった。

「ラジオをKOST103・5に変えてくださる？」とローラがていねいに頼んだ。

運転手はラジオのチャンネルを変えた。グロリア・エステファンの「リズムでゲット・ユー」が聞こえてきた。

「ママは、グロリア・エステファンがぁ、好きだったのぉぉぉ！」私はローラの膝のうえにくずおれながら、すすり泣いた。ローラは爪先でリズムを取っている。彼女はまさに「リズムでゲット・ユー」されているみたいだ。

「ジェネット……」とローラは言い、少し間をおいて唇をこすりあわせた。大事なことを言おうとするときに、いつもする仕草だ。「回復って、こういうことなのよ」

私が誰かとのあいだに耐えがたい気持ちの断絶を感じるのは、こういうときだ。相手はすごく感動的なことを言っていると考えているのに、私にとってその発言はクソとしか思えないとき。いまはまさに、その瞬間だった。その断絶をさらに悪化させるように、ローラはわざわざ**目を閉じて、**同じ言葉を繰り返す。

「こういうことなのよ……」

やめて、ローラ。もったいぶった間をとって、強調しないで。そんなの**聞きたくない**――

「……回復って」

ローラの向かいに置かれたふかふかの椅子にすわって、私はため息をついた。ただ、深いため息というよりは、一つの仕事をやり終えたときに口をついて出るため息だ。大変な仕事をやっと終えたという安堵と、やりぬいたことを胸を張って自慢したいという気持ちもあった。

ついに成功したのだ。一度も吐かずに、まる二四時間過ごすことができた。そんなにたいしたことには聞こえないかもしれないけど、私にとってはすごいことだ。毎日、しかも一日に何度もドカ食いと嘔吐を繰り返すようになってから、もう三年になる。この摂食障害に、すべてを支配されているような気がしていた。ローラとのセッションを始めてからも、一度も吐かずに一日を過ごしたことはなかった。セッションのあいだはなんとか我慢しているけど、家に帰るとすぐ戻してしまう。そうしないと、前に吐いてから私のなかにたまっていた、抑圧された感情のモヤモヤがなくならないのだ。次の日にローラのもとを訪ねると、自分のしでかした失敗を悔やみながら報告する。そして、もう一度、挑戦を始める。この繰り返しは本当にキツかったし、自分が情けなくて仕方がなかった。だけど、とうとう今日、私はやりとげたのだ。

昨日の朝のセッションから、私は一度も吐いていない。私のため息が勝利を意味するため息であることに、ローラは気づいていた。少しだけほほえみながら、「何か言いたいことはない？」と私に訊く。私はそのすばらしいニュースを伝えた。ローラは手を叩いて、「どうしてがんばれたと思う？　どうやって乗りこえたの？」とたずねてきた。

そのとき、私の誇らしい気持ちに、不安の影がよぎった。乗りこえるのはものすごく辛かったし、もう一度できるかと訊かれたら自信はない。二四時間吐かずにいるために、自分の気持ちを絶えず書きとめていたけど、それもかなり大変な作業だった。自分がどんな感情を抱いているのか、確認するのに苦労したのだ。「不快な感情全部」っていう選択肢はある？　昨日の夜も泣きだしたら止まらなくなって、三回もローラに電話をした。私がちゃんと前に進む助けになるよう、彼女は電話番号を教えてくれたのだ。

過食症で気を紛らわす代わりに、ぐちゃぐちゃでわけのわからない感情を**しっかり確認する**というタスクは、ものすごく苦しかった。過食症は、そういった感情を忘れさせてくれるものだったのだ。たとえほんの一時の気休めだとしても。そういう感情に正面から立ちむかうなんて、不可能だと思った。自分がどういう感情にとらわれているか、はっきり確認することさえできないのに、いったいどうやってそれに耐えればいいの？

不安な気持ちをローラに伝えると、ローラは「大丈夫、一歩一歩解決していきましょう」と言った。「時間がかかるものなのよ。でも必ず克服できるわ、一緒なら」。私はとても慰められた気がした。次に彼女はこう言った。「一日吐かずに過ごすのがどんな気分か、これでわかったと思うし、あなたにはそれができることも確認できたのだから、ここからもう少し深く掘りさげていくことにしましょう。この経験はあなたにとっての動機づけになったわけだけれど、問題に対処するだけでは原因は解決しない。過食症の奥底にひそんでいるもの、それを駆りたてているものにたどりつくためには、あなたの人生をもう少し広い範囲でひもといていく必要があるの」

「ええ……」私は少しためらいがちに言った。これから何をしようっていうの？　はっきりしないのは大嫌い。

「私は小さいジェネットのことがもっと知りたいのよ」とローラは優しく言った。「あなたがごく小さいころから、大きなプレッシャーにさらされ、大きな責任を背負ってきたことはよく知っているわ。でも、もう少し細かいことを掘りさげていきたいの」

またその話？　こういうセラピストって、なんで必ず子ども時代の話に行きつくわけ？　映画やドラマで、こういうお決まりの治療のための「原因さがし」は嫌というほど見てきた。子どものころに何か嫌なことがあって、そのせいであなたはおかしくなり、いまみたいな状況に陥る羽目になったのよ、って話。

でも、私にはそんなの当てはまらない。パパはアルコール依存症じゃなかったし、お兄ちゃんたちも親がいないときに私をいじめたりはしなかった。たしかに貧乏だったし、ゴミため屋敷に住んでいたことは事実。私が小さいころからママはガンを患っていて、それがすごく怖かったのも事実。だけど、そのほかに何も問題はなかった。私はこの話をローラに伝え、そのときの口調から、「私の子ども時代はこんなに最悪でした、ぴえん」なんてゲームをするつもりはないということを、さりげなく読みとってもらおうとした。

「わかった」。ローラはぜんぶわかっているという表情で、ほほえみながら言った。その笑顔に、なぜかすごくイラッとした。なんでこんなにイラッとするんだろう、と自分でもよくわからなかった。ローラのことは、ふだんは大好きなのに。

「あなたのお母さんのことを話してくれる？　子どものころ、お母さんとはどんな関係だった？」

瞬間的に、私は身がまえた。なんでママのことを話せって言うの？　ママの何がいけないの？ママに問題なんか一つもない。ママは完璧だった。心の底ではそんなの違うとわかっていたし、話はもっと複雑だということもわかっていたけど、だいたいなんでローラにそんな細かいことを話さなきゃいけないの？　そういうことはこれまで誰にも話したことはなかったし、これからも話すつもりはない。だいたい自分でさえよくわかってないのに。それにわかりたいとも思わない。わかる必要もない。

「ママはすばらしい人だったわ。正直に言って、本当に完璧なママだった」

「そうなの？　どこがそんなに完璧だった？」

私は最高の嘘の笑顔をつくった。ローラの目は鋭い。ほとんどの患者の嘘は見抜けるに違いない。だけど私には通用しない。だてに一〇年もクソつまらないシットコムで演技してきたわけじゃないのよ。自分が信じてもいないセリフをしらっと言うのなんてお手のもの。

「全部よ、本当に。私やお兄ちゃんたちの世話をしてくれた。すごく大変だったと思う」

「それがお母さんの仕事よね？」

尋問されているみたいな感じだ。何を言っても否定されるような雰囲気。私はしゃべる速度を上げて、自分の真意を説明しようとした。

「でも、ほかの家の親とは違ってたはず」。しまった。なんでこんなこと言ったんだろう。

「どういうところが？」

気を落ちつかせるため、少し間をおいた。ローラは私を急かさない。私は計ったような一定の調子で話を続けた。

「ママは私のためにすべてを捧げてくれた。私の世話をするため、いつも自分のことは後回し。いつだって私が一番の優先事項だった」

「そう。あなたはそれをいいことだと思った？」

おっと、これは新しい展開だ。なんなの、この答えのないクイズみたいな質問は？　この質問にはどう答えればママを完璧に見せられるのか、見当もつかなかった。

「えっと、だから、私もママのことを一番に考えていたから、バランスは取れていたんじゃないかな。私たちはお互いにバランスを取りあっていたというか……お互いを一番に……考えることで」

ローラは私をじっと見つめた。何を考えているのか、表情が読めない。何も言わず黙ったまま。

水を打ったような静けさだ。

「私たち、親友だったの」と念を押すように、私は言った。

「そう？　お母さんには同じくらいの年のお友だちがいた？　それともお母さんの親友は、あなただけだった？」

私に何を言わせたいの、ローラ？　私は椅子のなかで思わずモゾモゾした。

「居心地が悪いなら――」

「何も問題ないわ」

「お母さんにはお友だちはいた？　自分と同じ年くらいの――」

「ええ、質問は聞こえた」。私はムッとした口調で答えた。

ローラは少し驚いたようだった。ちょっと後悔した。ローラの口調は最初からずっと何かを知りたがっているだけのようだったけど、私は個人的な攻撃を受けているように感じたのだ。たぶん彼女の質問に、深い意味はないのかもしれない。彼女は私を傷つけるつもりはないのかも。

「ごめんなさい」

「いいえ、ぜんぜん大丈夫よ」

ふつうに「大丈夫」だけでよくない？　ローラ。「ぜんぜん」まで言う必要ある？　なんで彼女の言うことにいちいちムカつくんだろう？と心のなかで考えた。彼女に向かってほほえんで見せたけど、思ったよりぎこちない笑みになってしまった。彼女もほほえみ返してくれた。私よりずっと柔らかな笑顔だった。

「それで……」

「知り合いはいたわ。でもママはいつも言ってた、友だちと過ごしてる暇はないって」。ローラが別の質問を繰りだしてくる前に、私は先手を打った。「たしかにそうだったと思う。ママはいつも、私をオーディションやセットに連れていったり、なんやかやですごく忙しかったから」

「そうなのね」。ローラは何か思うところがあるような感じでうなずいた。「じゃあ、演技を始めようと思ったのはいつ？」

これは引っかけ問題だ。聞いた瞬間にわかった。

「ていうか、私に演技をさせたいと思ったのはママなの。自分よりもっといい人生を送れるようにって」

「じゃあ、あなたが演技をしたいと思ったわけじゃないのね？　お母さんがそうしなさいと言ったの？」

「ええ」。そう答えた声には、自分が思ったよりも多少熱がこもっていた。「自分よりもっといい人生を送れるようにしてあげたいからって。ママはすごく優しくて、広い心の持ち主だったと思う」

「そうなの」

「本当に」

「わかった」

短い間があった。

「あなたが自分の体重や体のことを最初に気にしはじめたのはいつ？　それが……」ローラは一旦間をおいて、言葉を慎重に選んだ。「……すごく重要なことだと思うようになったのは？」

この質問には答えたくなかったけど、あんまりもじもじしていると、ローラはすぐにもっと急所をつく質問を繰りだしてくるに違いない。私は用心しながら答えた。

「たしか……一一歳のとき、胸がふくらんできて心配になった。そのときかな、ママが私を助ける方法として、カロリー制限のことを教えてくれたのは」

「あなたを助ける？」

「そうよ」

「どういう意味、あなたを助けるって？」

「それは、私、胸がふくらんできたのが心配だったから」

「ええ。でも、ママがカロリー制限を教えてくれたことが、どうしてあなたを助けることにつながるの？」

「だって、カロリーを制限すれば、大人になるのを遅らせることができるからよ」

ローラはまた、あの独特の考えの読めない視線を私に向けた。実際に何を考えているのか、正確にはわからなかったけど、彼女が頭のなかでいろんな推論を組みたてているらしいことは想像がついた。もう少し話しておいたほうがいいかも。

「それに演技のこともあった。私はいつも、実際の年より幼い役を演じてたの。だから役を確実にもらいつづけるためには、年より幼く見えることが大事だった。ママがカロリー制限を教えてくれたから、私は成功に近づけたのよ」

自分の言ったことを確認するように、私は小さくうなずいた。それが彼女の判断の方向にいい影響を与えてくれることを期待したけど、数秒後、なんの役にも立たなかったことがわかった。

「ジェネット、あなたが言っているのは……ものすごく不健全な関係だわ。はっきり言って、あなたが拒食症になるのを放置した、いえ、あなたが拒食症になるよう仕向けたのは、お母さんよ。お母さんがあなたに……拒食症を教えた。それは虐待よ」

頭のなかに、初めて拒食症という言葉を聞いた瞬間がよみがえった。トラン先生のオフィスの、五番の部屋。紙の敷かれた診察台の上にすわっている。突然、自分があの混乱して怖くて不安でたまらない一一歳の子どもに戻ったような気がした。あのとき私は、自分の置かれた状況の実態が自分にはすべてわかっているんじゃないか、ママは私のヒーローぶっているけどじつは違うんじゃないか、と疑いをもちはじめながら、即座にその疑いを打ち消していた。

涙がこぼれそう。どうしていいかわからない。でも合図のとおりに泣いたり泣きやんだりという訓練は人より積んでいる。ここは私の得意技の出番だ——歯を食いしばって涙をこらえ、何回かせわしなくまばたきをしてごまかすんだ。

「泣いてもいいのよ」と言って、ローラが身を乗りだしてきた。

うるさい、黙ってよ、ローラ！　もうたくさん。今日一日、一度も吐かずにがんばってやっと成功したっていうのに、今度はママを栄光の座から引きずりおろして、私がこれまで必死でしがみついてきたママの物語を粉々にぶち壊そうってわけ？

「私、帰る」。そそくさと立ちあがって、部屋を出ようとした。

「待って、ジェネット。うまくいってるわ。これはとても大事な話なのよ」

「帰ります」。背を向けたまま繰り返すと、ドアを開け、目にも止まらぬ速さで外に出た。

家に帰る車のなかで、涙が頬を流れおちつづけた。いま起きたことを、必死に自分のなかで整理しようと考える。ママが私にしたことは虐待だとローラは言った。私のこれまでの人生、これまでの私という存在のすべては、たった一つの前提の上に組み立てられてきた。ママはつねに私にとって最善のことを求めているし、ママは私にとって最善のことをしてくれるし、ママは何が私にとって最善のことか知っている、という前提だ。過去に、ママに対する不満が頭をもたげてきたり、ママと私のあいだに亀裂が入りそうになったりしたとき、私はそういった感情を抑えこみ、ママの物語を完璧なままに保つことで前に進もうとした。それくらい、「完璧なママ」の物語は、私が生きていくのに欠かすことのできない心のよりどころだったのだ。

もしじつはママが私にとって最善のことを求めてはおらず、ママが私にとって最善のことをしてくれてもおらず、ママが私にとって何が最善のことか知りもしなかったとしたら、私のこれまでの人生、私のこれまでの物の見方、私のこれまでのアイデンティティはすべて、嘘の土台の上に築かれていたことになる。そして、もし私のこれまでの人生、これまでの物の見方、これまでのアイデンティティが嘘の土台の上に築かれていたとしたら、その嘘の土台を直視することは、それを壊して、新たな土台を一からつくりなおしていくことを意味するはずだ。そんなこと、どうやったらできるのか、見当もつかなかった。あらゆるところにママの影を感じているのに、すべての行動をママの欲望や要求や承認に左右されずに決めるなんて、とてもできるとは思えない。

一人ぼっちの家まで帰ってくると、しばらくエンジンをかけたまま車のなかにすわっていた。電話を取りだし、ローラに送るEメールの下書きを書く。

ローラへ　この一カ月、いろいろとありがとう。でももうセラピーには通えません。お世話になりました。ジェネット送信するかどうか二、三秒迷ったけど、結局さっと送信をタップして、画面を閉じた。玄関の階段を駆けあがり、なかに入るとすぐにトイレに走る。何度も何度も吐きまくった。指を喉の奥に激しく突っこみすぎて、しまいには咳きこんで血が出るほどになっても、まだ吐きつづけた。血混じりの胃の中身が、口から便器のなかへと流れおちる。腕にゲロの筋がついた。髪にもゲロのかたまりがこびりつく。それでも吐きつづける。吐かずにはいられない。

そのあと気持ちを落ちつけようと、お風呂に入った。お湯から上がるころには、体のあちこちが痛んで熱っぽかった。吐いたあとはいつもそうだ。

疲れて痛む体を引きずってベッドにもぐりこみ、体を丸めた。電話をスワイプして開ける。ローラからの不在着信が三件と、留守番電話が一件入っていた。ローラの電話番号を削除した。次のイベントに行くときは、同伴者はなしだ。

69.

家のドアの前に立って、不安げに両手でパンツをさすりながら、スティーヴンのタクシーが到着するのを待っている。スティーヴンはここロサンゼルスで仕事をすることになり、その六カ月のあいだ、私の家に泊まることになった。私たち、**一緒に暮らすのだ。**これはものすごく大きな進歩だ。

その部分は間違いなく最高だった。

ただ問題が一つ。スティーヴンにセラピーをやめたことを伝えなくちゃならない。彼がどんな反応を示すか、まったく予想がつかないけど、あまりいい反応が返ってくるとは思えなかった。そもそも、私にセラピーに通うよう強く勧めたのは彼だったのだ。

タクシーが停まって、彼が降りてきた。クルーネックのセーターにチノパンツ。タクシーはそのまま走り去り、スティーヴンはキャンバス地のショルダーバッグを肩にかけ、キャリーバッグを手にして、玄関に続く階段を足どりも軽く登ってきた。なんだかいつもより元気そう。スティーヴンはもともと、あまり元気に跳ねまわるタイプの人間じゃない。どちらかというと歩き方はゆっくりで、人目につかないように静かに動くタイプだ。今日の妙にウキウキした動きは、私に会える嬉しさからきてるんだろうな、と思うと、これから告げなければならない悪い知らせが頭に浮かんで罪悪感がつのる。玄関のドアを開けてなかに入ると、彼は私を引きよせて思いきり抱きしめた。

「ジェニ、ジェニ、ボー・ベニ・ボナナ・ファナ・フォー・フェニ・フィー・ファイ・モー・メニ・ジェニー！」歌いながら、彼は私をぐるぐる振りまわす。

私もその歌を一緒に歌おうとしたけど、途中でよくわからなくなって脱落した。スティーヴンが私を下ろすと、私は告白をしようと身がまえた。言おう。いま言っておかなくちゃ。

「スティーヴン……」

私の口から言葉が出るより先に、スティーヴンはものすごく興奮した様子で早口でまくしたてはじめた――だけどその興奮の内容は、ロスに来たことでも、彼がとりかかる予定の仕事のことでも、私たちが一緒に暮らすことでもない。私の想像した内容は何一つ当たっていなかった。スティーヴンがこんなに興奮しているのは、「私と一緒に教会に行きたい」からだったのだ。教会？　ママの葬式以来、教会には行っていないし、近いうちに（というかたぶん二度と）行くつもりもない。たしかスティーヴンはカトリックとして育ったと言っていたけど、彼の家族はおそらく礼拝に行ったことさえないはずだ。若いころにも、最近になってからも、宗教が彼にとって大きな意味をもったことなんてないと思っていた。どういうこと？　混乱する私に、スティーヴンは説明を始めた。

「なぜだかわからないけど、人生にはもっと何かあるんじゃないかって気がするんだ。何かもっと、深い意味が」

彼の言うことはわからないでもなかったけど、それがどう教会につながるのかがわからない。なんでスティーヴンは、カトリックがその深い意味をさぐる手助けをしてくれると思うんだろう？盛りあがる彼の気持ちに水を差したくなかったので、できるだけ穏やかな調子で、私たちが最初のころに交わした会話をもちだしてみた。そのとき彼は、宗教って人の成長を助けるというより、妨げるものだよね、という私の言葉に同意してくれたのだ。

「うん」。彼はうなずく。「だけどいまは、その意見にはまったく同意できないな」。……なるほど。もっと詳しく説明して、と私は彼に求めた。

「じつは、ネットフリックスで『神は死んだのか』っていう映画を見たんだ。それがすごく心に響くものがあって。そこには真実が描かれていたんだよ、ジェニー。本当に深い真実が。それで、きみと一緒に教会に行きたいと思った。きみとぼく、二人の宗教を見つけたいと思ったんだ」

「ちょっと待って。ネットフリックスでしょうもないキリスト教映画を見て、そのせいでイエスに対するこれまでの自分の考えをぜんぶ捨てるって言うの？」

　私の言い方はスティーヴンを傷つけたようだ。彼の目がそのことを物語っていた。二人のあいだに沈黙が流れた。私はスティーヴンのことが心配になってきた。なんだかこれまでの彼じゃないみたい。だけど、よく考えてみると、私たちは付きあってまだほんの数カ月なのだ。この変化は、ハネムーン期間が終わったら誰もが経験する自然ななりゆきなのかもしれない。ひょっとしたら、これが本当の彼の姿なのかも。

「スティーヴン、私……セラピーをやめたの」

　思わず口をついて出たのは、自分でも信じられない言葉だった。一〇分前には、この言葉を言うのが怖くてたまらなかったのに。たぶん、このしーんとした空気をどうにかしたくて、何か言わなくちゃ、と思ったのだ。それか、教会から気をそらしたかったのかも。理由はなんにせよ、とにかく言ってしまった。もう取り消せない。私はスティーヴンの反応を待った。彼は私をじっと見た。

「かまわないよ」

　ほんとに？　いいの？　信じられない。こんなにあっさり受けいれてもらえるなんて。でもその言葉には続きがあった。

「セラピーは必要ない。きみがイエスを信じるなら」

70.

スティーヴンと私は、グレンデールの南部バプテスト教会で聖歌隊の歌うもの悲しげな讃美歌を聴きながら、信徒席にすわっている。讃美歌はまあどうでもいいんだけど、聖歌隊の女性の何人かはとんでもなく歌がうまい。

聖歌隊の才能はすばらしかったけど、聴いている私の目は半分閉じかけていた。スティーヴンと一緒に礼拝に出席するのは、今週これで四回目だ。教会に来ることに反対はしなかった。セラピーを受けろと彼が無理強いしないのが、とにかくありがたかったのだ。スティーヴンのこんな状態がそんなに長く続くとは思えないし、ローラやほかのセラピストに会わずにすむなら、とりあえず彼に調子を合わせておくほうがはるかにマシな気がした。完璧なママの物語を意地になってブチ壊そうとしてくるセラピストになんか、もう二度と会うもんか。

最初私たちは、カトリック教会の礼拝に行った。でもスティーヴンは、「なんか違う」と言う。次に行ったハリウッドの無宗派教会の礼拝は、「あまりにハリウッドすぎる」とスティーヴンは言った。その次にはサイエントロジー・センターに行った。スティーヴンは最初から警戒していたけど、念のため行ってみることにしたのだ。まるでおとぎ話の「3びきのくま」で、主人公のゴールディロックスがちょうどいい温かさのおかゆをさがして味見する話みたい。だけど、どの教会もゴールディロックスもといスティーヴンにとって、「ちょうどピッタリくる」教会ではなかったようだ。だからこうして、四番目の教会にいるというわけだ。

スティーヴンは本当に真剣に考えているように見えた。お説教を聴いて、しきりにうなずいている。iPhoneのノート・タブを開いて、聖書の言葉を書きこんでいる。讃美歌が歌われているあいだ、両手を上げて神をたたえるポーズをとった。やっと礼拝が終わった。ハレルヤ。いまが今日で一番、神さまありがとうと言いたくなった瞬間だ。

家に帰ると、いそいそとワインのウォッカ割りをつくった。ここ数カ月、ずっとその習慣が続いている。スティーヴンは礼拝のことをずっとしゃべりつづけている。私はぜんぜん聴いていなかった。彼がこう言いだすまでは……。

「それからジェニー……考えたんだけど、もうセックスはするべきじゃないと思う。ぼくは禁欲の誓いを立てるよ」

「え……なんて？　どういうこと？」

「いや、ぼくらは……もうあんな罪深いことをしちゃいけないと思うんだ」

私はワイングラスが割れそうなくらい、ぎゅっと握りしめた。怒りを爆発させないよう、気を落ちつける。それで、やっと口から出たのがこの言葉だった。

「は？」

「とにかく、お祈りをして、もうセックスはするべきじゃないと本気で思ったんだよ。セックスは罪だ。きみもわかってくれるよね」

わかる……わけがない。私たちのセックスは、これまでで最高のセックスだった。たとえ私の人生がこれからどんなにいい方向に向かったとしても、彼とのセックスをあきらめるつもりはまったくなかった。それにだいたい、いまはぜんぜんいい方向に向かっていない。それどころか、どん底だ。そんな私にとって、セックスは救いなのだ。セックスのあいだは、我を忘れていられる。私の人生に残ったかすかな希望のかけらを、手放せるわけがない。

「わからないって言ったら？」絞りだすような声でやっとつぶやいた。

残っていたワインのウォッカ割りを流しこむと、グラスをテーブルに置く。指でグラスのふちをなぞりながら、できるだけ悩ましいポーズをとった。イメージはマリオン・コティヤールだ。身を乗りだして、スティーヴンにキスをする。彼もキスに応えてくれた。最初はためらいがちだったけど、しだいに熱がこもってくる。やった。

私の手はすぐに彼のモノをさぐりあてた。硬くなっている。それもすごく。

「ほら、こんなに硬くしちゃって」。彼の耳にささやきかける。

「ジェニー、やめて」。スティーヴンの顔が赤くなった。

「やめてほしいの？」思いきりセクシーな声でつぶやく。好奇心旺盛な三歳児と拗ねたティーンが混じりあったみたいな声。スティーヴンには間違いなく効果抜群みたい。自分にこんなエッチなことができるなんて驚きだ。私は手を彼のモノから離そうとした。

「ダメ……ダメだ。やめないで」。スティーヴンは私の手をとって、彼のモノの上に戻した。私はズボンのジッパーを下ろし、アレを出すと身をかがめ、全身全霊をこめてフェラチオを始めた。私にできるかぎりの、すべての技と気持ちをこめた。まるでこのフェラに、人生のすべてがかかっているくらいの勢いで。ほかの適当なフェラなんて問題にならない、特別なフェラ。吸い上げ、しゃぶり、ささやき、なめまわし、包みこむ。一五万パーセントの真剣さで。彼は私の口のなかでイッた。

私は体を起こした。勝ち誇った気分だった。やっぱりきみとのセックスをやめるなんて不可能だと、スティーヴンは言ってくれるはず。毎日、一瞬たりとも私とのセックスを忘れることなんてできないはず。最高の誘惑をこめたしぐさで彼の出した液体を飲みこもうとしたそのとき、スティーヴンが顎をなでながらこう言った。

「うん、やっぱりよくないよ、ジェニー。もうしちゃダメだ。二度としちゃいけない、こんなこと」

スティーヴンの目には固い決意が浮かんでいた。それで私は、たぶんこの先ずっと、彼のアレに触れることはできないんだ、と悟った。彼のザーメンが口からこぼれて顎へと流れおちた。膝の上にポタポタとたれる。死んだようなうつろな目で彼を見つめた。私がしたことは、いったいなんだったんだろう?

71.

「じゃあ、ママとパパとの関係がうまくいってたこともあったの? それとも、ずっと……私の記憶にあるような感じだった?」

私はママの側の話ばかり聞かされてきた。パパは「たぶん浮気してる」とか、「家族のために何もしてくれない」とか、ママがその日に抱いていたムカつく思いのあれこれだ。「あなたのパパは、無能な怠け者としか説明のしようがない。冷たくて、その無神経さといったらジャガイモのほうがマシなくらい」

私の記憶にあるパパには、いいところもあった。パパの着ているフランネル・シャツの匂いが大好きだったことを覚えている——新しいペンキの匂いがちょっとだけ混じった、松の木の香り。その匂いに包まれると、安心して眠りにつくことができた。くまのプーさんがついたベビー・ピンクの靴のひもを、ウサギの耳みたいに結ぶ方法を教えてもらったこともある。あれは〈サムズクラブ〉のショッピング・カートに乗っていたとき。ママはトイレットペーパーが最近高すぎるって文句を言っていた。パパが職場の〈ホーム・デポ〉のクリスマス・パーティーに招いてくれたときのことも覚えている。一緒にパーティーに行く相手に私を選んでくれたのが信じられなかった。本当に私でいいの？　だけど、すぐに真相が判明した。私を連れていくように仕向けたのは、ママだったのだ。パパが誰と浮気をしていそうか、情報を集めるためだった。「ドンも浮気相手の候補から外しちゃだめよ。じつはね、あなたのパパって隠れゲイなんじゃないかって、ずっと疑ってるの。あのすわり方とか、脚の組み方とか、なんか怪しいところがあるのよね」。それはともかく、パーティーはすごく楽しかった。壁には赤と緑のシフォン地のカーテンがかかり、売れ残ったクリスマスツリーが部屋をにぎやかに彩っている。ブラックジャックのやり方を教わった。あの日は本当にパパに愛されているんだ、と感じることができた。

だけど、そのほかの思い出は、とてもいいとは言えないものばかりだ。そもそも、パパはいつもいない記憶のほうが多かった。私たちには関心がないみたい。あるとき、毎晩私とスコッティに『スタンはホットドッグ屋さん』という本を読んでくれようとしたことがある。三週間か四週間ぐらい続いただろうか。結局パパにその本を読んでもらうのはあきらめた。そんな子ども向けの本でさえ、読んでいるあいだに眠ってしまうのだ。私のダンス・リサイタルを忘れたこともあったし、ママがいつもやっていた家族で私の出演ドラマを見るパーティーでも、たいてい寝ていた。二〇〇三年には、ポルノ視聴発覚というとてつもない大事件が起こった。パパがポルノを見ているところを、ママに見つかったのだ――ポルノはモルモンの教えでは恐ろしい罪の一つだ。パパは家から追い出され、そのときは一カ月も帰ってくることを許されなかった。それ以降、ママは私にパパのことを「マーク」と名前で呼ぶように命じ、結局私はママが亡くなるまでそうしていた。

いま私は、パパと新しい恋人の目の前にすわっている。ここでママの側からでも私の記憶からでもなく、パパの側からの話を聞きたいと思った。

「あんまり昔のことで、ほとんど思いだせないんだ」。一〇秒ほども沈黙した後、パパはやっと口を開いた。同意を求めるように、彼女のほうを見る。

パパの恋人はカレンだった。あの赤ちゃんの名前を盗んだという、ママの高校時代の親友だ。遠目にカレンを観察してみて、私はママのメイクの仕方が、カレンとそっくりだったことに気づいた。それか、カレンのメイクの仕方が、ママとそっくりなのかもしれない。どっちか判断できないけど、どっちにせよ、なんだか落ちつかない気分になった。

もちろんパパには幸せになってほしい。でもなんかちょっと……幸せすぎる気がする。ママが亡くなってそろそろ一年になるけど、パパはママの死の一週間後からカレンと付きあいはじめたらしい。お葬式のあとの故人を偲ぶパーティーのとき、パパは三〇年連れ添った妻の死を悼むより、カレンの電話番号を聞きだすほうに夢中だったような気がする（お葬式のあとで、みんながフィンガー・サンドイッチをつまみながら、「大事なひとを亡くすつらさはお察ししますわ、私も何年か前に愛する猫を亡くしたので」……なんて話をする集まりのことを、パーティーとは言わないんだっけ？）

パパは、私やお兄ちゃんたちが思っていたよりずっと早く、前に進むことに決めたようで、私たちはそんなパパの立ち直りの早さに、正直あまりついていけなかった。それでも、みんななんとか努力して、パパのことを理解しようとしていた。すでにママを亡くしたのに、パパまで失ってしまうのはつらすぎる。

一応言っておくと、パパはパパでそれなりに努力はしていたと思う。むしろママが生きていたころよりずっと、私たちと関わろうとしていたと言っていい。たびたび電話をくれて様子を聞いてきたし、クリスマスに何が欲しいか知りたいから、アマゾンでウィッシュ・リストをつくっておくよう言われた。

だから先週パパが電話をくれて、「ちょっと話したいことがあるから会ってくれないか」と言ってきたとき、そのあらたまった様子にちょっと驚きはしたけど、この面会の設定も最近の私たちと関わろうとする努力の一つなのかな、と受けとっていたのだった。

でもこうしてパパとカレンの向かいにすわり、どうにも気まずい空気にひたっているうちに、これは子どもとの距離を縮めようという努力なんかじゃないことにすぐ気づいた。パパの様子には、いつもよりぎこちない硬さがある。たぶん、パパには何か伝えたいことがあるのだ。

今度はこちらの体が緊張でこわばった。そうか。パパはカレンと結婚するんだ。神様、私は二人を応援するふりをしたほうがいいの？　すごーい！って興奮してみせるべき？　二人と目を合わさないですむように爪をいじりながら、心の準備をしつつたずねた。

「それで……どうして今日会おうって言ったの？」

「ああ、それは、その……」パパはカレンを見た。カレンは「早く言って」というように、目で合図をしている。ああ神様、告白タイムだ。

その内容は……

「ダスティンとスコッティとおまえは……ぼくの……実の子じゃないんだ」

……

……

……

はぁ？

ショック、なんてもんじゃない。顔から血の気がひいた。意識が飛びかけている。

「どういう――？」カラッカラに乾いた口から、あえぐような言葉が漏れた。

パパはただ、うなずいた。カレンの目に涙が浮かんでいる。

「でもね、あなたのお父さんであることに変わりはないのよ」と彼女が言った。感情がたかぶるあまり、その声はかすれている。「この人があなたのお父さんなの」

めまいはおさまってきたけど、まだ頭がちゃんと働かない。何も感じていないはずなのに、涙が頬を伝いおちる。

「おまえにも伝えておくべきだと思ったんだ」とパパは言った。視線を落として、両手をこすりあわせるのを見つめている。ママはいつも、パパがそうやって両手をこすりあわせるのを嫌がった。

「ハンドクリームを塗りなさいよ、マーク」

私は身を乗りだしてパパをハグした。パパもハグを返す。カレンはそれを見つめている。

「ありがとう、言ってくれて」と私は言った。

私の顔はパパのフランネルのシャツに埋まっている。あの懐かしい松の木とペンキの匂いがした。私の目に映るのは、チェック柄のシャツの胸ポケットだけ。シャツの生地は私の涙でグショグショだ。

カレンは丸まった私の体に寄りそい、ハグするように右手を肩に回してきた。三人一緒にいる部屋で二人がハグしたとき、どうして三人目もハグに加わろうとするんだろう？　ハグは二人でするものであって、三人じゃできない。あなたは余分なのよ、三人目。悪いけど。

「お父さんが私に話してくれてね、それで私があなたに伝えなきゃダメよと言ったの」とカレンが耳のそばでささやくように言う。「とにかく伝えなきゃ。あなたには知る権利があるんだからって」

しばらくして、この不自然な三人ハグからようやく体を離すと、私は窓の外に目をやった。そうすれば、パパともカレンとも目を合わせなくてすむ。こういうただでさえドラマチックな瞬間に目と目を合わせると、必要以上に意味深でドラマチックな雰囲気が生まれてしまう。そんなの蛇足ってものだ。もうドラマチックはたくさん。これ以上必要ない。

窓の外を眺めながら、私の本当の父親は誰なのか、パパに訊こうかどうしようか考えはじめた。

もちろん、訊きたくてたまらない。知りたいに決まってる。いったい誰なの？　私、その人に似てるところがあるんだろうか？　マークとの関係より、いい関係を築けるだろうか？　自然に親子だと認識できるんだろうか？　思わず訊きそうになったけど、やっぱりやめた。パパの気分を害したくない。パパというか、カッコつきの「パパ」だけど。とりあえず今夜のところは、何も訊かないでおこう。あとからいろいろ訊く時間はあるはず。

「じゃあ、そうだな、映画でも見に行くか、それとも……？」と「パパ」がたずねた。

ジャガイモ並みの無神経って、本当かもしれない。

72.

いま私はめちゃくちゃ緊張している。スティーヴンに伝えるのを延ばしに延ばしてきた知らせを、ついに伝えなければならないときが来たのだ。あと一時間したら、オーストラリアへプロモーション旅行に出発することになっている。ネットフリックスがオーストラリアでのサービス開始に合わせ、さまざまなドラマに出演するキャストを何人か、宣伝のために送りこむことになったのだ。行くことが決まったのは、私とダリル・ハンナ、エリー・ケンパー、アジズ・アンサリ、そして畏れ多くも現代の生ける女神、ロビン・ライトの名も予定に入っている。ラッキー！

「話したいことがあるの、すごく大事な話」。ディナー・テーブルにスティーヴンと向かいあってすわった私は、こう切りだした。

マークに自分は実の父親じゃないと告白されてから一週間。いまだにその事実を処理しきれていない。あれからずっと、なんだかすべてがぼんやりしている。一日一日をやりすごすために、これまで以上に嘔吐とアルコールに頼るようになった。

山のようにある質問のいくつかを、マークにたずねる機会はあった。ママが浮気していたとき、そのことに気づいてた？（「ああ」と彼は言った）。お兄ちゃんたちはこのとんでもない裏切りのことを知ってるの？（「いいや」と彼は言った）。その話が事実だってことは、絶対に、一〇〇パーセントたしかなの？（「ああ」と彼は言った）。私の父親が誰か知ってるの？（ああ）。だけど、具体的な答えをもらえたのは、そういったごく基本的な質問のいくつかだけで、あとの質問はぜんぶ「さあ」「わからない」みたいな言葉ではぐらかされてしまった。

ママが自分以外の男と三人も子どもをつくるあいだ、パパはいったいどんな気持ちでママと過ごしていたの？（「わからない……」）。私の本当の父親は、私の存在を知ってるの？（「どうかな……」）。ママの浮気は、結局いつ終わったの？（「うーん……さあ」）。

でもそんなことより、私が一番答えを知りたかったのは、どうしてママは何も言ってくれなかったんだろう？という疑問だった。打ちあける機会はあったはずなのに、なぜ何も言わなかったの？私たちに一言も言わないなんて、そんなのあり？

あれこれ理由を考えて、なんとかママの行動を理解しようとした。だけど考えれば考えるほど、ママの意図を理解しようとすればするほど、どんどん腹が立ってくる。

理由はどうあれ、とにかくママは私たちに本当のことを話してくれなかった。その事実に、私はひどく傷ついた。

ママは世界中の誰よりも、何よりも、私にとって大きな意味をもつ人だったのに。私という存在の一番中心にいたのは、ママだったのに。ママの夢は私の夢、ママの幸せが私の幸せだった。私が人生のすべてを捧げて生きてきた人が、私の出生に関わるこんな重要な事実を隠していたなんて、ただただ信じられないとしか言いようがない。

ママには私たちに真実を告げる機会がなかったんだ、本当は告白したかったのに、そのチャンスが巡ってこなかっただけ……そう思いこもうとしたけど、そんなの嘘だ。機会はいくらでもあったはず。病状が悪化し、もう自分は長くないと悟ったときに。ふつう、もうすぐ死ぬとわかったら、片づいていなかったことに決着をつけようとするんじゃないだろうか？ 不倫関係を清算して、子どもたちに本当の父親のことを告げる、絶好の機会なのでは？ なのに、ママはなぜそうしなかったんだろう？ なぜ最後まで真実から目をそらしつづけたのだろう？

この疑問に対する答えは得られず、この先たとえうわべだけでも解決される見込みがまったくないことにムカついた。答えを得られない疑問が増えれば、さらに疑問が湧いてくる。あらたな疑問が湧くと、また答えを得られない疑問が増えることになり、その答えをなんとか見つけようと死に物狂いになる。いまの私には、その不満をぶちまけられる相手、行き場のない怒りを受けとめて、理性的な意見を言ってくれる相手が必要だった。

ここ一週間、私はこの父親をめぐる騒動について、スティーヴンにはあえて伝えずにいた。彼の宗教熱が収まるのを待っていたのだ。父親騒動か宗教熱か、どっちか一つにしないと。両方いっぺんには、さばききれない。だけど、旅への出発が迫ってきて、もう待っている余裕はなかった。オーストラリアから帰ってくるまで、私が一番大切に思っている人に、こんな重要な事実を伏せておくのもおかしい気がする。

「わかった……」私の言葉を受けて、スティーヴンが言った。「じつはぼくも、話したいことがあるんだ。すごく大事な話……」

「わかった……」ちょっととまどいを覚えながら、私は答えた。「じゃあ、あなたから話して。私のほうはかなりヤバい話だから」

「いや、きみから言って。ぼくの話はマジでヤバいんだ」。スティーヴンは自信満々だ。

「ううん、いいのよ。あなたから」

「そっか」。スティーヴンは大きく息をついてから、こう言った。「ぼくは……イエス・キリストの生まれかわりなんだ」

……

……

……

はぁ？

思わず笑いだしてしまった。ショックと悲しみと怒りと疑念が混じりあった、うつろな笑い。スティーヴンは本気で自分が、われらが救い主たるお方イエス・キリストだと思っているわけ？　いやいやいや。ちょっと待って。冗談でしょ？　だけどそれが冗談じゃないとわかったとき、今度は泣き叫びたくなった。小さく丸まって自分のなかに閉じこもり、感情をぜんぶ吐きだしてしまいたい。

「信じてほしいんだ、ジェニー」。スティーヴンは真剣に訴える。「正気じゃないと思うかもしれないけど、お願いだ、信じてほしい」

私は立ちあがって、トイレに吐きに行った。そのあいだに、頭のなかで戦略を組みたてる。トイレから戻るまでに、これから出発までに残されたわずかな時間で、自分をイエス・キリストの再来だと思いこんだ恋人のために何かしてあげられることはないか、考えださないと。

スティーヴンがおかしくなったのは明らかだけど、そんなことを打ちあけて助けを求められるような知人は一人もいない。彼の家族や友だちの電話番号も、まったく知らなかった——付きあってまだ日が浅すぎて、お互いそんな情報も交換していないのだ。ごくさりげなく、近くに住んでいる友だちとかの電話番号を知らない？　と訊いてみたけど、スティーヴンは急に泣きだして、「この秘密のことは誰にも言わないで」と訴えた。

「これは、ぼくたち二人だけの秘密なんだ、ジェニー」と彼は泣きながら言う。

「でも、あなたの家族には言ったほうがいいと思う」と提案してみた。もちろんそうしたら、家族はヤバい事態が起きていることに気づいて、彼を連れ戻しに飛んでくるだろう。

「言えないよ」。彼は頭を振りながら言った。「そんなことできない。信じてもらえないよ。きみだけは信じてくれるよね？　ジェニー」

私は答えなかった。彼の期待に応えてあげたいという気持ちは、私のなかに残っていなかった。もう力尽きて、頭がぐちゃぐちゃ。スティーヴンは私が初めて本気で好きになった人だった。ほんの一〇分前までは、彼との恋がもたらしてくれる喜びが、いまの私に残された唯一の希望の光だったのだ。それを手放さなきゃならないなんて、考えたくない。袖口で涙をぬぐうと、壁の時計が目に入った。もう時間だ。出ないと。

私はスティーヴンにハグをした。スティーヴンもハグを返す。空港へ向かう途中、マネージャーからメッセージが入った。ロビン・ライトの参加も確定したという知らせだった。

73.

シドニーまでの一四時間は、トイレで吐きつづける地獄のフライトだった。機内食を二回分まるまる食べて、ぜんぶ吐き、それに加えて途切れることなくフライト・アテンダントが運んでくるお菓子――グミベアにグラハムクラッカーに〈ドリトス〉――も、すべてゲロになって消えた。一袋食べ終えると、すぐに吐きもどす。もうめちゃくちゃだ。フライトのあいだに私のやっていたことといったら、食べるか、吐くかだけ。あとは、食べることと吐くことのあいだに、どうやったら隣の席のヅラをかぶったビジネスマンに怪しまれずに席を立つか、策を練るのに必死だった。まあ一四回も席を立てば、白い目で見られるのも無理はないけど。

最後に吐きもどしたときには、ほとんど意識を失いかけていた。口のなかは胃酸の酸っぱい味がして、あちこちがヒリヒリ痛んだ。喉の奥まで指を突っ込むせいで、涙で目も腫れ上がっている。そうして口から灰色の便器のなかに、汚い茶色の固形物混じりの液体が滝みたいに流れ落ちたあとをふと見ると、そのなかに小さな白いかたまりが混じっていた。舌を歯ぐきに這わせてみる。歯が一本ない。胃液の酸のせいで歯のエナメル質が溶け、左下の臼歯が抜けたのだ。

口のなかに銅みたいな味がしたので、洗面ボウルに唾を吐きだした。血が混じっている。嫌だったけどしぶしぶ手洗い用の水を手で受けて、口に入れても大丈夫なのかどうかわからない水で口のなかをゆすいだ。四、五回それを繰り返したあと、鏡に映った自分の顔が目に入った。見たくなかったけど、こんな狭いスペースにこんなでかい鏡がついてたんじゃ、目をそらしようがない。だいぶ長いこと、私は自分の顔を見ていた。最低。

シドニーに着陸した。空港で待っていたニッサン・セントラに向かって歩いている途中で、電話に知らない番号からの留守電が入っているのに気づいた。画面をスワイプしてチェックすると、スティーヴンの両親からだった。スティーヴンが半狂乱になって電話をかけてきたので、驚いてあわてて彼のもとへ飛んでいったらしい。いまは精神病院に入院させて、いろいろ検査をしているところだが、精神科医によると、スティーヴンは統合失調症を発症した恐れがあるとのことだった。私は留守電を聞き終えると、車の後部座席に乗りこんだ。

「調子はどう？」ノリのいいウーバーの運転手が訊いてきた。

それには答えずに、まっすぐ前を見つめた。調子はどうって？　もう最低最悪、どん底の極みよ。ママには父親の件で死ぬまで嘘をつきとおされ、過食症はぶり返す一方、左下の臼歯が抜けたままプロモーションに参加しなきゃならない上に、恋人はなんと統合失調症。なんなのよ、これ？　これ以上ひどい状況ってある？

「うーん、この曲、いいねえ。ボリューム上げていい？」

ウーバーの運転手は、私の返事を聞きもせずボリュームのつまみをひねった。アリアナ・グランデの「フォーカス」だ。

「前のシングルより断然いいよね？」と運転手は同意を求めてきた。頭でリズムをとりながら、一緒に歌う。超ノリノリで、ダッシュボードまで叩きはじめた。

窓の外に目をやった。遠くにシドニー・オペラハウスが見える。物思いに沈んだまま、舌で抜けた臼歯のあとをまさぐった。たしかにアリアナの歌は、いいところを突いているかも。そろそろ私は、本気で自分にフォーカスしたほうがいいのかもしれない。

74.

「やあ、ジェネット」

「こんにちは、ジェフ」

「さて、体重計に乗ってくれるかな？」

えっ？　なんて？　診察前の相談用紙には、最初の診察の前に体重を量るなんて、どこにも書いてなかったけど。ここはネットで見つけた摂食障害専門医のオフィス。そんな項目があったとしたら、たぶんここに予約は入れてなかっただろう。万が一、それを承知で予約を入れてたとしたら、今日ここには「人前で体重を量るとき」の格好をしてきたはずだ。季節を問わず、医者に行くときには必ず着ていくことにしている服があるのだ——ポプリンのスカートと、一番薄い生地のタンクトップ（できるだけ軽い服で、体重に影響が出ないようにしたいから）。ジーンズなんてもってのほか。やたらと分厚くて、重すぎる。それにセーターもだめ。デコボコの編み目の、ずっしりしたケーブルニットのセーターとか最悪。

「乗らなきゃだめ？」

「そうだね。でも、数字は見なくていいし、きみには言わないよ。あくまで診察の参考にしたいだけ。セッションを始めるときには、必ず体重を記録しておくことにしているんだ」

私は落ちつかなげに手をもみあわせる。

「嫌そうだね」

「体重は量りたくないの」

「それはよくあることだよ。きみがどんなに嫌だと思っているかも、よくわかる。実際、ぼくのこれまでの経験からすると、きみの反応はかなりおとなしいほうだよ」

「ほんとに？」

「ああ、みんな泣きだしたり、叫んだり、バッグを部屋の向こうから投げつけられたこともある。あれはすごかったな」

思わず笑った。

「自分の感情を乱す経験に向きあうのは、回復において最も大きな変革をともなう作業なんだ。それはまず、食べ物や食事、自分の体、それからそう、体重を量ることといった、感情を乱す経験にきちんと向きあうところから始まる。ぼくはきみがそのすべてを乗りこえるのを助けていくつもりだけど、きみが本気でよくなりたいと思うなら、いま言ったすべてのことに向きあう必要があるんだ」

「あんまり断る余地はなさそうね、ジェフ」

彼はクスッと笑ったけど、すぐに真顔になって黙りこんだ。そのまましばらく、じっと私を見つめる。

ジェフは背が高くて――たぶん一九〇センチはある――優しい青い目をしている。きれいに手入れしたブロンドのあごひげと、きれいに分けて整えられたブロンドの髪。スラックスをはいて、チェック柄のボタンダウン・シャツにネクタイをし、銀のバックルのついた黒いベルトを身につけている。身ぶりも口調も、迷いがなくキッパリしていた――彼がしゃべるときには、「あー」も「んー」もはさまないのだ。この人、「んー」を言わない人なんだ。すごい。尊敬する。「んー」を言わないでいようと思ったら、かなりの鍛錬が必要なはずだ。

私は立ちあがって、体重計のところまで歩いていった。目を閉じて、ゆっくりと息を吸いこむと、体重計に足を乗せる。ジェフがクリップボードに何か書きこむ音が聞こえた。

「もう降りていいよ」

私は体重計を降りた。カウチに戻って、そこにすわる。ジェフは私を見てほほえんだ。彼の笑顔にはほんの少しだけ温かみがあったけど、それは仕事として他人と関わる人のほほえみだった。

「では、始めようか」

75.

「自分がイエスの生まれ変わりだと思いこんでたなんて、信じられないよ」。そう言いながら、スティーヴンは笑って、フライを口に入れた。

私たちはスタジオ・シティにあるバー、〈ローレル・タヴァーン〉のテーブルに向かいあってすわっている。私はメスカル・ミュールをちびちび飲みつつ、スティーヴンの話を聞く。ママがあやうく死の淵から生還するたびに、ここへ連れてきて話を聞いてあげたように。これは純粋に、相手のすべてを受けいれるための手続き。相手がいまも生きてここにいる奇跡に驚き、感謝する行為なのだ。

精神科病棟に旅立ってしまったスティーヴンが、こちらの世界に戻ってくることは、もうないんじゃないかと思っていた。だけど、電話を使わせてもらえるようになると、彼はすぐに私に電話をかけてきた。二人とも泣きながら話した。いつもの彼に戻ったみたいだった。ただその口調には、どことなく無気力な、以前にはなかったぼんやりした感じがある。「これはいま飲んでいるリチウムのせいで、時間が経てば、発症前の自分に戻れるよ」と彼は言った。本当にそうだといいと、心から願った。

それから二カ月が経ち、こうしてここにすわっていると、彼の回復は本物かもしれないという気がしはじめていた。私たちはまた一緒に暮らしはじめ、彼はいまのところ問題なさそうだ。セラピストや精神科医のもとも、きちんと訪れている。投薬治療も続けている。禁欲の誓いは終了し、また最高のセックスができるようになった。統合失調症まっただなかだったときのエピソードを、笑い話として語ったりもする。そのエピソードが完全に過去のものだという確信がなければ、できない話だ。

「ほんと、私もよ」と同意する。

スティーヴンはテーブルの向こう側から手を伸ばして、私の手を包みこんだ。食べていたフライのせいで彼の指は油まみれだ。でも、気にしない。

「すごく怖かったよね」と彼が訊く。

「うん、怖かった」

「きみのことを考えてあげられなくて、ごめん」

「いいの。正直言って、私も、あなたのことを考えてあげてなかった。いろんなことがありすぎて」

「わかってる。だけど、いまは二人とも、自分の問題に向きあってる。お互いのことを、ちゃんと考えられるようになるよ。きっと、何もかもうまくいく」

私はうなずく。彼のことを信じようと思った。

76.

目の前に置かれたスパゲッティの皿をじっと見つめている。少なくとも一〇分は経ったはず。そのあいだ、私は食べる前に湧いてきたすべての考えと感情を、頭のなかで整理していた。

鉛筆をとりあげると、ワークシートに書きこみはじめる。

考え：このスパゲッティを食べたい、けど食べたくない。これを食べると、体重が増えると思うと怖い。落ちこんでドツボにはまりたくない。体の重さを感じたくない。体が重くなったと感じるのはうんざり。食べるのが怖い。吐きたくない。

感情：恐怖――八／一〇。不安――八／一〇。心配――七／一〇。欲望――六／一〇。

深呼吸を一つしてから、一口食べた。もっと考えが浮かび、もっと感情が湧いてくる。果てしない考えと感情。うんざりするほど次から次へと湧いてくる考えと感情。もう一度ワークシートに向かって、それを書きだしていく。

食事中の考え：ナトリウムを摂ると顔が腫れると、ママがいつも言ってた。明日顔が腫れるんじゃないかと思うと怖い。これを食べているところを見たら、ママはめちゃくちゃ怒るだろう。ママはがっかりするだろう。私はダメ人間。

感情：悲しみ――八／一〇。落胆――八／一〇。

私は泣きはじめた。ジェフに言われたとおり、鉛筆を置いて、涙が流れるに任せる。

ジェフのもとに通いはじめてから、三カ月になる。ゆっくりだけど、確実に進歩しているように は思えた。試みたプログラムはものすごく多岐にわたり、この時点でぜんぶ思いだすのが難しいほどだった。

まず、ダイエット食品（〈リーンクイジーン〉の冷凍ディナー、ダイエット・クランベリー・ジュース、ダイエット・ティーなど）をすべて捨てるところから始めた。ジム用のウェアもぜんぶ捨てた。この回復段階では、ワークアウトはしない。ストレッチや多少のウォーキングならいいけど、ハーフマラソンはなし。ダイエットにかかわるものや行動は、すべて手放すことになった。

次に、二週間にわたって、ドカ食いと嘔吐の記録をつけるように言われた。同時に、いつ、何を食べたかも、一つ一つ記録する。嘔吐の記録をつけるのは、前にローラにもやるように言われたので、まあ予想はついたし、やる意義も理解できた。だけど、食べたものをいちいち記録するのは、意味がわからなくて混乱した。食べたものを克明に記録するのも、摂食障害の症状の一つじゃないの？　それって、強迫神経症的な、不健康な習慣なんじゃないの？

「そう。食べたものを記録するのは、時が来たらやめなければならない行為だよ。というか、きみには何回記録をつけたかを、把握しておいてもらいたいんだ。そして最終的には、その回数をゼロにもっていきたいと考えている」

「それで、記録……とにかく記録をつけるのね」

ジェフはクスリと笑ったけど、急に真顔になる。「そのとおり」

「わかった。でも、最終的に記録をつけない方向にもっていくなら、なぜいま食べ物を記録するところから始めるの？」

「きみの食べ物に関わる行動の意味をさぐるためだよ。何がいつ、きみの体にとりこまれたかを見るのは、それを理解する助けになるんだ」

記録をつけはじめて二週間経ったころ、ジェフはあごひげをなでながら、私のワークシートに目を通した。

「ふーむ。なるほど。面白い。ふむ。そうか」

え？　何、ジェフ？　なんなの？

「何が面白いの？」とうとう我慢できなくなって、私はたずねた。

「面白い……」

「きみはほとんど毎日、朝食を食べず、午後二時半か三時ごろに遅い昼食をとる。だが、それは本物の昼食とは言えない。ちゃんとした食事じゃないからだ。火曜日にはサーモンを八口――じつに細かいね――、水曜日にはプロテインバーを一本、木曜日には卵二個。なぜ卵も吐いたの？」

私は肩をすくめる。

「それはまたあとで聞こう。とにかく、こうしてきみはとても遅い時間に、あまり昼食とは言えない昼食をとる。それから午後八時ごろに夕食らしいけど、これも毎晩ちゃんとした夕食ではない。そして、本番のスイッチが入るのはここからだ。午後一一時ごろ、きみの言うところのドカ食いがはじまる。パッタイと炒飯のプレートを丸ごと一皿、プラス〈デル・タコ〉のブリトーを一つ。そのあとほとんど毎晩、そのときに食べたものをぜんぶ吐いているようだね」

そう、そのとおりよ、ジェフ。だって私がそう書いたんだもの。

「ええ」と、いかにも何かを学んでいるような様子で、私は答えた。

「つまり、こういうことだよ、ジェネット。きみは一日の前半は飢えている。朝食は食べず、昼食と夕食は遅くて適当。だから午後一一時にはめちゃくちゃ空腹になって、体が食べ物をくれと訴えてくるから食べる。そのとき食べたくなるものの選択にも納得がいく。めちゃくちゃ空腹だから、がっつりとエネルギーを補給してくれるようなものを食べたくなるんだ。だが、もちろん、そういった食べ物を選んだせいで、そしてきみのなかに深く染みついた破滅的な思考パターンのせいで、きみは食べたものを吐いてしまう。そして次の日も、同じパターンを繰り返す」

「正直言って、今週はまだマシなほうよ」と私は説明した。「セラピーで『ちゃんとやってる』ところを見せたかったから。たぶん」

「なるほどね」とジェフは納得したように言った。「必要以上に分析しすぎる必要はないよ。ありのままに受けとめて。一歩ずつ進むんだ」。彼は確認するようにうなずき、あごを下げると、強い意志のこもった目で私を見た。「でも、ぼくたちはもっといい方向に進めると思う」

私は彼の言葉を信じた。彼はとても自信に満ちている。「んー」を言わない人がこれだけ自信をもって言えるのは、それなりの理由があるからだ。「んー」を言わない人は、自分が確実に信じていることしか口にしない。

「じゃあ、これからぼくたちがしていくことを言おう。まず、きみの食習慣を正常にする。ちゃんとした食事を一日三回、おやつは二回、すべて決まった時間に食べる。例外はなし。食習慣の正常化にとりかかる前に、きみが危険だと思う食べ物を確認しておく必要がある。危険な食べ物とは、きみが食べるときにさまざまな判断を下している食べ物——つまり、きみが吐かなきゃならないと感じる度合いが高い食べ物のことだよ」

　二回も言わなくてもわかっている。私は食べ物の名前をリストアップしはじめた。

「ケーキ、パイ、アイスクリーム、サンドイッチ、フライドポテト、パン、チーズ、バター、ポテトチップス、クッキー、パスタ……」

「すばらしい」。ジェフはそう言いながら、挙げられた食べ物をすべてノートに書きつけた。もうちょっとゆっくり、とは決して言わない。絶対書けるという自信があるんだ。目にも止まらぬ速さでペンが走る。まるで金メダルを狙うランナーだ。ｐａｓｔａのｔの最後の棒を書き終えると、目を上げて私を見た。

「このセラピーでぼくらが目指す究極の目標の一つは、食べ物に下す判断を減らすことだ。あらゆる判断をね。きみには、すべての食べ物を中立的なものとして扱ってもらう。いいも悪いもなく、すべてはただ口に入るだけのものと考えて。パイナップルでも、パンケーキでも」

「どっちも悪い食べ物でしょう？　両方とも糖分がたっぷり入ってる」

　ジェフは一回まばたきをした。

「そう。だから、その考えを取り去るところから始めるんだ」

「わかった」

「それから、あらかじめ言っておくけど、ジェネット、きみの食習慣を正常化し、食べ物への判断を中立化するのは、簡単なことではないよ。ものすごく大変だ。感情的にとてもキツい作業になる。というのも、きみの食習慣は長いこと、その……ぐちゃぐちゃだったからね」

　あなたにぐちゃぐちゃとか言われるとは思わなかったけど、ジェフ、その熱意は買うわ。

「本当に厳しい日々になると思う。だけど、必ず乗りこえられるよ。ぼくが助けるからね」

すわったまま泣きつづける私の目から、しょっぱい涙がスパゲッティの皿の上に落ちた。マリナーラ・ソースが薄まっていく。ジェフの言ったとおりだ。食習慣を正常化し、食べ物に対する判断を中立化するのは、感情的にものすごくキツい作業だった。

涙がどんどんあふれてきて、ついには胸が大きく上下しはじめる。泣いている自分に我慢がならなかった。大げさでバカみたい。なのに自分で自分が制御できない。ペンをつかんで、ワークシートに書きつける。

最初の感情：悲しみ――八／一〇。次の感情：自己嫌悪／怒り――八／一〇。

涙がワークシートに落ちて、インクがにじんだ。もう。濡れたところに息を吹きかけて乾かそうとしたけど、鼻水が垂れてページがもっと汚くなった。ワークシートをクシャクシャに丸めて、部屋の向こうのゴミ箱めがけて投げつける。ぜんぜんあさっての方向に落ちた。なんなのよ。

最低。私は立ち上がると、トイレに駆けこんで吐いた。


「失敗はよくあることだよ。一回失敗しても、それはそれ。ただの失敗。それがきみのすべてを決めるわけじゃない。それだけで、きみはダメ人間にはならない。一番大事なのは、その一回の失敗から雪崩を起こしてしまわないこと」とジェフは言って、「失敗を雪崩にしない」と書いた包みを渡してくれた（彼はきっと、この瞬間をリハーサルしていたに違いない。「この言葉を言って、包みを渡す。これは絶対響くはず」）。

ジェフは毎週、この包みをくれる。いつもセッションの最後に、新しい包みを一個ずつ渡してくれるのだ。包みのなかにはたいていあるテーマについて書かれた記事と質問が一つか二つ、それからワークシートが何枚か入っている。テーマは広範囲にわたり、「健康的な人間関係を築くには（そして現在の人間関係を評価するには）」といった内容から、「摂食障害に頼らずにアイデンティティを築き上げる」「セルフケアって実際どういうこと？」といった内容までさまざまだ。

この包みの宿題に取り組むのは楽しかった。とくに自分自身のことを紙に書くのが気に入った。書くと、いろんなことの整理ができる。頭のなかで考えるだけだと、全部がこんがらがって雑然としている。だけど、紙に書きだしてみると、自分の考えたことが言葉や数字やグラフのかたちにまとまって、一目で理解できるようになる。

包みはつねに、セッションで話したことを確認するような内容を含んでいた。だから、今日のセッションは「失敗」に関するものなんだな、と想像がつく。

「ジェネット、これはきみが回復していくなかで最も重要な局面になると思う。つまり失敗を受けいれ、そこから前に進んでいく、ということだよ」

私はうなずいた。

「摂食障害を起こす人には、自分の犯したミスにとらわれて、それをどうにかして挽回したいと考えるタイプが多い。完璧主義者なんだよ。思いあたるところはある？」

「ええ……」（そのレッテルにはちょっとイラつくけど、たしかに思いあたるところはある）

「そういう人たちがやってしまいがちなのは、ミスを犯した自分を責めつづけることで、すでにミスを犯した時点で感じている罪悪感と挫折感に、さらに恥までプラスしてしまうパターンなんだ。

罪悪感と挫折感は、人を前に進ませる原動力になる。でも恥は……恥は人をその場から動けなくしてしまうんだ。恥とは、人を麻痺させる感情なんだよ。恥の悪循環にとらわれると、ぼくたちはまたその恥を生みだしたのと同じ種類のミスを繰り返すことになるんだ」

私はうなずく。

「そうして、失敗が雪崩になるわけね」

ジェフは満足げに私を指差して言った。

「ビンゴ！」

あえてジェフにビンゴと言わせたかったわけじゃないけど、いまの彼の説明は、私の心のなかの奥深いところでものすごく納得がいった。恥の悪循環が自分の問題に大きく関わっていることに、私ははっきりと気づいた。「今度こそ最後、もう二度としない」と何度も何度も言いつづけるのには、正直うんざりだった。いまの私には、失敗を受けいれる姿勢が必要なのかもしれない。今度失敗したら、罪悪感と挫折感は受けいれつつ、恥の悪循環にはとらわれないようにすればいい。恥のせいでまた同じ失敗を繰り返し、またそれが次の失敗につながり、失敗がふくれあがって雪崩を起こす前に。これからは、そう、ジェフが言ったように、失敗はただの失敗、そう思うことにしよう。

77.

　やばい。打ちあわせに遅れちゃう。バッグをつかんで階下に降りてくると、彼が椅子にすわって、ぼんやりと窓の外を見ながら人差し指で髪をくるくる回しているのが目に入った。その顔はこわばって表情がない。最近そんな顔をしていることが増えた。そういう彼を見るのは不安だった。初めてその様子を見たときは、飲んでいるリチウムの量が多すぎるせいかと思った。だけど、リチウムの投与量を何度調整しても、その無表情は消えない。それで、問題はほかにあるのかも、と考えるようになった。

「ねえ、スティーヴン」。できるかぎり軽いノリで声をかける。「調子どう？」

　聞こえていないようだ。

「スティーヴン？」

　返事はない。私は唇をかんだ。

「あのね、私、打ちあわせに行かなきゃいけないの。一緒に行く？　私が打ちあわせをしているあいだ、そのあたりを散歩していればいいんじゃない？　たぶん一、二時間で終わると思うから」

　最近誰かと会う約束があったり、仕事や打ちあわせで出かけたりするときは、スティーヴンを一緒に連れていくようになっていた。そうでもしないと、彼は家から出ないのだ。

スティーヴンは完全に仕事をやめ、二度と戻るつもりはないようだった。「仕事は人生を浪費するだけ」というのが、彼の意見だった。趣味もないし、友人と一緒に過ごすことにも興味がない。最近は毎日何をしているかというと、マリファナを吸うだけ。朝起きたらまず一服、それから一日中ずっと吸いつづける。起きているあいだはずっとハイなまま。めちゃくちゃハイ。あんなにずっとハイな人、見たことないくらい。無表情はたぶん、そのせいだった。

最初はマリファナもいいかも、と思った。統合失調症の診断を受け、そのせいでものすごい感情の嵐に翻弄された彼にとって、マリファナはたとえほんの一時にせよ、救いになるかもしれない。私は彼を助けたかった。彼の欲しがる量のマリファナを調達してくれるディーラーを探す手助けまでした。しかも彼が欲しがったのは、かなりの量だ。

その結果がこれだ。彼の行動が理解できないわけじゃない。すごく理解できる。自分の感覚を麻痺させて、人生のすべてを忘れたいという欲求は、痛いほどわかった。だけどいまの私は、もう自分を麻痺させたりしない。私たちにとっていま一番大きな問題は、まさにそこだった。私の過食症の治療は、かなりの進歩を達成しつつある。少し前までのように、ほぼ限界まで自分の体を痛めつけることはなくなった。毎日、自分ときちんと向きあおうとしている。結果はいいときも悪いときもあるけど、努力だけは着実に続けている。

私の回復が進めば進むほど、スティーヴンがドラッグに頼る度合いも増していく。そうして、私たちのあいだの距離はどんどん広がっていった。

それで二、三週間前、私はあるアイディアを思いついた。なんとかして私たちの関係を元に戻したいと思う一心だった。スティーヴンは私の過食症を治そうとしてくれた。だから、今度は私が彼のマリファナ依存を治してあげたい。

マリファナをやめる方法を書いた記事をたくさん、プリントアウトした。支援グループも探した。依存症専門の新しいセラピストにかかることも提案してみた。二人で一緒に出かける計画を立てて、彼がマリファナを吸う時間を減らそうとした。どこへ行くにも彼を連れていって、行動に目を光らせた。彼が興味を持ちそうな趣味を探してみたりもした。マリファナを捨ててやったこともある。

でも、何一つ効果がなかった。彼は記事なんか読もうとしない。支援グループにも行かない。新しいセラピストのところにも行きたがらず、これまで通っていたセラピストのところに行くのもやめてしまった。趣味にも興味を示さない。マリファナをもっと買うようになった。

どうしたらいいのか、わからなかった。私は彼をどうすることもできない。でも、彼のことを愛している。彼と一緒にいたい。だからひたすら努力を続けた。

「どうする？　一緒に来る？」もう一度たずねる。

「ああ、えーと……やめとくよ、ジェニー。ここにいる。でもありがとう、声をかけてくれて」。そう言って、彼は髪をくるくると回しつづけた。

78.

「ボブ、聞いた？　この子、お金をぜんぶ遣っちゃったんだって！」おばあちゃんはさめざめと泣きながらそう訴えた。おじいちゃんの肩に頭をもたせかけて泣き声を出しているけど、涙は出ていない。おばあちゃんは目をうるうるさせるふりさえできないのだ。

「そんなこと、一言も言ってないじゃないか」と私の理解を超えた優しさで、おじいちゃんはおばあちゃんの言ったことを打ち消した。

ここはスタジオ・シティの自分の家のリビング。おじいちゃん、おばあちゃんと一緒にすわっている。おばあちゃんの電話はブロックしたままだけど、おじいちゃんが一人で私と会うのを許さないのだ。たったいま、この家を売るというビッグニュースを明かしたところだ。あんまりうまく伝わってないみたいだけど。

「リンダになんて言えばいいの？　ジョーニーには？　ルイーズにも！」混乱のあまり腕を振りまわしながら、おばあちゃんはわめきたてる。

「そのまま事実を伝えればいいんじゃない？」と私は提案した。

「この世で何よりも一番大事なうちの孫娘が、ろくに考えもせずこの立派な家を売って、寝室が一つしかないちっぽけなアパートに引っ越すって？」

「そう」

「嫌よ！」

「大丈夫だよ」。おじいちゃんはおばあちゃんの手を軽くたたきながら慰める。

ジェフのセラピーでは、私が生きていくうえでストレスを感じるものについて、たびたび話しあっている。この家のことは何度も話題にのぼっていて、ジェフにはどうして売らないのかと訊かれた。

「かなり前から売りたいと思ってるんだけど、できないの」

「どうして?」とジェフがたずねる。

「だって……売るのは賢くないから」

「どうして賢くないの?」

「家はいい投資になるから」

「ふむ。じゃあ、家のどんなところがストレスか、聞かせてくれるかな」

「しょっちゅう不具合だらけなの。いつもどこか直さなきゃいけないところがあって——業者の人がほとんど毎日来てる。家をもつのがこんな大変だとは思わなかった。家のメンテナンスなんかにぜんぜん興味ないし、そんなことしてる暇もないのに」

「それから?」

「なんか寂しいの。それにちょっと怖い。一人で住むには大きすぎる。周囲の環境も好きじゃない。すごく人通りの多い通りから一本入っただけ。家に面している通りも好きじゃない。あんまりプライバシーが守れないし。安全じゃない気がする」

「そりゃストレス満載だね」

「そうなの」

「だけど、売るつもりはない。なぜなら、いい投資になるから」

「そう」

「きみの家のどういう点がいい投資になるの?」

「よくはわからない。そういう話を聞いたから。だって、みんな言うでしょ? 持ち家はいい投資になるって」

「ある人にとってはいい投資でも、別の人にとってはそうではないかもしれないよ」

「たしかに」

「きみの心の健康にとっての影響はどう？　心の健康にとって、安心を感じるのはすごく重要なんだけど、きみは安全じゃない気がすると言ったよね？」

「そうだけど……わからない。でも売れるとは思えない」

ジェフはまばたきせずに、私をまっすぐ見つめた。

「植物を買えばいいかも」と言って、私は肩をすくめた。植物を買ったら、私の人生にいい変化が起きるかもって考えた回数は、それこそ数えきれないくらい。

「なるほど……ほかに何か案はある？」とジェフがたずねる。

「休みをとってどこかへ出かけるとか」

「でもそれは、きみが現在暮らす環境——つまりきみの家に直接影響を与えるわけではないよね。きみの心の健康に影響を与えるのは、きみが現在暮らしている環境なんだ。だから、家のほうに考えを集中してみようか」

「植物じゃダメ？」

「もう少し大きい変化のほうがいいね」と、うなずきながらジェフは言う。

「そうだな……インテリア・コーディネーターを雇うとか？」

「なるほど、それできみのストレスは減るのかな？」

「いまの家は、なんかガランとしてて何もないの。雰囲気もそう。寂しい感じ」

「ラグをいくつか敷いたら、それが変わる？」

「かもね」。ちょっと不機嫌な感じで答えた。その人を非難するような言い方、気に入らないわ、ジェフ。

「わかった」とジェフはあっさり言った。「じゃあ、そこから始めてみようか」

家に帰ると、不動産屋に電話して、誰かいいインテリア・コーディネーターを知らないかと訊いてみた。「一人だけ心当たりがあります」と担当者が言った。

現れたリズは、黒いダランとしたトップスに、ヒョウ柄のレギンスをはいていた。その時点で気づくべきだった。だってヒョウ柄の服を着ていいのは、地球上でシャナイア・トゥエインただ一人だ。

「で、どんなホーム・スタイルがお望みなのかしら？」ダイニングの椅子にすわるなり、リズは訊いてきた。大きなバケツ型のバッグをテーブルの上にどんと置き、なかからファブリックの切れ端や、素材の見本帳、ホーム・インテリアの雑誌を何冊か取りだしはじめる。

「えーと……」。ガランとした部屋を、思わず見回した。「見当もつかないわ。お薦めのスタイルがあるなら、お任せしようと思ってたので」

「まあ、それはすばらしいわ」。リズは興奮ぎみに言った。「アイディアはいろいろあるんですよ。まず第一候補は……グラマー・シックにアニマルプリントのアクセントを効かせてみるのはどうかしら」

もてる力のすべてを駆使して、彼女のレギンスに目をやらないようにした。

「アニマルプリントは、好みじゃないの」

「あら」。少しムッとした表情で彼女は言った。「でも、ちょっとしたアクセントに使うだけよ。ヒョウ柄とか、牛柄、シマウマ柄。最近、大人気なんですよ」

なんでシマウマ柄なんか薦めてくるの、リズ？　枕にも毛布にもカーテンにも、シマウマ柄なんかごめんだわ。前々から不思議に思ってたんだけど、なんで枕や毛布やカーテンを「面白柄」で飾らなきゃならないの？　べつにそういうものに「面白さ」なんて必要ないでしょ？　機能さえ果たしてくれればいいのよ。シンプルな無地の生地でコーディネートした家具にしてよ、それでさっさとおしまいにしましょ。

「そうなのね」。私はできるだけ上品に答えた。「でも私、シンプルなのがいいの。そんなにインテリアに詳しいわけじゃないけど、とにかくシンプルなのが好みだから」

「でもあなた、まだ若いのに！　それに明るい人だし！　自分の家にも、その明るさを反映したほうがいいと思わない？」

いいえ。

「うーん……」

「一度試してみましょうよ？　私のプランで一通り飾ってみて、気に入らないものがあったら返品してもらえばいいわ。まあ、いくつか返品不可のものはありますけど」

流されやすい性分にはろくなことがないけど、本当は頑固なのに流されてしまう性分はもっとタチが悪い。ただ流されやすいだけだったら、相手の意見に合わせて受けいれておけばすむ。だけど、本当は頑固なのに流されてしまう人間は、その場はひとまず相手に合わせて乗りきっても、心のなかに鬱々とした恨みがましい思いがたまっていくのだ。私はまさに、頑固なのに流されやすい人間だった。

「わかりました」。まだ迷いながらも、私はていねいに答えた。

三日後、ミント&クリーム色のヒョウ柄のカーテンがうちに届いた。請求額はなんと、一万四七四二ドル！　リズはどうやら、日光をさえぎるのに一万五〇〇〇ドル払っても屁でもない顧客と付きあってきたらしいけど、あいにく私はそんな心の広い客じゃない。

柄と値段はおくとしても、私のなかでしだいにはっきりしてきたことがあった。毛布やカーテンや枕にどんな柄の生地を使おうと、どうでもいい。私はもうこの家に住みたくない。

リズに電話して、もうインテリア・コーディネートの必要はなくなったと伝えた。

「まあ、残念だわ」とリズは言う。「でも、わかりました。お宅のコーディネートがうまくいくといいわね」

「ありがとう。でも私、家を売ることにしたんです」

「ほんとに？」

「ええ」

「あら、そうなのね……」

「ええ。だから……とりあえず、ヒョウ柄のカーテンはどこへ返品すればいいか、教えていただけます？」

「それが、あれは返品不可なのよ」

その数日後、私はこうしておばあちゃんに家を売る理由を説明しているわけだ。

「私がこの家を売るのが、どうしておばあちゃんにとってそんな大ごとなのか、よくわからないんだけど」

「だって！」おばあちゃんはわめきたてる。

私はついつい忘れてしまう。理屈の通らない人に理屈を説明しようとするのは、本当に……理屈が通らないってことを。

「一応言っておくけど、私は適当な思いつきでここを売ろうと決めたんじゃないのよ。すごく長いこと、よーく考えた。で、これが一番いいって結論を出したの。おじいちゃんとおばあちゃんがその事実を受けいれてくれたら、本当にうれしく思うわ」

「できませんよ、そんなこと。絶対無理！」おばあちゃんはおじいちゃんの脇の下に頭をうずめる。

私は大きくため息をついた。ここで最終兵器を出すしかない。

「私が引っ越すのは、アメリカーナの上のアパートなの」

「アメリカーナ？」おばあちゃんは鼻をグスグス言わせるふりをしながら、そう言った。「あの噴水があって、フランク・シナトラの音楽がかかってるゴージャスなショッピング・センター？」

「そうよ。おじいちゃんと私の家に来るときは、いつでも好きなだけお買い物ができるわよ」

おばあちゃんはちょっとためらいを見せた。

「そう悪い話じゃないかもね。〈アン・テイラー・ロフト〉の店もあるし……」

79.

「これ、ちょっとわざとらしい？」コルトンとミランダにたずねる。二人は私が今日のビッグ・イベントに着ていく服を選ぶのを手伝ってくれている。

「あたしならスカートはやめとくな。それだとちょっと……やりすぎかも」とコルトン。

彼の正直な意見はありがたい。かわりにジーンズをつかむ。

「そのほうがいい」と言って彼はうなずいた。

「私のこと、気にいってもらえなかったらどうしよう？」着替えのためにトイレへ走りながら、二人に向かって大声で話しかける。

「絶対大丈夫だって」とミランダが請けあってくれる。

緊張しまくっている。誰かと最初にデートに行くときより、ずっと緊張しているくらい。それはたぶん、これから出かけるイベントのほうが、リスクが高いから。だって、これはただのデートじゃない。私の本当のパパに初めて会いに行くのだ。

私たちはミランダのポルシェに乗りこみ、四〇五号線に乗ってニューポート・ビーチに向かった。そこに今夜コンサートが行われるホテルがある。

「それで、あなたの本当のパパって、トランペットを吹くんだっけ？」とコルトンが訊いた。目的地はもうすぐだ。

「トロンボーンよ」と私は訂正する。

「どっちでも一緒じゃん」とコルトンは言って、肩をすくめた。

彼が会話で場をなごませようとしてくれているのはわかっていた。ホテルに近づくにつれて、車のなかの空気はだんだん重くなってきたからだ。それも仕方ない。私は実の父親が出演するジャズ・コンサートに、なんの前触れもなしに押しかけようとしているのだ。その父親は、私の存在を知っているかどうかすら定かじゃないのに。

前の「パパ」のマークからはあまり細かい事情を聞きだすことはできなかったけど、とりあえず本当のパパのフルネームと職業だけは教えてもらった。それがわかれば、ネットで検索して情報を得ることができる。すぐに、その名前のミュージシャンの公式サイトが見つかった。そのページには、これまでたくさんの作品のサウンドトラックに参加してきた実績が書かれていた――『スター・ウォーズ』シリーズや『ジュラシック・ワールド』『LOST』、そのほかにも数えきれないくらい。それから、サイド・プロジェクトとしてやっているジャズ・バンドが近々行うツアーの日程が記されていた。私はロス近辺で可能なかぎり遅い日程のコンサートを探して、そこに行くことにした。自分の感情を整えておく時間がなるべく多く欲しかったのだ。

そうして今日、こうしてコンサート会場まであと数分のところまでやってきたわけだけど、来ようと決めてからもう数カ月が経っているのに、いまだに感情が整っているとは言えなかった。

アンドリューは自分が私の父親だって、知っているんだろうか？　ダスティンとスコッティの父親だってことも？　私が小さいときに、見たことあるのかな？　ママとはいつ別れたんだろう？

ママと連絡はとってた？　ママが死んだことは知ってる？　いまは別の家族がいるの？　その人たちはこのことを知ってるの？

訊きたいことが山ほどあるし、しかもその答えの幅がありすぎて、ものすごく落ちつかない。彼に家族がいて、子どもたちが今日のショーに来ている可能性を考えた。その人たちは、私の存在なんかぜんぜん知らないかもしれない。私はその子どもたちの目の前で、父親の過去を暴露するようなことはしたくない。それで、コンサートが終わって、彼がステージを降りたらすぐ、そばに言って話しかけようと考えた。ただし、彼が一人になるチャンスがあればの話だ。

彼が私の父親であることを否定した場合のことも考えた。ひょっとしたら、「失せろ」と言われるかもしれない。知りたくないと言われるかもしれない。どんなことが起こるか、まったく予想がつかなかった。

ミランダが駐車係に車のキーを預け、私たちは車から降りた。コルトンは安心させようと、私の腕をつかんだ。ミランダは私に触らなかった。女どうしだと、体をふれあうことで友情を表現する場合が多い——手を握ったり、つねにハグしあったり、髪に触ったり。でもミランダと私の場合、まったく体をふれあわせる機会がないわけじゃないけど、ほとんどそういうことはしなかった。ハグをすることさえめったにないし、それでいいと二人とも感じている。

ホテルの廊下を歩いていく。私は用を足しにトイレに行った。ミランダもついてきてくれた。たぶん、私が吐いていないか確認するためだ。はっきりそう言われたことはないけど、なんとなくわかる。毎回一緒にトイレに行くわけじゃないからだ。ミランダはさりげなく寄りそってくれるタイプだ。

ふだんなら、誰かがトイレについてきたら私はイラついてしまう。私が吐くのをやめさせようとスティーヴンがついてくるときは、いつもそうだった。だけど、今日はそんなことはない。いまは吐くつもりもないし。だいたい、吐けるようなものも体のなかには残っていない。今日はずっと吐き気がして、何も食べてないのだ。明日のセラピーでこのことを話そうとセッション用のメモに書きとめてあるけど、とりあえず今日を乗りきらないと。

冷や汗でベトベトの手をなんとかしようと、ずいぶん長いこと手を洗った。マスカラを重ねて、頬紅も直す。実の父親に会うのに、なんでこんなに自分の見た目が気になるんだろう？　朝からずっと、そのことが気にかかっていた。マスカラをバッグにしまい、またホテルの廊下に戻ると、中庭に向かった。そこがギグの会場だ。「ギグ」って言葉は大嫌いだけど、これから行われるのはまさに「ギグ」なんだからしょうがない。

コルトンとミランダと私は、うしろのほうのテーブル席についた。あと二、三分でショーが始まる。観客はほぼ四〇代から五〇代の、裕福そうな人たちだ。グッチだらけ。

「あなたたち、どうしてここに来たの？」と、となりにすわっている女性が訊いてきた。かなりワインを飲んでいて、真珠をジャラジャラつけている。

こう言ってやろうかと考えた。「じつは、一度も会ったことのない生みの父親が、このバンドでトロンボーンを吹いてるんです。だから、ショーが終わったら声をかけて、どうして私があんなメチャクチャな子ども時代を過ごさなきゃならなかったのか、訊いてみようと思って」。でも、やめておいた。

「ジャズが好きなんです」と、しばらくしてからコルトンが言ってくれた。私がただぼんやりと見返すだけで、何も言葉が出てこないのに気づいたのだ。

「まあ、すてき。あなたたちみたいな若い人がもっといるといいのに。いい趣味だわ。どんなジャズ・バンドが好き？」

「ぜんぶです。その……ジャズならなんでも」とコルトンはうなずきながら言う。

「すばらしいわ」。真珠おばさんはにっこりとほほえみ、コルトンのあまり答えになっていない答えに満足したようだった。「ああ、始まるわよ！」

真珠おばさんは夢中になって拍手しはじめた。私たち三人とも、ステージに出てきたバンドのほうに目を向けた。トロンボーンをもっている人を探す。あれが私のパパだ。私に似ているかどうかは、よくわからない。この席はちょっと遠すぎるかも。それか、ママの遺伝子が超強力だったのかも。

バンドの演奏がはじまった。コルトンは何度か私の手を握ってくれた。ミランダは目の端で私の様子を確認している。バンドが演奏しているあいだずっと、私は夢見ごこちだった。

一時間後サックス奏者が、「次が最後の曲になります」と言った。口はカラッカラに乾いて、手のひらは汗でびっしょり。心臓がバクバクしはじめる。

「よし、行くよ」。コルトンが私の手をとって言った。私たちはテーブル席を立って、楽屋に続くステージ出口へと向かった。

「ちょっと、どこ行くの？」

騒がないで、真珠おばさん。

最後の曲がフィニッシュに近づいているけど、私たちはまだステージにたどりついていない。ペースを速めた。

「ここへは入れません」と警備係に止められた。

「すみません、この子には大事な用事があるんです」。いかにも正当な理由を述べているという感じで、コルトンがキッパリと告げる。

警備係は混乱したようで、とりあえず私たちを通してくれた。目を上げると、あの人がステージを横切って出ていこうとするのが見えた――私の本当のパパが。

「急いで！」ミランダが言った。

最後の三〇メートルぐらいを走って、彼がステージの階段を降りてくるのになんとか間にあった。彼は私に気づいた。目と目を合わせる。彼は戸惑ったような、というか少し警戒するような表情を見せた。

「私たち、共通点がありますよね」というのが、私の口から思わず出た言葉だった。

彼の目に涙が浮かんだ。私も同じ。

それから一〇分間、なんだか頭がぼんやりしたまま、情報を伝えあった。「私という娘がいること、知ってた？」と訊くと、「もちろん」と彼は答えた。お兄ちゃんたちのことも。私たちのほうから連絡がくるのを待っていたのだという。彼のほうから連絡をしなかったのは、私たちが真実を知っているかどうか、わからなかったから。どうやって自分のことを知ったのかと訊かれたので、事情を話した。彼の話では、ママとは決して円満に別れたとは言えず、私たちが小さいころ、親権をめぐって泥沼の争いになったという――そのときママは彼に暴力をふるわれたと訴えた（「絶対そんなことはしていない」と彼は言う）。が結局、勝ったのはママだった。「ママが死んだことは知ってる？」とたずねると、彼は「知っているよ、〈E！ニュース〉で見たから」と言った。ものすごく変な知り方だな、と思った。

技術担当の人たちが、「場所を移動して」と言ってきた。実のパパは電話番号を教えてくれて、「メッセージを送って」と言った。私たちはハグをして別れた。ミランダとコルトンが駆けよってきた。いろんな感情が湧いてきたけど、それがどんな感情かちゃんと自分で識別できる。だいぶ進歩したと考えていいと思う。

私たちのことを彼が知っていてくれて、嬉しかった。なんとかこのイベントをクリアできて、ほっとした。意外とあっさりとすんで、拍子抜けした。でも彼のほうから連絡をくれなかったことが、理解できないし悲しかった。彼が本当に私に会いたいと思っていたのか、それとも世間の常識にしたがってそう言っただけなのか、真実は永遠にわからない。

最初のデートとしては、これまでの私の人生のなかでダントツに面白い経験だった。ただ、二回目があるのかどうかはわからない。

80.

手にもってみると、冷たくて重い。両手で抱えたまま、ゆっくりと歩く。まだ迷っているからだ。前にもそれを処分したことはある。七回か八回。だけど毎回、次の日には後悔して、新しいのを買ってきた。これまでのところ、新しいのを買わずに二四時間過ごせた経験はない。でも今回は、これまでと違うと思いたかった。だって、これはただ処分するだけの行為じゃなくて、二四歳になる自分のために実行する誕生日プレゼントなのだ。きっと今度こそ、永遠にお別れできる。

ものすごく長いこと、私は体重計に人生を支配されてきた。それが示す数字は、私が成功したのか失敗したのか、私のがんばりが十分だったのか足りなかったのか、私が合格か不合格かを決定してきた。何か一つのものに頼って自分の価値を決めてしまうのが、不健康なことはわかっていた。だけど、どんなにあらがっても、結局最後は体重計の数字にすべてをゆだねてしまっていた——たぶんそうするのが、ある意味一番楽だったからだ。自分を定義するのは難しい。すごく複雑で、やっかいな行為だ。だけど体重計の数字に任せてしまえば、一瞬で答えが出る。その数字は明確で、間違いようがない。

四三キロ。四八キロ。五二キロ。五七キロ。どんな数字が出ようと、その数字だけが私を表す。その数字が私そのもの。

たしかに、前はその数字が私そのものだった。いまの私は、その数字が自分のすべてを表すとは思いたくない。数字で自分を定義したくない。体重計では量れない人生を体験したいのだ。

「体重計では量れない人生」なんて、バカバカしく聞こえるかもしれない。嘘みたいな話だけど、残念ながら過去の私には、体重計こそが人生だったのだ。そんな人生を、恥ずかしいと思った。それはたぶん、いいことなんだと思う。恥ずかしいと思えるのは、成長した証なのだ。

ゴミ捨て場に行って、掛け金を外し、ダストシュートのドアを引きおろした。体重計をダストシュートに投げおとす。シューットを滑りおちながら、壁にぶつかってガランガランと音をたてるのが聞こえた。下まで落ちたみたいだ。ゴミ捨て場をあとにした。

次の一日がふつうに過ぎた。私は新しい体重計を買わなかった。

81.

エコー・パーク・レイクでスワン・ボートに乗っている。あの悪名高い、おぞましいスワン・ボート。もう五分ぐらい、二人とも一言も発していない。おぞましいスワン・ボートのせいで、五分よりはるかに長い時間に感じられる。

スティーヴンをじっと見つめた。私が見つめているのにも気づいていない。半分物思いにふけり、半分落ちこんだ様子で、遠くのほうを眺めている。彼はここのところ考えこんでいることが多いけど、だからといって何かの結論に達するわけでもない。ただ堂々巡りで考えつづけるだけで、どこにも行きつかないのだ。

かなり長いこと、スティーヴンを救おうとしてきた。というか、制御しようとしてきた。その二つは密接にからみあっているので、どっちがどっちとも言いがたい。だけど二、三カ月前、私はあきらめることにした。

きっかけは、ジェフから「共依存」に関する資料を渡されたことだ。そこに書いてある内容は、何もかも共感できることばかりだった。そのとき、スティーヴンと私が深刻な共依存関係にあることを知った。ジェフは私に、とにかく自分の問題解決を優先するように言った。

「だけど私はいまここに来てる。自分の問題解決に真剣に集中してるわ」

「そう、そしてすばらしい成果をあげているよ」。ジェフはうなずきながら確認する。「だけど、その成果をもっと前進させることができると、ぼくは思うんだ。きみがいまスティーヴンの人生をなんとかしようとする努力に使っているエネルギーをすべて、自分の人生をなんとかしようとする努力のほうに注いでいけばね」

私はそれをすぐに実行に移した。ジェフの提案にしたがって、毎週通っている自己改善プログラムに、グループセラピーを追加することにした。摂食障害からの回復を扱った本をさらにたくさん読んだ。自分の問題に集中する時間を増やせば増やすほど、スティーヴンの問題に関わる時間は減っていった。そして、スティーヴンの問題に関わる時間が減るにつれ、私たちの心は離れていった。

私たちの関係が、どれほど深くお互いへの固着にもとづいていたか、認めるのは悲しいことだった。スティーヴンが私の過食症を治そうと躍起になったり、私が彼のマリファナ依存を治そう、正しい薬の調合を見つけようと必死になったりする、そのお互いにしがみつく気持ちが、私たちの関係をつなぎとめる接着剤だったのだ。その気持ちを除いたら、私たちにはろくに話す話題も残っていなかった。ちょうどいまの私たちのように。

「スティーヴン」。とうとう私は口を開いた。それで夢ごこちだった彼は我に返って、私のほうを見た。

何も言う必要はなかった。彼は私の決心に気づいていた。彼は泣きはじめた。私もだ。私たちは涙を流し、しっかりと抱きあいながら、巨大なスワン・ボートのクソ重いペダルを漕ぎつづけた。

82.

「ジェネット、うちのチーム全員がそろってます」。エージェントのアシスタントの一人が、電話でそう言った。

「チーム全員」がそろって電話をかけてくるとき、用件は二つしかない。すごくいいニュースか、すごく悪いニュースのどっちかだ。「チーム全員」が電話をかけてきて、「おめでとう」と祝福するか、「残念だったね」となぐさめる。その中間は存在しない。「チーム全員」のメンバーが一人ずつ、電話会議の会場に入ってきた。どんなニュースか、知らされるのを待つ。

「全員来た?」と誰かがたずねる。

「ええ、全員そろいました」と別の声が言う。

「それでは、ジェネット……」

悪いニュースだ。ここで間が入るのは、悪いニュースしかない。

「……ネットフリックスのドラマが、打ち切りになりました」

沈黙。エージェントたちにとっては最悪のニュースかもしれないけど、私にはそうでもない。ああ、そう……って感じ。

「わかった」

「わかった？」誰かが少し混乱した様子でたずねた。

「わかった」。もう一度繰り返した。「伝えてくれてありがとう」

「ええ」。別の誰かが、ほっとした様子で答えた。「ということなんですよ。それでですね……これはある意味、いいニュースでもあるんです。別の役をとりにいくことができるわけですから。もうネットフリックスに拘束されてはいないので」

誰かが落ちつかなそうにクスクスと笑った。彼らにとっての最悪のニュースは私にとってべつに問題なかったけど、彼らにとってのいいニュースは私にとって問題大ありだった。

「じつはね……」

私がいったい何を言いだすのか、全員が固唾を飲んで待っている。電話を通して、彼らの不安が伝わってくるようだ（彼女、泣きだすのかな？　どうかこの女優さんを泣かせないで。ああ神様）。

「じつはね、私、ずっと考えてたんだけど、ドラマが第三シーズンに更新されるかどうかを待ってたの。でも、もう決めてたのよ。更新されたらそのまま続ける、打ち切りになったら演技を一旦お休みするって」

沈黙。

「ああ」。誰かがやっと口を開いた。「わかりました、えーと……あの、本気ですか？」

「ええ、本気」

「一〇〇パーセント本気？」別の誰かが訊いてきた。

「ええ、二〇〇パーセント、本気よ」

「なるほど。じゃあ……気が変わったら、知らせてください。いつでも新しい役に応募できるようにしておきますから」

「ええ、そうする」

気まずい別れの挨拶を交わし、電話会議は終了した。あっけなかった。一八年にわたる演技のキャリアも、たった二分の電話会議で終了なんだ。

自分の下した決断に、心から安らぎをおぼえた。やった。とうとう。最初は、とても自分にできるとは思わなかった。一年間ジェフと一緒に考えに考え、気持ちの揺れを繰り返したあげく、ようやくたどりついた結論だった。かなり前から、私が演技に対してものすごく複雑な思いを抱いていることはわかっていた。それは食べ物や自分の体に対する関係と、よく似ていた。

そのどちらも、絶えず相手の気を惹き、切なく追い求め、乞い願い、葛藤することを意味していた。相手の承認と愛情を得ようと死に物狂いでがんばっても、ほとんど報われることはない。自分はぜんぜん理想に近づけないのだ。

私はその葛藤に怒りをつのらせ、ヘトヘトに疲れきっていた。

最近は、食べ物との関係にようやく改善の兆しが見えてきたところだ。その関係が健全なものになっていくにつれ、演技と自分との関係がどうしようもなく不健全なものに見えてきた。どんな仕事でも、そこで働く人間にはどうにも制御できない側面があるのだろうけど、演技の場合はそれがとくにひどい。

俳優の場合、どんなエージェントが自分の代理を請け負ってくれるかも選べないし、エージェントがどんな役を提案してくるかも選べない。どんなオーディションを受けるか、どんな最終選考に呼ばれるか、どんな役をもらえるか、自分の役がどんなセリフを言うか、その役がどんな格好をするのか、監督がどんな演技を望むのか、編集者が自分の演技をどう編集するのか、ドラマの放映が決定したり映画がヒットしたりするのか、批評家が自分の演技を気にいるのか、有名になれるのか、メディアがどう自分の姿を伝えるのか、そういったことぜんぶが制御不能なのだ。自分の人生のそれほど多くの部分を、他人の手にゆだねたまま生きていける人ってすごいと思う。でも私にはもう無理。

ずいぶんと長いあいだ、私の人生のほとんどの部分が、自分でどうにもできない状態だった。そんな人生はもうごめんだ。

私は人生を自分の手のなかに取り戻したい。私の人生を決めるのは、摂食障害でもキャスティング担当者でもエージェントでもママでもない。私の人生の主役は、私なのだ。

83.

「すごい、ステキ!」それは本心だった。六歳の誕生日に、ラグラッツのパジャマをもらったときの嘘の反応とは違う。心の底からステキだと思った。

いまのリュックはもう三年も使っていて、かなりくたびれてきている。何カ月もそれについてブツブツ言ってたけど、ピッタリくる代わりを見つけられずにいた。でも、ミランダが見つけてくれた。ゴールドの装飾のついた、カッコいいTUMIの黒のリュック。完璧!

それよりもっとステキだったのは、ミランダのくれたカードだった。カードを開けて読む。とても丁寧な手書きの文字。書いてある言葉は温かくてシンプルだ。もちろん気の利いたジョークをいくつか混ぜることも忘れていない。カードの結びのサインは、いつも「アレック・ボールドウィン」。このジョークがどういうきっかけではじまったのか、もう覚えてないけど、毎回見るたびに笑ってしまう。

「まずディズニーランドに行く？　それとも夕食にする？」とミランダがたずねる。

私の二六歳の誕生日。おじいちゃんはもうディズニーランドで働いていないけど、一五年も働いていたおかげで、この先一生涯パークの入場券と従業員割引特典をもらえるのだ。その特典を使って、おじいちゃんはこの〈ディズニー・グランド・カリフォルニアン・ホテル＆スパ〉の中庭が見える部屋を四〇パーセントオフでとってくれた。感謝してるよ、おじいちゃん。

「ディズニーランドにしよう」

もちろん私はディズニーランドを選んだ。それはここがディズニーランドだから、というだけじゃない。夕食かほかの何かのどっちかを選べと言われたら、私はつねにほかの何かのほうを選ぶ。

摂食障害が快方に向かいはじめて二、三年になるけど、まだまだ道のりは険しかった。何週間か吐かないときもあり、何週間か吐くときもある。過食症の診断基準では、三カ月にわたって少なくとも週に一度ドカ食いと嘔吐が繰り返される場合を過食症と呼ぶ。それから考えると、私はその週に一度以上という基準を超えることがまだときどきあったけど、ジェフによれば、それはもう過食症とは言えないとのことだった。私は単に、「ときどき過食行動が見られる人」なのだという。それでもあまりまともな状態とは言えない気がした。

とはいえ、少なくとも、たとえ一度ミスを犯しても、それが負の連鎖となり雪崩を起こすようなことはなくなった。それがものすごく大きな進歩であることは、よくわかっている。でも、ジェフにはつねづね、私は「『ときどき過食行動が見られる人』にもなりたくない」と言っていた。私はもっとよくなりたい。ブレない人になりたい。自分が回復したと、確信をもって言いたい。摂食障害は過去のことだと、言いきれるようになりたい。でもいまのところ、それはまだ難しかった。

食べ物にまつわるあれこれ——食べ物がないこと、食べ物が足りないこと、食べ物を欲しがること、食べ物を恐れること——それがいまだに私のエネルギーの多くを奪っていた。食事という言葉を聞くだけで、食事のことを考えるだけで、不安が全身を駆けめぐる。

だから、夕食かほかの何かのどっちかを選べと言われたら、私が選ぶのはつねにほかの何かのほうだ。食事のもたらす混乱した思いを、できるだけ先延ばしにしたいからだ。

ミランダと私はディズニーランドに歩いていって、まずスペース・マウンテンに乗り、次にすぐ隣にあったマッターホーン・ボブスレーに乗った。二人ともあんまり好きじゃないのに。それから姉妹パークのディズニー・カリフォルニア・アドベンチャー・パークまで歩いた。ガーディアンズ・オブ・ギャラクシーのライドに乗って、アニメーション・アカデミーの建物を見学し、シンバの描き方を教わった。イラストを描いた紙を丸めていると、避けられない事態が発生した。私のお腹が鳴ったのだ。二人とも笑った。

「そろそろ晩ごはんの時間ね」と、できるだけ軽い調子で言ったけど、内心は恐怖でいっぱいだった。

「そうだね」とミランダが言った。

ミランダは、私の食べ物に関わる問題をぜんぶ知っている。彼女に打ちあけたのは、だいぶ前のことだ。回復しはじめた最初のころ、信頼のおける友人の何人かに打ちあけるよう言われたのだ。それ以来、ミランダはずっと私を気遣ってくれている。

彼女の気遣いはありがたかったけど、それが負担になることもあった。ミランダがこのことを知らないとき、過食症が自分だけの秘密だったときは、症状の浮き沈みがあっても自分一人で乗りきればよかった。私が責任を感じるのは自分に対してだけで、失敗してもがっかりするのは自分一人だった。だけど私の秘密を共有するいま、彼女が私の食事傾向にものすごく目を光らせていることがわかる。彼女はつねに私を見ているのだ。失敗したら、がっかりするのは自分だけじゃすまない。彼女もガッカリさせてしまうことになる。

「どこに行きたい?」とミランダがたずねた。

「並んでないとこならどこでも」

とにかく、この食事という苦行を終わらせてしまいたかった。願わくは、これから襲ってくる感情の嵐に備えて気を引きしめ、その荒波を乗りきり、なんとか吐かずに食事を終えたかった。うまくいくといいんだけど。

テーマパークに付属するショッピング・エリア、ダウンタウン・ディズニーへと足を運び、〈トルティーヤ・ジョーズ〉を目指した。たいていそこが一番並んでいないからだ。隅の席にすわると、すぐに注文した——二人で分けあう用にトルティーヤ・チップスとワカモレ、ミランダはタコスをいくつか、私はサーモン・サラダ。ヘルシーな食べ物を頼んだほうが、あとから吐かずにすむ場合が多いと、いつも思っている。ハンバーガーよりサーモンのほうが、恥の度合いが少ないんだと思う。でも、それって毎回効果あったたっけ？　なかったような気がする。

この時点でめちゃくちゃお腹がすいていたので、チップスとワカモレを食べだしたら止まらなくなった。一つだけ、二つだけ、四つだけ、六つだけ、と自分に言いつづけたけど、一つが二つ、四つが六つになっても止まらない。どんどん食べつづける。さりげなさを装ってはいるけど、頭のなかはぐちゃぐちゃだ。

摂食障害にやられた脳は、どうしようもなくタチが悪い。何かを食べながら誰かと会話しているとき、私の頭のなかではまったく別の会話が進行している――自分の摂食行動を判断し、批判し、嫌悪して激しく責めたててくる会話だ。そのパワーがすごすぎて、現実の会話にまったく集中できない。誰と一緒に食事をしていようと、相手の話なんか一つも聞いていない。相手のことより食べ物のことしか考えられないのだ。

こういう状況、こういうものの考え方、こういう「摂食障害患者特有の脳」は、時が経てばなくなっていくと言われた。本当にそうなってほしい。

メインの料理がきた。ミランダが私を見る目つきから、私の不安に彼女が気づいていることがわかる。ゆっくりかんで、落ちついて、ふつうにふるまうのよ、と自分に言い聞かせた。それから、「ごめん、おしっこしてくる」と言って席を立った。

トイレに行って、個室の足元をのぞき、誰もいないことを確認する。こういうチェックをしはじめたのは、三年前にディズニーランドに来たときからだ。そのときは、ジャングルクルーズを降りるとまっすぐアドベンチャーランドのトイレに向かい、クラム・チャウダーを吐いた。だけどその嘔吐の真っ最中に、隣の個室の下からミッキー&フレンズのサイン帳をもった小さな手が伸びてきて、サインしてくださいと頼まれたのだ。サインはできなかった。私は右利きなのだけど、ちょうど吐いたところで、胃から吐きもどされたクラム・チャウダーのゲロが右腕をしたたり落ちていたからだ。この汚いゲロがサイン帳にこびりついたら、小さなクリスティーナにはものすごいトラウマになるだろう。

幸い、今日はトイレには誰も入っていなかった。誰にも見つからないように、早くしないと。急いで一番広い個室に入る。指を喉の奥に突っこむと、何度も何度も、何も出てこなくなるまで吐きつづけた。腕についたゲロを、トイレットペーパーでふきとる。ディズニーの施設のトイレットペーパーは大嫌い。ペラペラに薄いせいで、ゲロのまわりにクシャクシャになって固まり、その腕にこびりついたゲロとペーパーが一緒になったかけらを、もっとたくさんのペーパーを使ってこそげおとさなければならない。するとゲロペーパーのかけらがさらにくっついて、またそれをこそげおとす、ということの繰り返し。このめんどくさい手続きのせいで、ここで吐くのはふつうに吐くよりさらに恥ずかしい思いを呼びおこす。

便器の上にかがみこんでいると、ジェフの言った言葉がよみがえってきた。

「四五歳になったとき、会社のクリスマス・パーティーで、三人の子どもと住宅ローンを抱えつつ、こっそりトイレに入っていって、アーティチョークのディップを吐くような人生を送りたくはないよね?」

もちろん、私はまだ四五歳じゃない。アーティチョークのディップなんか食べないし。だけどもう二六歳の誕生日。確実に年はとっている。

ママのことを考えた。あんなふうになりたくなかった。〈チューイー・グラノーラ・バー〉と蒸し野菜だけを食べて生きていくなんて嫌だ。『ウーマンズ・ワールド』のダイエット・トレンドのページに印をつけ、一生食事制限を続けるなんてまっぴら。ママは結局よくならなかった。だけど私は回復してみせる。

84.

ありえないほどリッチなブレントウッドの私邸。傾斜のついた芝生に私は立っている。ピンヒールが芝生に刺さって動けない。芝生のある家で開かれるパーティーにピンヒールなんかはいてくるんじゃなかった。だけど、どういう格好をしてくればいいのか、わからなかったのだ。いまは、イベント向けのセッティングをしてくれる、ニコロデオン専属のスタイリストがいないから。

あたりは暗いけど、キラキラの灯りがともっていて、どこもかしこもセレブだらけ。ここは業界の非公式な懇親パーティーで、私の新しいマネージャーが招いてくれた。新しいマネージャーというのは、作家としての私の代理人をしてくれるマネージャーのことだ（前のエージェントたちは、私の俳優休業がそんなにすぐに撤回されそうにないと知ると、私のもとを去っていった）。

ピンヒールを芝生から引っこぬくと、ビュッフェ・テーブルのほうに向かった。そこに鎮座していたのは、ほかならぬ、あのヤバい記憶を呼びさますミニ・チーズバーガー……でも、いまは肉肉しいものもチーズたっぷりなものも食べる気分じゃない。甘いものがほしいな。最近の私は、自分の感じていることに意識を向けられるようになってきた。焼きたてのぶ厚いチョコチップ・クッキーを発見！　完璧だ。

クッキーをかみしめつつ、これって拒食症のときには、絶対自分に食べることを許さなかった食べ物よね、と思った。過食症のときには、絶対吐かずにはいられなかった食べ物でもある。カロリー数を計算してその高さに怯え、とても口にすることができなかったチョコチップ・クッキー。前に吐いてからすでに一年以上が経ち、食べ物を楽しめるようになって数カ月が経つ。そんな自分の変化を、私はしみじみと感じていた。

ここまでの回復の道のりは、ある意味、過食とアルコール依存に苦しんでいた時代と同じくらいキツかったけど、そのキツさの意味にはかなりの違いがあった。私はいま、生まれて初めて自分の問題に真正面から取りくんでいるのだ。もう摂食障害やアルコールに逃げたりしない。ママの死に対する悲しみだけでなく、子ども時代や思春期、青春期をまったく自分のために生きられなかった悲しみを、なんとか乗りこえようとしている。キツいけど、それに取りくんでいる自分が誇らしかった。

「いや、めっちゃうまそうなクッキーだな！」肩越しに、聞き覚えのあるよく響く声が聞こえてきた。

振り返ると、ウィル・スミスがビュッフェ・テーブルに向かって歩いてくるところだった。ピンクのセーターを着た彼は、ものすごくカッコよくて、ウィル・スミスっぽさ全開の満面の笑みをたたえている。全身からあふれでるカリスマ感がすごいったらない。

「ハーイ」と私は言って、手を差しだし、自己紹介しようとした。

「ジェネット、だろ?」と彼は言った。「たしか、〈ティーン・チョイス・アワード〉かなんかで、一緒にプレゼンターをしたよな?」

「ええ、そのとおり」。嬉しい驚きだった。なんと彼は私のことを覚えていてくれたのだ。「あなたの隣に立てて、めちゃくちゃ緊張してました」

「まっさか、嘘だろ、緊張? きみが? そりゃおれのほうだよ! うちの子たちはきみの大ファンだからさ!」

嘘嘘。私とプレゼンターをしたとき、彼はぜんぜん緊張なんかしてなかった。でも、そう言ってくれる彼は、なんてステキな人なんだろう! もうカリスマがダダ漏れで止まらない!

「楽しんでるかい? 来てよかった?」とウィルが私にたずねる。

「ええ」

「よかった。きみみたいなステキな人は、楽しい時間を過ごさなくちゃ。きみが楽しそうでうれしいよ」

彼は私を見つめた。その表情から、彼が自分の言葉を一〇〇パーセント本気で言っていることがわかった。前に会ったとき、私が惨めさのどん底にいたことを、ひょっとしてウィル・スミスは知ってるの? そして、いまはそうじゃないことを感じたの? このクッキーが表している過去の葛藤と現在の達成感を、彼は理解してるの? もしかしてウィル・スミスって、神?

何か面白いこととか、気の利いたことを返そうとしたけど、何も思いつかなかった。こういう場面では、私の頭は凍りついてしまう。とくに、目の前にウィル・スミス=神がいる場合は、なおさらだ。

「一瞬きみの横を通って、そのクッキーを一つもらってもいいかな？」

「どうぞ」

ウィルは体を私のほうに傾けると、クッキーを一個つかみ、それをかじりながらビュッフェ・テーブルから歩き去ろうとした。最後に振り返って一言。

「うん、こりゃうまい！　会えてよかったよ、ジェネット！」

「私も会えてよかった、ウィル・スミス！」なんでフルネームを言っちゃったのかわからない。とにかくそれが口から出たのだ。すぐに後悔した。なんか微妙。ちょっとヘンな人みたい。でも、まあいい。そんなこともある。私はまたクッキーを食べはじめた。食べることを心から楽しみながら。

85.

アパートで夕食を食べていると、電話が鳴った。ミランダだ。最近、彼女から電話がかかってくることはめったにない。私たちはあまり連絡をとらなくなっていた。二〇代後半になった私の、これが悲しい現実だ。二〇代の初めには、いま親しくしている人たちは、生涯の友だちだと思っていた。毎日その人たちの顔を見ないなんて、考えられなかった。だけど、人生はうつろう。恋愛があれば、喪失もある。あらゆる人が、それぞれのペースで変化と成長を経験する。友人どうしでも、そのタイミングがそろうとは限らない。そういうことを考えすぎるとしんどくなるので、ふだんはあまり考えないようにしている。

だけど、今日ミランダが電話をかけてきた理由はわかっていた。近いうちにかかってくるだろうと予想はしていた。ただそれがいつになるか、はっきりしなかっただけ。

「もしもし」。テーブルを離れて立ち上がり、スニーカーをはいた。

「ハーイ」

二人とも笑いだした。前に話したのがいつだったか覚えてないけど、電話でお互いの声を確認すると、私たちはいつも笑いはじめる。

玄関から外に出て、電話をしながら近所を歩きまわった。お互いの壊れた家族について最近の情報を交換し、自分に起きたできごとを話したあと、会話が途切れた。彼女が電話をかけてきたそもそもの理由を切りだそうとする前の、一瞬の間だった。

「ミランダ、私、リブートはやらない。何を言っても無駄だよ」

「うん、でも一応言わせて！」そう言って、ミランダは笑った。私も笑った。

「リブートは私たち元キャスト全員にとって、『あの懐かしい場所に戻る』いい機会になるんじゃないかな」と彼女は言った。「それに、そこからさらにほかの機会につながるかもしれないでしょ？」それは数カ月前、私が『アイ・カーリー』のリブートの話を初めて聞いたとき、ニコロデオンの重役から言われたのとまったく同じセリフだった。

重役もミランダも、良かれと思ってそう言ってくれていることはわかっている。だけど、私はその意見には賛成できなかった。現実的に言って、リブートがほかの機会につながるなんてありえない。そのリブートの出演者が、最初のドラマのあととくに目立つ仕事をしていなければ、リブートはその事実をみんなに思い出させるだけだ。そしてその出演者には、最初のドラマのときに少なくとも一〇年は演じていた役のイメージが、さらに強く刻印されることになる。その出演者はその役にはまりこんで、一生そこから抜けだせない。

この業界で生きぬいていくのは、並大抵のことじゃない。そしてこの業界では、リブートはキャリアの復活とは見てもらえない——それはキャリアの終着駅なのだ。

「でも、ギャラもすごくいいんだよ」とミランダが言う。「あなたのギャラも私と同じにしてほしいと頼んだら、会社はそうすると言ってくれたの」

ミランダの言ったことは本当だ——ニコロデオンのオファーは実際、かなりの金額だった。それに、ミランダが自分と同じギャラを私にも払うように言ってくれたことは、すごく嬉しかった。

「わかってる」と私はミランダに答えた。「でも、お金よりもっと大事なものがある。いまの私には、心の健康と幸せがほかの何より大事なんだよ」

沈黙がしばらく続いた。このとき私は、自分の言葉が言いすぎだとも言いたりないとも思わなかった。人生でこんな瞬間はめったにない。私は自分の考えを正確に伝えることができたし、その表現に何一つ修正を加える必要もない。それができた自分を誇らしく思った。私たちは会話を切りあげ、また連絡するねと約束しあって、電話を切った。それから私は家に帰ると、夕食の続きに戻った。

86.

「ママ、来たよ」。思わず声に出して言いそうになって、やめた。ほかのお墓参りの人たちに、変な目で見られたくない。といっても、ほかにいるのは一人だけ。ここに来るたびに必ず見かける男の人だ。その人は折りたたみ椅子に日傘をさしてすわり、ラジカセからソフト・ロックを流しながら、たぶん亡き妻と思われる人の墓石をじっと見つめている。

　私はママの墓石に目をやった。そこには二〇個もの形容詞が、故人を偲ぶ墓碑銘として書かれていた。家族全員が、自分の推す形容詞を使いたいと言い張ってきかなかったからだ。

「〈いたずら好きな〉は外せないな」とおじいちゃんが言う。

「〈勇敢な〉って言葉をどうして誰も気にいってくれないの？　〈勇敢な〉っていい言葉じゃない？」

とおばあちゃんが訴える。

　それで、みんなが提案した言葉を全部書きつらねることになった。死んでからも、ママの居場所はとっちらかっている。

　ママのお墓参りに来るのは、七月のママの誕生日以来だった。年が経つにつれて、お墓を訪ねる回数は少なくなってきていた。亡くなる前には、ママの希望に応えて、毎日来ると約束していた。最初のうちは、週に一度は来ていた。それでも十分じゃない気がして、罪悪感を覚えた。だけど時とともに、現実に追われて、お墓参りの回数はどんどん減っていき、それとともに罪悪感も薄れていった。

ママのお墓の前に、脚を組んですわる。墓石に書かれた墓碑銘を、しばらくのあいだ眺めた。〈勇敢で、優しく、誠実で、かわいらしくて、愛情深く、優雅で、強くて、思慮深くて、楽しくて、真摯で、希望に満ち、いたずら好きで、洞察に満ち……〉リストはまだまだ続く。

本当にそうだった？　この言葉、一つでも当てはまってると言える？　リストを見ていると、腹が立ってきた。見ていられなくて、目をそらした。

私たちはなぜ、死んだ人を美化するのだろう？　なぜ正直に彼らのことを語らないのだろう？母親の場合は、とくにそうだ。ほかのどんな死者より、母親は美化されがちだ。

母親は聖人なのだ。この世に実在する天使。母親になるというのがどんなことか、母親以外の人間には**絶対に**理解できない。男にはわからないし、子どものいない女にもわからない。母であることのしんどさは、母親にしかわからないのだ。だから私たち母親でない人間は、母親をほめたたえ、崇めるしかない。なぜなら、私たちが母と呼ぶ女神に比べれば、私たち母親でない人間は、卑しく哀れなただの平民にすぎないからだ。

こんなことを考えてしまうのは、生まれてからずっとママのことをそういうふうに見てきたせいだろう。私はママを祭壇の上に祀りあげていた。そしてその祭壇は、私の幸せと人生にとって、恐ろしく有害だった。その祭壇のせいで、私は縛りつけられ、感情を表にだせず、恐怖に怯え、何かに依存し、ほとんどつねに感情的な苦痛を感じながら、その苦痛を和らげるどころか、自分が苦痛を感じていることにさえ気づいていなかった。

ママは祭壇に祀りあげられるような女神じゃなかった。ママは自分だけを愛するナルシストだった。自分が問題を抱えていることを、絶対に認めようとしなかった。その問題が、私たち家族をどれほど苦しめるものだったとしても。ママは私を虐待していた。感情的にも、精神的にも、身体的にも。その事実は、この先も永遠に私を苦しめつづけるだろう。

私が一七歳になるまで、ママは私の胸とアソコをチェックした。この「チェック」のことを考えると、いまでもあのおぞましい感覚を思いだして体が硬くなる。自分が冒瀆されたように感じたけど、私は訴える声をもたず、その思いをどう表現すればいいのかわからなかった。私がプライバシーを求めるのは、ママに対する裏切りだと思いこまされ、だから黙っているしかなかった。おとなしく言いなりになったまま。

六歳のとき、ママは私を望んでもいないキャリアに進ませた。そのキャリアがもたらしてくれた経済的な安定には感謝しているけど、そのほかに、よかったことはたいしてない。私には、エンターテインメント業界を生きぬく心構えなんかできていなかった。その激しい競争原理も、拒否も、危険性も、厳しい現実も、名声も、すべて私の手にあまった。そういったものに費やした時間は、本当は人間として成長するために使うべきだったのに。自分という人間のアイデンティティを築くために必要だった時間を、私はすべて奪われたのだ。その奪われた時間は、二度と戻ってこない。

一一歳のとき、ママは私に摂食障害を教えこんだ――そのせいで、私のなかにほんのわずかに残っていた自由な精神と喜びまで、すべて奪われてしまった。

ママは、パパが本当のパパじゃないと、最後まで教えてくれなかった。

ママが死んだあと、答えよりさらに多くの疑問が湧き、癒しよりもさらに多くの痛みが生まれ、幾重にも重なる悲しみが私を襲った――ママが死んだことに対する悲しみ、ママの虐待と搾取を受けいれることの悲しみ。そして最後に、いま湧きあがってきたあらたな悲しみに、私は気づいた。ここまでされてもなお、私はママがいなくて寂しいのだ。涙が流れはじめた――その気持ちは本心だった。涙がとまらない。

叱咤激励してくれるママの言葉が聞きたかった。ママには人の適性を見抜き、やる気を引きだして自分を信じさせる力があった。

小さな子どもみたいな元気さも懐かしい。ものすごくエネルギッシュで、それが人の心をつかんで離さないママの魅力でもあった。

幸せなときのママも好きだった。私が願うほどママが幸せなときは多くなかったけど、私がどんなに努力してもママを幸せにする計画はほとんど成功しなかったけど、それでも幸せそうなママを見ると、まわりの人も幸せになった。

ママがいない寂しさにとらわれると、私はときどき空想にひたる。もしもママがまだ生きていたら、私の人生はどうなっていただろうか。ママは私に謝ってくれて、私たちは泣きながら抱きあい、もう一度一からやりなおそうと誓いあえるかもしれない。私が自分のアイデンティティを確立し、自分自身の希望と夢と目標を追うのを応援してくれるかもしれない。

でも次の瞬間、それが死者を美化しているだけの行為だと気づく。そんな美化の仕方、誰もすべきじゃないのに。

ママは自分を変えることになんか、まったく興味はなかった。まだ生きていたら、ママはきっと全力を尽くして私を操り、自分の望みどおりの人間に変えようとするだろう。私はいまだに嘔吐か食事制限かドカ食い、またはその三つの組み合わせを繰り返し、ママはそれを仕方ないことだと容認するだろう。私はいまだに俳優業から抜けだせず、シットコムか何かの出演をいやいや続けているだろう。あと何回カーペットにつまづいてずっこけ、自分が思ってもみないセリフを言いつづければ、魂は完全に死ぬんだろうか？　いや、そこにいたるまでに、精神的に、しかも公衆の面前で完全に壊れてしまう可能性は相当高い。かろうじてそれが避けられたとしても、きっと私はものすごく不幸で、誰よりも精神的に不安定な人間になっているはずだ。

墓石に刻まれた言葉を、もう一度見た。〈勇敢で、優しく、誠実で、かわいらしくて、愛情深く、優雅で……〉

私は頭を左右に振った。涙は出なかった。妻の死を悼む人のラジカセから、ドゥービー・ブラザーズの「ホワット・ア・フール・ビリーヴス」が流れはじめる。私は立ちあがって、ジーンズの土を払い、歩きはじめた。ここへ戻ってくることは、二度とない。

謝辞

この本に大きな影響を与えてくれた、編集者のショーン・マニングへ。私の心の声を理解し、それを私一人で考えるよりはるかに強いものにしてくれてありがとう。

マネージャーのノーム・アラディエムへ。最初のころのあなたの支援と励ましは、私にとってとても大きな意味をもっていた。あなたの叡智と戦略、気遣い、揺らぎのない穏やかさにありがとうと言いたい。

ピーター・マッギガンへ——いつも変わらぬユーモアと才能と支援を与えてくれてありがとう。

そして最後に、ありがとう、アリ。心から愛してる。あなたとチームを組めて、最高に幸せ。

装丁　三瓶可南子
装画　安里貴志
協力　株式会社リベル
校正　株式会社　鷗来堂
組版　株式会社　キャップス
写真　Koury Angelo

ジェネット・マッカーディ

ニコロデオンの大ヒットドラマ『アイ・カーリー』とそのスピンオフドラマ『サム&キャット』への出演で知られ、ネットフリックスのドラマ『ビトゥィーン』にも出演。2017年、俳優業を引退し、作家／監督の道へ。監督した映画作品は、フロリダ映画祭、サルート・ユア・ショーツ映画祭、ショート・オブ・ザ・ウィークなどで発表。『ハフポスト』や『ウォール・ストリート・ジャーナル』にエッセイも発表している。一人芝居『I'm Glad My Mom Died（ママが死んでよかった）』をロサンゼルスのリック・ハイペリオン劇場とハドソン劇場で上演し、二回のソールドアウトを記録した。『Empty Inside（なかは空っぽ）』というポッドキャストのホストも務めており、ゲストを招いて話しづらい話題について語るという内容が人気を集め、アップルのチャートの上位に名を連ねている。ロサンゼルス在住。

加藤輝美（かとう・てるみ）

英語翻訳者。愛知県立大学文学部英文学科卒。雑誌の記事翻訳や書籍翻訳を手がけている。訳書に『ダニー・トレホのタコスを喰え！』（晶文社）、『ホープ・ネバー・ダイ』（小学館）、『回復人』『あなたは「祖父母が食べたもの」で決まる』（ともにサンマーク出版）、『実践!! WTFファスティング』（パンローリング）、『シンプルなクローゼットが地球を救う』（春秋社）などがある。

ママが死んでよかった

2024年6月30日　第1刷

著　者　ジェネット・マッカーディ
訳　者　加藤輝美
発行者　小宮英行
発行所　株式会社徳間書店
〒141-8202
東京都品川区上大崎3-1-1　目黒セントラルスクエア
TEL 編集（03）5403-4344
販売（049）293-5521
振替　00140-0-44392
印刷・製本　株式会社広済堂ネクスト

乱丁・落丁はおとりかえ致します。

ISBN978-4-19-865829-8